◎ 湖南省教育厅重点科研项目（22A0328）
◎ 湖南省学位与研究生教学改革研究项目（2022JGSZ054）
◎ 湖南省教育科学“十四五”规划课题（XJK21BKS002）

基于发展学生核心素养的高中化学课程教学设计案例

JIYU FAZHAN XUESHENG HEXIN SUYANG DE
GAOZHONG HUAXUE KECHENG JIAOXUE SHEJI ANLI

◎ 刘万强　主　编
◎ 彭袆昀　副主编

中南大學出版社
www.csupress.com.cn
·长沙·

图书在版编目 (CIP) 数据

基于发展学生核心素养的高中化学课程教学设计案例 / 刘万强主编 . —长沙：中南大学出版社，2024.3

（核心素养与中小学教育教学案例丛书）

ISBN 978-7-5487-5251-6

Ⅰ . ①基… Ⅱ . ①刘… Ⅲ . ①中学化学课—教学设计—高中 Ⅳ . ① G633.82

中国国家版本馆 CIP 数据核字 (2023) 第 017514号

基于发展学生核心素养的高中化学课程教学设计案例

刘万强　主编　　彭祎昀　副主编

□责任编辑　浦　石

□责任印制　唐　曦

□出版发行　中南大学出版社

社址：长沙市麓山南路　　　邮编：410083

发行科电话：0731-88876770　　传真：0731-88710482

□印　　装　湖南省众鑫印务有限公司

□开　　本　710 mm × 1000 mm 1/16　□印张 16.5　□字数 296千字

□版　　次　2024年3月第1版　□印次 2024年3月第1次印刷

□书　　号　ISBN 978-7-5487-5251-6

□定　　价　66.00元

前　言

《中国学生发展核心素养》中指出，学生核心素养主要是指学生应具备的，能够适应终身发展和社会发展需要的必备品格和关键能力。综合表现为人文底蕴、科学精神、学会学习、健康生活、责任担当、实践创新等6大素养。2017年，教育部专家针对化学学科和学生年龄特点，发布了《普通高中化学课程标准》，将高中化学学科核心素养凝练为“宏观辨识与微观探析”“变化观念与平衡思想”“证据推理与模型认知”“科学探究与创新意识”“科学态度与社会责任”等5个方面。自此，在高中化学教学中如何发展学生核心素养，成为广大教师和学者广泛关注的话题。

针对高中化学一线教师在教学中如何发展学生核心素养的困惑和案例缺乏的现状，我们组织编写了《基于发展学生核心素养的高中化学课程教学设计案例》。本书所收录的教学案例涵盖了高中化学教学的重点内容；同时本书力求全面系统地呈现教学案例，并充分体现中学化学教学实践中的多样性和创新性。

本书旨在为广大高中教师提供教学案例，并通过案例分析和实践探究，探讨如何在高中化学课程教育中发展学生的核心素养。本书以学生为中心，从学生的认知、情感、行为和价值观等方面出发，构建了一个全面的、系统的发展学生核心素养的教学模式。通过案例分析和实践操作，读者可以深入了解如何设计和实施化学课程教育，以达到发展学生核心素养的目的。此外，本书也为教育者提供丰富的教学策略和方法。通过这些案例，教师可以在教学中加以灵活应用，以达到发展学生核心素养的要求，从而更好地应对未来社会的挑战。

本书系湖南省教育厅重点科研项目（22A0328）、湖南省学位与研究生教学改革研究项目（2022JGSZ054）、湖南省教育科学“十四五”规划国家考试专项（XJK21BKS002）部分研究成果。

目　　录

第一篇　教材 · 教研 · 习题

第二篇　模式创新

第三篇　优课打磨

第四篇　素养发展

第一篇　教材·教研·习题

◎ 基于“导一学一评一测”的高中化学教学

——以“研究与实践”栏目为例

◎ 深度教研，问道如何听课评课

——对某市初中化学教研活动暨教学改革研讨会的思考

◎ 整体构建，逐层展开，深度学习

——以化学工艺流程题专题习题课为例

基于“导—学—评—测”的高中化学教学

——以“研究与实践”栏目为例

陈 澳[①] 刘凤萍[②]

摘 要：人教版高中化学教科书新增“研究与实践”栏目，该栏目内容切合学科知识体系，符合学生认知水平，紧密联系生产生活实际，创设了真实的问题情境，体现了学科核心素养，有利于培养学生的实践探究能力。但是，该栏目的教学缺乏示范课程，本案例中，A老师基于成果导向教育理念，提出“导—学—评—测”教学模式，并以“检验食品中的铁元素”为例进行教学设计和实践，对栏目分析、教学准备、教学目标、教学流程等进行了客观的描述。希望可以为教师开展该栏目教学时，在教学理念、教学方法、教学模式和教学设计与实施的过程中提供参考。

关键词：高中化学；“导—学—评—测”；“研究与实践”栏目

背景信息

《普通高中化学课程标准（2017年版2020年修订）》明确提出：“真实、具体的问题情境是学生化学学科核心素养形成和发展的重要平台。”强调在促进普通高中课程改革的过程中，应注重真实情境教学，培养学生学科核心素养，提高学生的研究水平和实践能力。2019年6月，国务院办公厅印发了《关于新时代推进普通高中育人方式改革的指导意见》，明确指出应“积极探索基于情境、问题导向的互动式、启发式、探究式、体验式等课堂教学”。2020年10月，中共中央、国务院在《深化新时代教育评价改革总体方案》中也提出了“加强科研创新能力和实践能力考查”的基本要求。

2019年普通高中化学人教版教材（以下简称新教材）新增了“方法导引”“化学与职业”和“研究与实践”等栏目[1]。这些栏目体现了新教材编写的时代性和

---

① 陈澳，男，湖南宁乡人，湖南科技大学化学化工学院在读硕士研究生。

② 刘凤萍，女，湖南益阳人，湖南科技大学化学化工学院教授。

价值观，拓宽了学生学习视野，便于学生了解化学与生活、社会、技术之间的联系，能提高学生的学习兴趣。尤其是“研究与实践”栏目，紧密结合生产生活实践，提供了真实、具体的问题情境，有助于培养学生的科学探究能力和实践创新能力，对于落实学科核心素养起着重要作用。

然而，作为教材中新增设的栏目，关于其分布情况、内容设置、栏目特点等方面的研究还不是很全面，特别是对于栏目教学实践的研究，还需要不断地探索与实践。本案例在对栏目整体情况进行分析的基础之上，提出教学实施建议，并基于成果导向教育理论，以“检验食品中的铁元素”为例进行教学设计和实践，其成果最终以公开课的形式展现出来。

案例中的 W 学校自建校以来已有110多年的历史，是位于县城的一所省级示范性高级中学。学校教学设备先进，有现代化的化学专业教室和实验室，以及多媒体教室和录播教室等。每个班级都配有班班通等教学设备，校园局域网络覆盖整个学校，实验仪器和实验药品充足，能够支持学生自主开展化学探究性实验。学校化学师资力量雄厚，老中青教师比例协调，有专业的化学学科竞赛教练和实验教师，教师和学生多次在国家、省、市等各级各类竞赛中取得优秀成绩，部分学生通过化学竞赛被名校录取，化学教学质量位居省内前列。学校重视学科建设，鼓励各学科创新教学模式，开发特色课程。

承担此次公开课的 A 老师为该校高一化学教研组组长，化学师范专业毕业，有丰富的教学经验，在国家级、省级期刊发表过多篇学术论文，并多次在各级各类教学竞赛中获得奖励，承担过四轮高中化学学科循环教学工作，是化学教学的骨干力量，目前负责高一化学特色课程的开发与建设。其所授班级男女比例均衡，学生化学基础好、自学能力强、学习兴趣浓厚，具有一定的科学探究素养。

此次公开课为一次全县范围内开展的教研教改交流活动中的一部分。展示此次公开课主要有两个方面的目的：一是为教师开展该栏目教学提供案例，并提高教师对该栏目的重视程度；二是帮助教师创新教学模式，探索和实践新的教学模式，开发学科特色课程。

案例正文

W 学校高一化学教研组一直致力于化学学科特色课程的开发和建设。正逢新旧教材改版之际，新教材相较于旧教材在内容、结构、形式上有很大变化，教研组商议从教材的变化入手探索学科特色课程的开发和建设。A 老师作为化学教研组组长，带领教研组成员积极研究教材，思考如何开发课程，取得了一系列成果，其中，新栏目教学课程是课程开发的重要组成部分。学校决定在本学期的全县教研教改交流活动中，由 A 老师代表本校化学教研组就“研究与实践”栏目的教学上一堂公开课。

A 老师接到这个任务以后，既兴奋又忐忑，兴奋的是自己带领教研组成员的研究成果能够得到全县同行的评价，这将更有利于今后的课程开发；而忐忑则是如果此次公开课没有吸引到同行，则在一定程度上说明了之前教研组所得到的经验成果不具备实践价值，此外，教研组提出的教学模式在之前的教学实践中也出现过师生配合不理想、教学过程有些混乱、学生反馈收获不大的问题。

为了上好这堂公开课，A 老师认真准备了个把月的时间。A 老师从栏目分析、课前准备到课堂实施和教学反思的具体过程如下。

1 分析栏目情况

A 老师认为要实施好某个栏目的教学，首先需要做的就是分析栏目情况，明确栏目特点，厘清教学思路。A 老师通过对“研究与实践”栏目进行分析后得到了以下结论。

1.1 栏目分布情况

人教版高中化学教科书共设计了15个“研究与实践”栏目，在每册书的目录部分集中呈现并附有页码，便于学生学习查阅，体现了新教材对该栏目的重视。除选择性必修2“物质结构与性质”外，新教材每一本书的每一章节（除必修1第一章）都设置了“研究与实践”栏目，该栏目贯穿整个学习过程。同时，该栏目均位于每小节内容的末尾，是对主干知识学习的延续与应用，力求通过实践活动，帮助学生理解或解决生产生活中的实际问题，认识到化学与日常生活的密切联系，提高学生的学习兴趣。

1.2 栏目内容分析

1.2.1 栏目结构

新教材中“研究与实践”栏目的环节基本相同，主要包括研究目的、研究任务、结果与讨论三个环节。“研究目的”环节主要介绍学习主题的相关背景，明确开展该主题学习的目标和意义；“研究任务”环节主要介绍了研究活动开展的形式和手段，以及在活动开展过程中学生需要完成的学习任务，主要有收集、整理、分析资料和设计、实施科学探究实验等；“结果与讨论”环节要求学生通过组内或班内讨论交流，反思自己在主题学习中的不足，分享学习过程中的个人感受，并以研究报告或小论文的形式提交相关成果，具体结构如图1所示。

研究目的
- 呈现活动背景
- 明确活动开展的目的与意义

研究任务
- 查阅、收集、分析、整理、归纳资料
- 提出问题、设计实验、动手操作、得出结论

结果与讨论
- 收获与反思，表达交流
- 提交研究报告、研究论文、实验报告

图1 “研究与实践”栏目的结构

1.2.2 栏目主题

从栏目主题的内容来看，其主要涉及与化学密切相关的健康、材料、能源、环境等领域[2]。具体活动类型如表1所示。栏目所选题材或与学生生活紧密相连，或是当今社会所关注的热门话题，为教学提供了丰富的情境素材。从主题的活动类型、任务形式来看，活动大致可以分为两种类型，即资料查阅类和实践操作类。资料查阅类主题学习占比相对较多。相较于实践操作类主题，资料查阅类更便于开展，所花费的学时较少，且可以作为学科课后活动，供学生自学。从每本书的分布来看，基本上每本书都包含这两种类型的栏目，这样既能提高学生的学习兴趣，又能培养学生的学科核心素养和关键能力。

表1 “研究与实践”栏目的活动类型

活动类型	栏目主题
资料查阅类	了解纯碱的生产历史、了解车用能源、了解食品中的有机化合物、了解火箭推进剂、了解汽车尾气的治理、了解水处理过程中的化学原理、乙烯的生产与应用、大豆资源的开发和利用、海水淡化
实践操作类	检验食品中的铁元素、认识元素周期表、测定雨水的pH、豆腐的制作、暖贴的设计与制作、自制肥皂

1.2.3 栏目插图

“研究与实践”栏目的每一个主题均配有一幅插图，插图内容与主题高度切合。例如，“了解火箭推进剂”的插图中有明显的“中国航天”“中国酒泉卫星发射中心”等字样，学生看到插图不仅可以联系到所学主题内容，更能感受到我国

航天事业取得卓越成就带来的自豪感，有助于教师进行情感态度价值观的教育，激发学生的学习动力和民族自豪感。

1.3 栏目特点

1.3.1 贴合教材知识体系

教科书栏目设计是为教学服务的，所设计内容应紧密贴合教材内容[3]。“研究与实践”栏目位于每小节内容的末尾，是对正文系统性知识的拓展与延伸，对主干知识起到很好的补充作用，有利于培养学生的学科核心素养，帮助学生在学完主干知识后，加深对知识的理解，能够尝试运用学科知识发现所学知识的实际用途，了解化学化工的发展历史，树立环境保护观念。

1.3.2 符合学生认知水平

栏目活动和任务是为学生设计的，应处在学生的“最近发展区”。“研究与实践”栏目所选的内容与课程标准要求一致，科学探究原理均为对所学知识的应用[4]。学生掌握基本的实验操作技能与方法，具备一定的资料搜集与整理手段以及合作探究能力，素材情境贴合学生日常生活也便于学生理解和接受。栏目内容完全符合学生的认知水平，学生能够完成好任务，当然，学生在完成任务时需要理解知识、团队协作、实践操作等，这也对学生提出了一定的要求，所以在实践过程中不会出现因活动太简单而导致学生丧失学习兴趣的情况。

1.3.3 联系生产生活实际

栏目素材应提供真实的情境，所选素材应联系生产生活实际。“研究与实践”栏目的所有内容均取材于日常生活、工业生产以及环境保护等方面，内容贴合学生生活，学生更加容易接受和理解知识，能将所学知识运用于今后的生活实践中，从而体会化学学科知识对生活的指导作用，感受学科价值。例如：“了解车用能源”能让学生理解为什么现在国家大力提倡发展新能源汽车，新能源汽车的普及对环境保护的意义；“了解食品中的有机化合物”能帮助学生在购买食品时，选择更加绿色安全、有助于人体健康的食品。

1.3.4 体现学科核心素养

化学教科书应注重培养学生的学科核心素养，栏目的设置也应有助于学生核心素养的提升[5]。“研究与实践”栏目属于活动型栏目，更加强调以学生为中心，发展学生的实践与探究能力，尤其对于培养学生“科学探究与创新意识”和“科学态度与社会责任”有显著作用。

例如，“检验食品中的铁元素”等6个实践操作类主题，要求学生能够自主设计完整的实验方案，并根据自己的设计验证猜想和假设，培养了学生的“科学探究与创新意识”。另外，如“了解纯碱的生产历史”“了解火箭推进剂”等主题，可以让学生在活动中了解科学家的研究历程以及我国在重大科研项目中取得的卓越成就，培养学生求真务实、勇于探索的科学态度，激发学生的民族自豪感，提升学生“科学态度与社会责任”的核心素养。

1.3.5 培养科学探究精神

“研究与实践”栏目中有6个主题要求学生能够自主开展科学探究。学生在教师的指导下，提出猜想与假设，设计实验方案，完成实验操作，总结得出实验结论，从而发展探究能力，培养探究精神。除此之外，“了解汽车尾气的治理”“海水淡化”等主题，要求学生在搜集资料的基础上，有自己的价值观念，对相关问题能够提出自己的观点和意见，对社会舆论有正确的价值判断。同时在活动形式上，交流讨论、观点辩论等方式有助于培养学生形成辩证唯物主义观念。

通过对栏目进行分析后，A 老师对于如何开展该栏目的教学有了更多的心得体会，教学设计的思路也更加清晰明了，在此基础上，A 老师开始进行课前准备。

2 课前准备

2.1 精选教学主题，分析教学内容

A 老师本学期教授高一年级化学课程，主要学习必修第一册的内容，本册书的“研究与实践”栏目包括“了解纯碱的生产历史”“检验食品中的铁元素”“认识元素周期表”三个主题。考虑到学生目前刚好学习到“铁及其化合物”的知识内容，且“检验食品中的铁元素”为学生探究实践类活动，相对于其他两个主题更加符合此次教学所采用的“导—学—评—测”教学模式，因此，在与教研组其他教师商量后，A 老师最终选择“检验食品中的铁元素”这一主题作为公开课的教学内容。

2.2 开展学情分析，明确教学目标

在学习该主题之前，学生已经学习了“铁及其化合物”的内容，掌握了检验铁离子的方法，明确了实验的反应原理。学生在初中和高中阶段均已具备一定的实验操作能力，可以开展探究实验。之前在学习“钠及其化合物”时，就已开展过一次“研究与实践”栏目教学，学生对该栏目也有了一定的学习思路。

此次栏目学习之后，学生应掌握复杂物质中铁元素检验的基本方法和实验原理，能够独立完成实验操作；掌握科学探究的基本流程和方法，能够设计简单的科学探究方案；了解生活中常见的富含铁元素的食品和食品检验相关专业，对化

学学习更感兴趣，更具科学探究思维。此次学习过程中，如何设计实验探究方案、如何处理复杂物质并开展铁元素检验是学生在学习过程中会遇到的阻碍，教师应着重进行指导。

经过反复研究教材内容，以及对学生的学习情况进行分析，结合化学学科核心素养，A老师从以下四个方面确立了公开课学习目标。

（1）以常见食品中铁元素的检验为研究对象，使学生明白铁元素检验的基本原理，并能够将所学知识迁移到新情境、新问题中。

（2）以学生自主实验探究为活动的主要形式，让学生体验科学探究的过程，使其能够对实验方案进行设计、修正和完善，构建有机物质中提取无机物的一般认知模型。

（3）通过常见食品中铁元素检测的学习，使学生建立解决复杂问题的思维框架，初步学会建立模型，体会化学学习的乐趣以及化学在日常生活中的应用。

（4）了解现代化的食品检测仪器以及食品相关专业的基本情况。

2.3 确定教学方法，选择教学模式

“研究与实践”栏目为教科书新增栏目，A老师根据学校实际情况和学科特色，以及目前的教学研究经验，基于成果导向教育理念，结合栏目特色，提出以教师为引导、以学生为中心、以产出为导向的“导—学—评—测”教学模式。“导—学—评—测”教学模式主要包括以下几个方面。

“导”是教师发布导学指南，以引导学生明确学习目标。导学指南主要以导学卡的形式列出学生需要查阅的资料和解决的问题，同时明确学习时间、方法和内容等；“学”是学生根据导学指南进行自学。自学方式可根据学习内容选择阅读教材、观看线上教学视频、完成导学卡、学生自主讨论、操作演示、推理探究等方式；“评”是指通过教师积极引导，让学生各抒己见，发表个人观点或者开展实验探究等活动，教师对其中的普遍性问题进行评析，包括提问、质疑、讨论、展示、改错、演示操作、归纳总结等方式；“测”是成果检测，主要通过成果展示、提交研究论文、研究报告和实验报告等形式检测学生的学习成果，并对学生表现进行评分。

“导—学—评—测”教学模式的基本流程如图2所示。

从图2可以看出，“导—学—评—测”教学模式的基本流程主要包括以下几个具体步骤。

（1）课程开始或课前，教师创设问题情境，发布导学指南，引导学生明确学

习目标。

导
- ◇教师引导
- ◇创设问题情境，发布导学指南，引导学生明确学习目标

学
- ◇学生自学
- ◇依据导学指南的要求选择适当的学习方式开展自学

评
- ◇课堂评析
- ◇学生各抒己见、分析问题、通过合作探究等形式解决问题，教师对学生课堂活动行为进行评析

测
- ◇成果检测
- ◇学生以组为单位进行成果汇报，分享学习感受和启示或完成研究报告、研究论文、实验报告等。教师对学生活动过程整体进行总结

图2 “导—学—评—测”教学模式的基本流程

（2）学生依据导学指南进行自学，完成导学指南中的各项任务。自学可在课前或课中进行，也可课前与课中结合进行。

（3）教师评价自学情况。教师根据导学卡的完成情况、学生上课发言提问情况等评价学生的自学过程，针对学生自学过程中的普遍性问题进行评析，或通过实验探究、小组讨论等形式验证自学中提出的假设和问题。

（4）学生以组为单位进行组内讨论和成果汇报，通过汇报发现并解决问题。同时要求学生提交研究报告、研究论文、实验报告等材料。

（5）教师针对知识内容掌握情况和活动环节学生表现等进行知识拓展和课堂小结。

2.4 制定教学计划，梳理教学流程

针对“研究与实践”栏目的教学，结合上次“了解纯碱的生产历史”的主题学习，A老师咨询了同学们关于该栏目教学的一些想法和意见：

“资料查阅的任务应该至少提前3天就布置，给我们缓冲的时间。”

“评分后要是有奖励就好了，我就更有动力了！”

“知识拓展应该多一点内容，更加贴近我们的生活。”

“最好有实验演示视频，这样可以找出自己操作中的问题。”

“上课时间短了一点，有一点点赶。”

“研究报告可以课后再完成，这样能做得更好。”

……

A老师通过咨询同学们的意见，发现大部分学生对于“研究与实践”栏目的学习兴趣很高，对这种活动型栏目比较喜欢，特别是对能够自己动手探究和实验操作的积极性很高。同时，对于学习过程中的一些问题，同学们也提出了自己的意见，这些对于课程的改进都有很好的价值和意义。

教材中该栏目的内容相对简单，没有具体的实施过程，这给了教师自由发挥的空间，同时也对教师提出了更高的要求。经过与教研组其他老师的交流，最终A老师确定的教学流程如表2所示。

表2 教学流程

教学环节	教师行为	学生活动	设计意图
课前	(1)发布导学指南及导学卡 (2)引导学生明确学习目标和学习任务	(1)依据导学指南要求，完成导学卡内容 (2)自主复习相关知识，明确学习任务和学习目标	提前让学生搜集相关资料并开展导学，培养学生的信息处理能力和自学能力
环节一：教师引导	创设情境，由“铁元素是人体代谢不可或缺的微量元素”引出铁元素的检验	理解检验食品中铁元素的意义和作用。	创设相关教学情境，使学生进入学习状态并激发学生的学习兴趣
环节二：学生自学	巡视课堂，指导学生开展课堂自学，检查导学卡完成情况	开展自学活动，小组讨论导学卡的相关问题，以组为单位确定实验方案	通过自学、讨论等活动，学生自己完善实验探究方案，培养学生的逻辑思维和团队协作能力
环节三：课堂评析	(1)针对学生导学卡的完成情况及学生提出的问题进行评析，讲解导学卡中的问题 (2)总结归纳铁离子的常见检验方法 (3)分析学生设计的实验方案中的问题，并协助学生完成方案设计 (4)指导学生分组开展铁离子检验实验	(1)完善导学卡，掌握实验原理及操作步骤 (2)讨论铁离子检验的常用方法，完善实验方案 (3)选取自带或教师提供的实验原材料开展探究实验	学生在掌握实验原理和操作步骤的基础上，开展探究实验，培养科学探究精神和实践能力
环节四：成果检测	(1)播放实验演示视频，加深学生对内容的理解 (2)组织学生进行学习成果汇报 (3)查阅学生研究报告 (4)对学生活动表现过程进行评分	(1)依据演示视频反思自己的实验操作过程 (2)总结实验结论，分享实验过程中的收获，提出实验过程中遇到的问题 (3)完善实验报告内容	总结归纳核心知识，明确实验原理，掌握实验探究的基本思路

续表2

教学环节	教师行为	学生活动	设计意图
环节五：知识拓展	拓展先进的元素检测仪器和大学食品检测相关专业	了解先进的元素检测仪器和大学相关专业，加深对化学相关领域的了解	通过对先进检测仪器进行介绍，学生可以了解化学检测的专业性。介绍相关专业，有助于学生的职业生涯教育。能提高学生对化学及相关专业的兴趣

3 教学过程实录

为准备好这节公开课，A老师提前确定好了化学专业教室的上课安排，并且将学习任务前置，提前让学生接触教学内容，回家后搜集相关资料，将教师引导环节进行创新，提前进行引导教学，并让学生回家后提前开展自学活动。为了让探究实验更加丰富有趣，A老师特意准备了多种检测食品和检测试剂，并提前录制好了演示视频。在一切都准备好之后，A老师开始期待公开课的到来。

【环节一：教师引导】

创设教学情境，发布导学指南

师：我们知道，铁元素是人体代谢不可或缺的微量元素，所以我们在生活中要食用一些富含铁元素的食品，之前我们学习了“铁及其化合物”的相关知识，那我们如何来检验食品中的铁元素呢？

A老师发布导学指南，让同学们明确学习目标和学习任务，认真搜集资料并完成导学卡的内容。导学指南和导学卡的具体内容如表3和表4所示。

表3 导学指南

自学时间	30分钟
自学内容	检验食品中的铁元素 （人教版必修第一册第71页“研究与实践”栏目）
自学方式	◎课前自主阅读教科书相关内容 ◎观看《检验食品中的铁元素》在线视频 ◎查阅相关资料，完成导学卡

表4 导学卡

“检验食品中的铁元素”导学卡	
班级：	姓名：
研究目的	铁是人体必需的微量元素。食用富含铁元素的食品，可以补充人体所需的铁元素。通过化学实验的方法检验食品中的铁元素，体验实验研究的一般过程和化学知识在实践中的应用
查阅资料	（1）铁元素在人体中的作用 （2）富含铁元素的常见食品（写出3~5种，并准备1种食品带到学校进行检验） （3）常用的三价铁离子的检验方法（至少写出两种）
尝试设计	根据某一种检验方法尝试设计探究实验方案 ◎实验仪器： ◎实验药品： ◎实验步骤：
思考与讨论	（1）实验中，菠菜等有颜色的食品对实验现象观察有一定的影响，如何改进实验？ （2）实验中加入稀硝酸的目的是什么？

同学们拿到了导学卡后，不由得讨论了起来。

生1：我们家里经常会吃一些动物内脏，我妈妈说这个是补铁的。

生2：铁可以参与血红蛋白运输氧气，那是不是吃点猪血也行？吃啥补啥嘛。

生3：我看有些牛奶的广告也说能补铁，喝牛奶是不是也行？

生4：这个是要检验铁离子还是亚铁离子呢？食品中那么多物质，怎么确定就是铁元素呢？

生5：实验步骤我觉得应该越简便越好，这样上课操作起来就不那么麻烦。

生6：说了这么多吃的，我都有点饿了，回去要把这些补铁的都尝尝。

……

看着同学们积极讨论，A老师没有打断大家，只是提醒同学们回去之后要认真搜集资料，完成导学卡的内容。同学们高涨的情绪，让A老师对之后的公开课有了更高的期待。

【环节二：学生自学】

教师行为 A老师巡视课堂，指导学生开展课堂自学，检查导学卡完成情况。

学生活动 同学们交流讨论，完善导学卡内容，以组为单位确定本组实验探究方案。

同学们按照课前分好的实验小组，以小组为单位讨论自己收集到的相关资料，提出了不同的检测方法，有些方法是大家一致认为可以的，也有些很明显存在知识性错误，同学之间相互指出并改正了，还有些同学提出的方法需要使用先进的检测仪器，这不方便在课堂上开展。同学们积极地讨论，A老师则巡视课堂，对不同小组同学提出的问题及时答疑，最后各小组依据探究实验的基本思路，从实验假设、实验仪器、实验药品、实验步骤、注意事项等方面确定了本组的实验方案，该过程大概持续了10分钟。

【环节三：课堂评析】

教师行为 A老师根据学生的自学情况开展课堂评析：（1）针对学生导学卡的完成情况及学生提出的问题进行评析。（2）总结归纳三价铁离子的常见检验方法。（3）分析学生设计的实验方案中的问题，并协助学生完善方案设计。（4）指导学生分组开展铁元素的检验实验。

学生活动 在教师的指导下，理解实验原理和操作流程，完善实验方案，分组合作完成铁元素检验实验，分析实验结论。

首先，A老师请了几位同学分享了他们搜集的关于“铁元素在人体中的作用”的资料。同学们踊跃回答，并总结出以下几点。

（1）成年人体内含有4~5 g铁，根据在体内的功能状态可分成功能性铁和储存铁两部分。功能性铁存在于血红蛋白、肌红蛋白和一些酶中，约占体内总铁量的70%。其余30%为储存铁，主要储存在肝、脾和骨髓中。

（2）铁是合成血红蛋白的主要原料之一。血红蛋白的主要功能是把新鲜氧气运送到各组织。铁缺乏时不能合成足够的血红蛋白，就会造成缺铁性贫血。

（3）铁还是体内参与氧化还原反应的一些酶和电子传递体的组成部分，如过氧化氢酶和细胞色素中都含有铁。

听了同学们的回答，A老师意识到同学们课前有认真搜集相关资料。A老师继续提问：

师：同学们知道我们生活中富含铁元素的食品有哪些吗？

生：“猪血”，还有“动物内脏”“鱼类”“黑木耳”“菠菜”……

师：同学们说得对不对呢？稍后大家自己动手来检验一下。那么，如何检验食品中的铁元素呢？

生1：我查了资料。食品中的铁元素价态不确定，但是我们可以通过添加试剂将其转化为三价的铁离子，因此我们主要检测三价的铁离子就可以了。

生2：我查到两种方法比较简便——加苯酚和亚铁氰化钾溶液，但是这两种试剂我们都没接触过。

生3：书本上主要介绍的是用硫氰化钾溶液，我觉得用碱溶液生成沉淀也可以。

生4：根据氧化还原反应，铁离子可以使淀粉－碘化钾试纸变色，所以这个方法应该也可以。

……

A老师根据同学们的讨论，总结了常见的铁离子检验方法，如表5所示。

表5　常见的铁离子检验方法

铁离子价态	检测试剂	试验现象
三价铁离子（均先加入稀硝酸溶液）	KSCN溶液	溶液呈红色
	苯酚	溶液呈紫色
	氢氧化钠溶液	产生红褐色沉淀
	淀粉－碘化钾试纸	试纸变蓝
	亚铁氰化钾溶液（黄铁盐溶液）	生成蓝色沉淀（普鲁士蓝）

师：既然大家已经知道了食品中铁离子检验的基本原理，那就开始完善自己的实验方案，并动手做实验吧。

同学们开始讨论了起来，通过老师讲解和同学之间的交流，发现了自己之前设计方案中的不足并对其予以完善。以下摘录了一个小组的实验方案内容。

实验仪器　研钵、剪刀、烧杯、漏斗、玻璃棒、试管、滴管、滤纸。

实验材料　菠菜、蒸馏水、稀硝酸、硫氰化钾溶液。

实验步骤

（1）取新鲜的菠菜10 g，将菠菜剪碎后放在研钵中研磨，然后倒入烧杯中，加入30 mL蒸馏水，搅拌。将上述浊液过滤，得到的滤液为试验样品。

（2）取少许试验样品加入试管中，然后加入少量稀硝酸（稀硝酸具有氧化性），再滴加几滴KSCN溶液，振荡，观察颜色变化。

在A老师的指导下，同学们通过不同的方法对不同的食品进行了检测，A老师用手机将同学们的实验现象记录了下来，如表6所示。

表6　食品显色情况统计

食品	菠菜	黑木耳	豆筋	金银花
显色	深褐色	红褐色	浅红色	红褐色

【环节四：成果检测】

教师行为　组织学生进行成果展示和交流讨论。依据活动评分表细则，对学生活动表现过程进行评分，评分表内容如表7所示。

表7　化学学科实践活动评分表

评价对象	指标及分值						
	导学卡（20）	实验方案（20）	合作交流（20）	实验操作（20）	总结汇报（20）	研究报告（20）	总分（120）

学生活动　汇报本组实验结论，交流讨论实验操作过程中遇到的问题及个人活动感受和启示，完善研究报告内容。

A老师看同学们讨论得差不多了，播放了自己录制好的演示视频，让同学们通过观看视频，回顾自己在实验过程中的问题。视频播放结束后，A老师便提问：

师：同学们，为什么实验中需要加入稀硝酸呢？

生1：这个很简单，稀硝酸能将食品中的铁元素都氧化成三价铁离子，检验起来就方便了。

生2：二价铁离子检验也简单，如果不氧化，就能够区分食品中是三价还是二价铁离子，可以让实验更加严谨。

……

A老师感受到了同学们思维的活跃，继续提问：

师：在实验中，菠菜汁带颜色对实验现象观察会有一定影响。想一想，可以怎么改进呢？

生1：选择显色变化大的试剂进行反应，这样颜色变化明显就可以观察到了。

生2：用吸附剂吸附一些含色素的物质。

生3：吸附剂的添加是不是会引入杂质呢？

生4：先将菠菜烧成灰，再检验，毕竟物质是守恒的。

……

A 老师总结了同学们的发言，对能想到燃烧提取灰烬的方法特别提出了表扬，之后提醒同学们记得完成研究报告，对同学们的课堂表现进行了总结，并对一些表现突出的学生给予了适当奖励。

【环节五：知识拓展】

元素检验仪器

师：食品中涉及大量的元素种类，简单的试剂检测不仅检测过程烦琐，检测结果还不准确。为了提高检测速度及效果，研究机构及相关企业均采用先进的检测仪器进行检测，主要检验方法有光谱法、原子吸收法和色谱法等，仪器有发射光谱仪、原子吸收分光光度计、紫外分光光度计和色谱仪等。

化学与专业发展

师：在大学专业中，与食品检验相关的专业有食品科学与工程、食品检测与安全、食品营养与检测等专业。学生毕业后可以在科研机构、质量技术监督机构、疾病预防控制中心、检验检疫局、海关、食品企业等企事业单位工作。

听了 A 老师的介绍，同学们开始议论了起来：

生1：这些高级的仪器，应该可以检验很多元素吧？检验速度应该也很快。

生2：我之前在视频网站上看见过，感觉操作这些仪器做实验好有趣。

生3：原来学习了化学以后可以学习与食品相关的专业，这个专业感觉很有意思。

生4：我姐姐就是食品工程专业的，现在在质监局上班，平时她就用这些仪器检测食品。

生5：食品相关专业，是不是还可以制作食品？好像还可以考营养师。

……

【环节六：课堂小结】

师：这节课我们通过实验探究的方式，学习了食品中铁元素的检验方法，同学们通过自主学习并设计实验方案，讨论完善实验方案，小组开展实验探究活动等形式，切实感受到了化学在日常生活中的应用，更好地掌握了铁及其化合物的相关性质。

A 老师看同学们情绪高涨，课程探究内容也基本结束了，于是让大家分享一下自己的感想：

生1：我觉得我还应该加强实验技能的训练，操作规范和操作速度都比其他同学差一些。

生2：原来铁离子不止一种检验方法，以后在学习中我要多开阔思路。

生3：食品检验对我们的日常生活有很大影响，我回去后要了解一下其他元素是怎么检验的。

生4：这个实验只知道有没有铁元素，要是能比较不同食物中铁元素的含量就好了，这样我就知道应该多吃什么食品来补充铁元素了。

生5：那些检测仪器看着好高级呀，以后我大学要学习化学专业，也操作仪器进行实验。

生6：我觉得食品相关专业挺有意思的，听说他们还做辣条和鸡腿。

……

同学们在轻松的氛围中表达着自己的感受，有关于知识内容的，有关于实验操作的，有关于职业规划的，也有关于 A 老师的。在同学们你一言我一语的交流中，不知不觉，铃声响起来了，大家带着笑容结束了这堂公开课。有同学下课后，还来到讲台找 A 老师探讨问题。看到同学们的笑容，A 老师也露出了笑脸……

4 教学反思

课程结束以后，我也认真地观看了录制的视频，回忆了自己上课时的表现。总的来说，从学生的表现和同行的反馈来看，我这次公开课表现得还是很不错的。

首先是课前准备阶段，我认为自己各方面考虑还不到位，准备的内容也是反反复复多次更改才确定下来，这影响了我正常的教学和工作，也是对学生的一种不负责任，同时也增大了其他老师的工作负担，这是我以后要注意改进的地方，不要顾此失彼。另外，从课程设计来看，还不够全面详细，虽然我有一定的经验，但是讲这种新栏目、新内容，还要面对那么多的同行，多少还是会紧张的，所以前期的教学设计还应该更加详细。

然后就是教学实施阶段，我和同学们的互动挺好，也感受到了课堂轻松的氛围，同学们也很好地掌握了相关知识，但是，前期的导入阶段，应该更早将教学任务布置下去，因为我发现有个别学生还是没有完成好导学卡的内容。对于铁元素的探究，确实应该改进为定量探究或者讨论三价和二价铁离子的探究会更好，在这方面我考虑得还不够全面，这也是我在后续教学中需要不断改进的地方。

最后就是对学生活动的评分，还是有些流于形式，没有产生实质性的作用，针对这种形成性评价，后续也应该持续改进。

通过这次公开课，大家也看到了我们学校在学科特色课程建设上取得的一定成果，也看到了教研组的成员通力合作后的收获，这给了我更大的动力投身到课程改革和建设中去，后续我会和教研组的老师们一起交流，总结经验，让以后的化学课程越教越有特色，越讲越有活力。

5　结语

人教版高中化学教科书的“研究与实践”栏目，依据化学学科特征、学生认知水平而编制，符合化学课程标准要求，为教学提供了丰富的真实情境，是教材中不可或缺的优质栏目。

“研究与实践”栏目对于培养学生的信息处理能力、科学探究能力、实践操作能力均有重要作用，能够引导学生关注人类社会中与化学息息相关的实际问题，体会化学对人类生产生活的重要意义，让学生感受到化学学科的价值与作用，激发学生今后学习化学的兴趣。

教师在教学过程中也应重视“研究与实践”栏目，积极发掘栏目的学科价值，运用新的教学理论和教学模式，开发校本课程，注重创新评价方式，培养学生社会主义核心价值观，使学生的素养得到全面发展。

参考文献

[1] 杜爱萍，顾建辛 . 高中化学人教版教材“研究与实践”栏目的教学设计与实施策略：以元素周期表为例 [J]. 化学教学，2022（1）：43-48.

[2] 欧阳志斌，张贤金 . 人教版高中化学教科书“研究与实践”栏目分析与实施策略 [J]. 化学教育（中英文），2022，43（5）：21-25.

[3] 周业虹 . 用好“研究与实践”栏目　发展学科核心素养 [J]. 中学化学教学参考，2021（21）：28-30.

[4] 尹丹丹，热娜古丽•阿不都热合曼，孙艳美，等 . 人教版高中化学新教材“研究与实践”栏目教学研究 [J]. 科技风，2021（11）：175-176.

[5] 张美璐，宫丽红．人教版必修教科书“研究与实践”栏目的分析及教学建议 [J]. 化学教与学：下半月，2022（4）：70-74.

案例思考题

（1）分析教材栏目的主要思路是什么？

（2）为更适合高中化学教学，“导—学—评—测”教学模式还可以如何改进？

（3）“研究与实践”栏目是否有其他教学模式也适合开展教学？具体如何开展？

（4）在课堂教学中，如何更好地发挥学生的主体性？

深度教研活动中的听课与评课

——对某市中学化学教研联组活动暨教学改革研讨会的思考

孙林萍[①] 刘万强[②]

摘　要：教研活动的开展有助于教师专业能力的提高，然而，目前一些教研活动流于形式，缺乏研究性，使得教师处于被动参与的境况，无法做到“研”有所获。本案例以某市初中化学教研活动为对象，从教学、教研、反思三个方面进行阐述，展示了同课异构模式下教研员Y老师和青年新秀Z老师的两堂复习课，以及S老师试卷讲评课的精彩课例，提供了复习课、试卷讲评课的讲授范式；结合辩论模式的教师点评、会场教师评课互动、专家讲座升华主题的形式，促进了深度教研和教师专业能力的发展，阐明了“真教研”的核心所在，提供了教研活动开展的范例，对于教师的专业成长和教研活动的组织具有一定的参考意义。

关键词：初中化学；深度教研；教学改革；试卷讲评；复习

背景信息

2021年4月13日，由某市教育科学院主办的“城区2021年初中化学教研联组活动暨教学改革研讨会”顺利举行。本次研讨会的参与对象为县（市、区）教研员、某市城区全体初中化学老师以及县（市、区）部分初中化学老师。我院学科教学（化学）研究生在L副教授的带领下，也参与了此次教研活动。

此次研讨活动的目标为：促进初中化学课程建设，促进初中化学教师成长，加强初三化学教学经验交流，指导一线教师如何听课评课，解决初中化学任课教师在教育中面临的听课评课实际问题，帮助其提升听课评课能力，促进教育教学水平再上一台阶。活动采取专家讲授与学员互动相结合的方式，分为讲授示范、点评交流、专家讲座三个环节，活动安排井然有序，反响良好。

---

① 孙林萍，女，重庆梁平人，湖南科技大学化学化工学院在读硕士研究生。

② 刘万强，男，陕西宝鸡人，湖南科技大学化学化工学院教授。

其中，讲授示范环节安排了 Y 老师和 Z 老师的两堂同课异构模式的复习课和 S 老师的一堂试卷讲评课，以期让一线教师结合示范课的闪光点和自身教育教学实际，不断提高教育教学能力；同时，点评交流环节要求全体教师参与评课，每位参会教师都可以发表自己的意见，以期使评课更加真实、充实、有效；专家讲座环节邀请了 X 教研员和 L 副教授对三堂示范课进行点评和经验分享，指导教师如何听课评课，以期使评课更加有深度、有内容、有启迪性。

案例正文

1 “多趣”的教学活动

本次复习课选取九年级上册第二单元“我们周围的空气”作为授课内容，采用同课异构的模式，由教研员 Y 老师和青年新秀 Z 老师同台比拼，供其他一线教师借鉴学习。同时，考虑到以前的示范课主要以新授课、复习课为主，试卷讲评类优质课例较少，因此，本次教研活动新增了 S 老师的九年级上册第一、二单元的试卷讲评课，以期为其他老师提供试卷讲评课新思路，同时为其他教研活动示范课的开展提供内容参考。

1.1 复习课之同课异构——“我们周围的空气”

本单元从化学的角度系统地学习单质化合物知识，研究物质组成、性质、制法以及学习最基本的化学概念的起点，其中空气、氧气、制取氧气三个课题从宏观用途到微观反应，从反应原理到实验操作，为今后学习单质化合物知识打下了基础，是引领学生真正进入化学世界的三个阶梯[1]。

通过学习本单元内容，学生可以进一步了解空气的主要成分及其物理性质与用途，加深对纯净物、混合物、氧化反应、化合反应、分解反应以及催化剂概念的理解，知道实验室制取氧气的原理、药品、装置、操作、气体收集方法及实验结果误差分析方法，学会选择制取氧气的最佳实验方案，熟悉并掌握氧气的物理性质与化学性质，认识到氧气的化学性质比较活泼，能与许多物质发生反应。

另外，通过本单元的“测定空气中氧气含量”实验、氧气的实验室制取实验与探究氧气性质的实验，可以培养学生的分析观察、语言表达和描述事物的能力，使其体会实验过程对结果的影响，培养学生严谨求实的科学态度和良好的实验习惯，通过让学生关注空气污染的危害及其防治现状，培养学生保护环境的意识。

1.1.1 “有趣得让人睡不着的化学”——Y 老师

考虑到是单元复习课，有着多年教学经验的 Y 老师不是简单按照书本顺序梳理知识点，而是通过任务式教学“投石问路”“头脑风暴”“透‘考’通今”三部分将整个单元内容分解再融合，以氧气作为切入点，采用小组竞赛的方式书写化学方程式来综合考查本单元的重点知识，如反应类型、氧气的制取及其化学性质等。整个过程既回顾了知识点，又调动了学生的学习积极性，体现了“学生中心”的思想。与此同时，Y 老师在讲解的过程中还穿插了与本节内容相关的国内外化学史，拓展了学生的认知域，特别是古代中国与空气成分发现史部分的讲授，在传授知识的同时也增强了学生的民族自豪感。课程最后，Y 老师总结归纳了该市近五年物质与氧气反应以及氧气制取的相关考点，并提供了复习建议。

1.1.1.1 教学过程回顾

【学习任务一：投石问路】

引入 今天我们的课题是“有趣得让人睡不着的化学”（图1），在化学中，什么最有趣？实验最有趣！现在我们来做一个实验：将铜丝在空气中加热，然后伸入盛有双氧水的试管中。请同学们认真观察实验现象，并写出实验中发生反应的化学方程式（图2）。

图1 教师课题展示

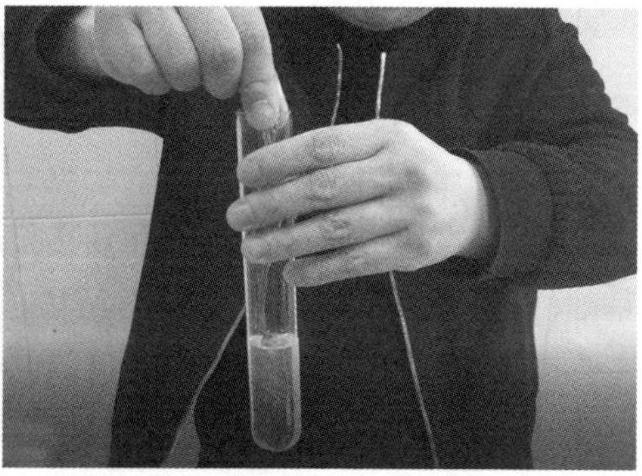

图2 双氧水分解实验

学生思考并书写实验过程的化学方程式，教师走动观察指导，然后邀请两位学生上台书写并纠错，同时与其他同学互动交流。

师：同学们一定要注意，本实验有两个过程——铜丝燃烧和双氧水分解。燃烧生成的 CuO 是催化剂，但催化能力比 MnO_2 差一些。因此反应的化学方程式如下：

$$2Cu + O_2 \xlongequal{\Delta} 2CuO$$

$$2H_2O_2 \xlongequal{CuO} 2H_2O + O_2 \uparrow$$

师：这两个反应分别属于哪种反应类型？

生：化合反应和分解反应。

师：正确。我们从这两个反应中还发现了 O_2 既可做反应物，也可做生成物。

【学习任务二：头脑风暴】

引导 现在我们来进行方程式书写大比拼，请同学们在规定时间内书写“氧气”作为反应物或生成物的化学方程式，书写最多的小组为优胜小组。要求：①自主思考1分钟；②讨论分工30秒；③合作比拼4分钟。

教师分发白纸给各小组，组织学生书写方程式，学生们激烈讨论，认真翻阅课本，然后由小组推举代表上台书写结果。由于采取组间比拼的方式，学生们认真投入，热烈讨论，不仅写出了许多学过的方程式，有的同学还在课后习题中找到了乙烯（C_2H_4）燃烧的方程式。另外，还有同学写出了以 C_{60} 为反应物的反应方程式。书写完成后，教师对每个小组的答案进行了讲评，并对超纲的乙烯和 C_{60} 进行了简单的介绍（图3）。该环节以氧气为线索，将所有与其相关的零散知识点联系起来形成知识网，帮助学生深刻理解并学习氧气的知识。

图3 教师评讲学生书写的方程式

PPT展示 根据学生答案，教师展示了14个常见的与氧气反应的方程式。

（1）$C + O_2 \xlongequal{点燃} CO_2$（充分） （2）$S + O_2 \xlongequal{点燃} SO_2$

（3）$2H_2 + O_2 \xlongequal{点燃} 2H_2O$ （4）$2C + O_2 \xlongequal{点燃} 2CO$（不充分）

（5）$4P + 5O_2 \xlongequal{点燃} 2P_2O_5$

（6）$3Fe+2O_2 \xlongequal{点燃} Fe_3O_4$　　（7）$2Cu+O_2 \xlongequal{\Delta} 2CuO$

（8）$4Al+3O_2 \xlongequal{\Delta} 2Al_2O_3$　　（9）$2Mg+O_2 \xlongequal{点燃} 2MgO$

（10）$2Hg+O_2 \xlongequal{\Delta} 2HgO$

（11）$2CO+O_2 \xlongequal{点燃} 2CO_2$　　（12）$CH_4+2O_2 \xlongequal{点燃} CO_2+2H_2O$

（13）$C_2H_5OH+3O_2 \xlongequal{点燃} 2CO_2+3H_2O$

（14）石蜡＋氧气 $\xlongequal{点燃}$ 二氧化碳＋水

师：同学们，你们能从中发现什么规律，或者得到什么结论？

生：氧气既可以与金属反应，也可以与非金属反应。

师：对，除此之外氧气还可以与化合物（主要为有机物）发生反应，与有机物反应时生成 CO_2 和 H_2O。

师：同学们可以写出打火机中的气体，即液态丁烷（C_4H_{10}）的燃烧方程式吗？请课代表上台书写。

师：其他同学的答案是否和她一致？好，我们接着往下讲。请看，老师将方程式（5）和方程式（10）的实验图片放大，请同学们思考它们有什么异同？

生：这两个方程式都是用来测量空气中氧气含量的，一个是实验室法（图4），一个是拉瓦锡的方法（图5）。

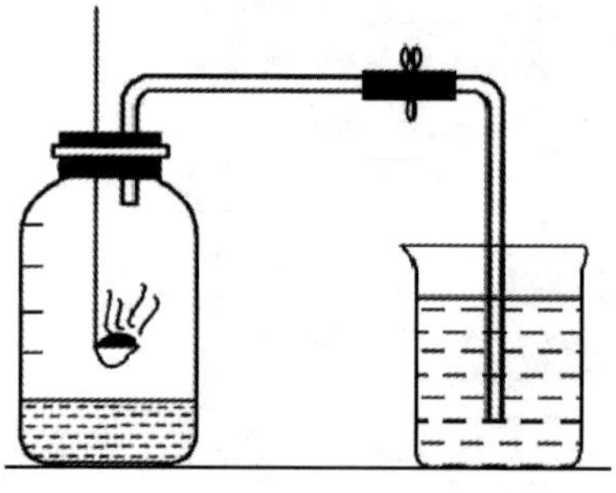

图4　实验室测定空气中氧气含量

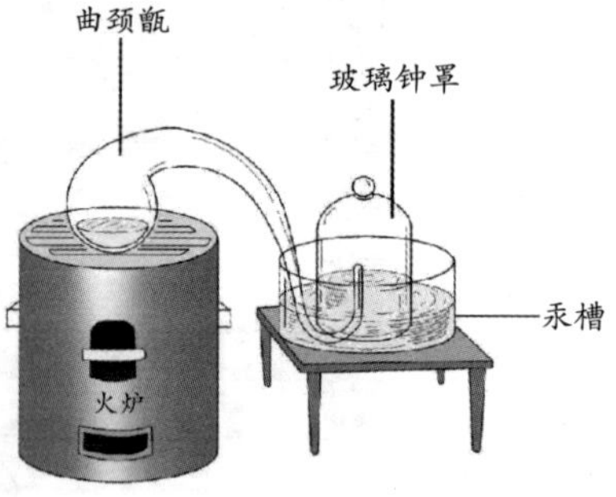

图5　拉瓦锡研究空气成分所用装置

师：采用实验室法，我们可以观察到什么现象？如果进入集气瓶中的水不足集气瓶体积的1/5，可能有哪些影响因素呢？

生：会产生白烟，会放热，烧杯中的水会进入集气瓶中；体积不足1/5可能是因为反应物的量不足、装置气密性不好或者未等冷却就打开止水夹。

师：我们现在为什么不用拉瓦锡的方法进行测量呢？

生：时间太长了。

师：是的，教材中提到该反应进行了足足12天。还有一个原因是汞是重金属，有毒。

生：哦……（点点头）

师：其实除了拉瓦锡，历史上其他科学家也为空气成分的发现作出了卓越贡献（图6）。

图6　空气成分的发现历程

师：空气成分的发现历经了 140多年，是众多科学家辛勤研究的结果，因此我们要无限崇拜这些为我们生活奠基的伟人，学习他们身上那种探索求真的精神，不断去追寻知识的本质。

生：嗯！（兴致勃勃，表情坚毅）

师：其实空气和我们中国人也有一些渊源，我给大家找了一些材料（图7）：1807年，德国学者发表的一篇论文《八世纪时中国人的化学知识》中提到，早在唐代，术士们就发现了氧气的存在，了解了氧气的性质，并且已经知道如何通过化学手段制取氧气；另外一个材料是《平龙认》，其中提到空气是由阴气和阳气组成，认为阴气存在于很多物质中，一旦加热，阴气便会放出。

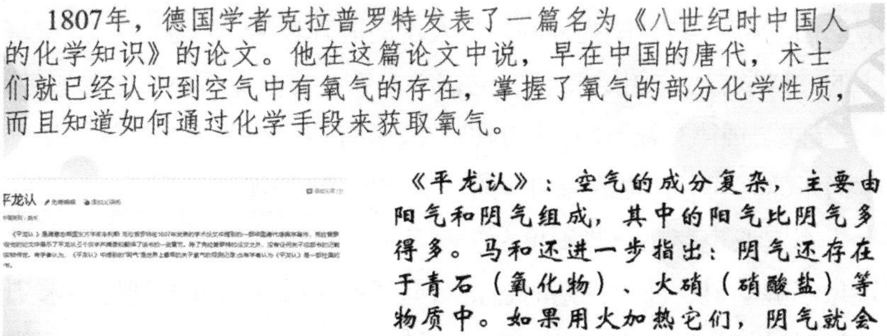
1807年，德国学者克拉普罗特发表了一篇名为《八世纪时中国人的化学知识》的论文。他在这篇论文中说，早在中国的唐代，术士们就已经认识到空气中有氧气的存在，掌握了氧气的部分化学性质，而且知道如何通过化学手段来获取氧气。

平龙认

《平龙认》：空气的成分复杂，主要由阳气和阴气组成，其中的阳气比阴气多得多。马和还进一步指出：阴气还存在于青石（氧化物）、火硝（硝酸盐）等物质中。如果用火加热它们，阴气就会放出。他认为水中也有大量阴气，不过很难把它取出来。

图7　中国古代发现氧气的佐证材料

师：虽然目前无法求证其真实性，但如果这是真的，就说明对于空气的发现，中国领先外国一千多年，这就是中国人的化学！

【学习任务三：透“考”通今】

考点归纳

本节课我们主要学习了氧气的相关性质。这是我给大家归纳的某市近五年物质与氧气反应以及氧气制取的相关考点（图8），常考的为红磷、硫、铁等物质。请同学们认真完成导学案上的作业，把握好重点进行复习。

年份	原理	知识点
2020年	氯酸钾和二氧化锰制取氧气	1．仪器的名称； 2．反应原理； 3．发生装置和收集装置的选择； 4．实验步骤； 5．验满； 6．相关注意事项。 （1）检查装置气密性； （2）撤导管与熄灭酒精灯的先后； （3）导管口略微向下倾斜； ……
2019年	过氧化氢溶液制取氧气 二氧化碳的制取	
2018年	高锰酸钾制取氧气	
2017年	高锰酸钾制取氧气	
2016年	氯酸钾和二氧化锰制取氧气	

图8　某市近五年物质与氧气反应以及氧气制取的相关考点

小结　化学是一个有趣的学科，实验有趣，规律有趣，方法有趣，故事也有趣，希望大家能够把化学学好！

1.1.1.2　作者点评

Y老师以氧气为专题开展教学，通过两个演示实验引出主题——氧气，采用趣味性强的“书写方程式大比拼”的小组竞赛形式，营造了良好的课堂氛围。整个教学过程以学生为中心，既培养了学生的合作交流能力，也加深了学生对知识点的理解记忆。然后，结合国内外的空气发现史展开教学，渗透化学史的教育功能，培养学生的“科学态度与社会责任”的核心素养。整堂课聚焦“化学学科”之趣，从“实验有趣”“规律有趣”“方法有趣”“故事有趣”四个角度，让学生感受到了学习化学的乐趣。同时，也给复习课的开展提供了新思路。

但是，本堂课也存在一些不足：①演示实验中，实验前未提前告知学生观察要点且现象不够明显，课堂开始时显得有些混乱；②对时间的把控不够到位，书写方程式耗时过长，导致内容没有讲完，结束得比较仓促；③对学生的能力要求较高，不具有普遍意义。

1.1.2 “我们周围的空气”——Z 老师

相较于 Y 老师的“学生中心，能力主导”的复习课模式，Z 老师选择深挖教材，重视基础，从氧气含量测定的实验原理分析以及氧气的性质和用途出发，深化学生对氧气的认知。同时 Z 老师深挖教材中的“方法引导”栏目，引导学生回归教材，利用树状分类法学习和研究化学物质，教会学生如何高效地学习化学。

1.1.2.1 教学目标

（1）理解测定空气中氧气含量的实验原理，能够从压强角度分析相关实验。

（2）结合实例说明氧气的主要性质和用途。

（3）掌握物质分类的方法。

1.1.2.2 教学过程回顾

【创设情境，引入新课】

引入 同学们，你们看过手机上的天气预报界面吗？除了显示温度以外，还显示了当天的空气质量情况、舒适度和出行建议等。老师今天出门前也看了一下咱们这儿的天气预报，如图9所示。

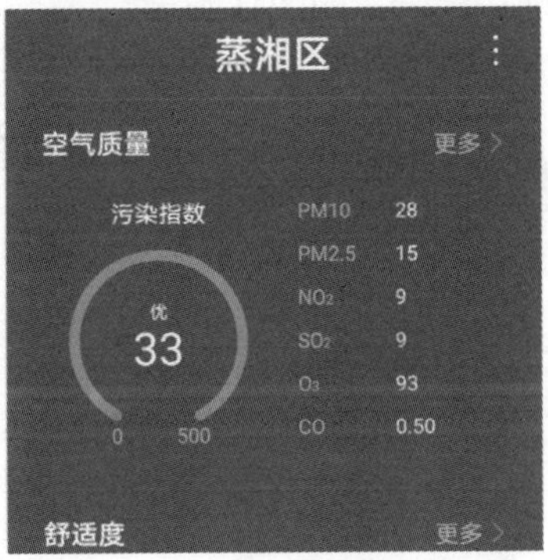

图9 某市4月13日空气质量图

师：那么空气是纯净物还是混合物？为什么？

生：混合物。因为空气里面有 PM10、PM2.5、O_3 等多种成分。

师：很好，今天我们就一起来复习“我们周围的空气”。

【渐入佳境，讲授知识】

知识点1：空气中氧气含量的测定（图10）

学生活动1 完成《中考总复习》第11页考点1（2）。

师：该装置测定氧气含量的原理是什么？

生：压强差。

师：对，原理是利用物质燃烧消耗氧气使集气瓶内外产生压强差。

图10 教师讲授氧气含量测定实验的原理

小组讨论1 分四个小组，每个小组选择一个实验，试从压强的角度评价下列装置可能出现的现象（限时2分钟），如图11所示。

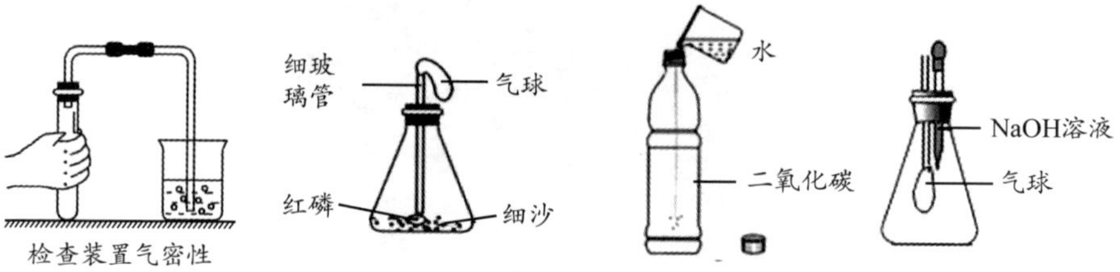

图11 延伸拓展——压强变化的几组实验

学生热烈讨论，选举代表回答。

师：几组实验出现不同现象的原因是什么呢？

生1：第一个是因为手是热的，握紧后里面的空气受热膨胀，所以烧杯中有气泡冒出。

生2：第二个是因为红磷燃烧会放出大量的热，气体受热膨胀，所以气球会被吹大；冷却时气球就缩小变瘪了。

生3：后两个都是因为发生反应消耗了气体，导致气压减小，所以水瓶会变瘪、气球会变大。

师：同学们的回答都有理有据。综合同学们的答案，我们知道影响装置内外压强的因素有温度、气体的减少或产生。

学生活动2 根据下列现象，猜一猜是哪些物质与氧气发生反应？你能写出相关的化学反应方程式吗？（限时3分钟）

（1）一种黑色固体在氧气中燃烧发白光，生成使澄清石灰水变浑浊的气体。

（2）一种淡黄色固体物质在氧气中燃烧产生明亮的蓝紫色火焰。

（3）一种金属在空气中不能燃烧，在氧气中剧烈燃烧火星四射。

（4）一种紫红色金属在空气中加热，有黑色物质生成。

（5）一种最简单的有机物能在空气中燃烧发出淡蓝色火焰。

（6）一种初中化学实验室中常用来加热的液体燃料。

时间一到，Z老师请部分学生展示答案并纠正学生书写的化学方程式中存在的错误（图12），强调这些物质都可以和氧气发生反应。同时引导学生将上述所得物质归类：C、S为非金属单质，Fe、Cu为金属单质，CH_4、乙醇为有机物。举例说明P为非金属单质，Mg、Al为金属单质。

知识点2：氧气的化学性质

小组讨论2 能用C、S、Fe、H_2、CH_4、Mg来进行测定空气中氧气含量的实验吗？若不能，请说明理由（限时2分钟）。已知镁（Mg）与氮气（N_2）在点燃的条件下会生成黄色的氮化镁（Mg_3N_2）。

图12　学生代表回答问题

师生共同分析 不能，因为C、S会生成气体；Fe在空气中不燃烧；H_2、CH_4与空气混合点燃会发生爆炸；Mg除了和氧气发生反应，还与空气中的氮气发生反应。

小组讨论3 若用C、S物质来测定空气中氧气的含量，应如何改进实验？

生：可以加入 NaOH 溶液，吸收产生的 CO_2 和 SO_2 气体。

师：思路非常清晰！由此我们可知，本实验对于可燃物的要求为足量、只与氧气发生反应且产物是固体。

师：氧气具有氧化性，可以与其他物质发生氧化反应。我们把 C、S、Fe 等物质的燃烧称为剧烈氧化，把金属生锈、食物腐败、醋的酿造等称为缓慢氧化。

小组讨论4 氧气对物质会产生什么影响？

学生们纷纷说出了各自的想法。

师：同学们思考得很全面，氧气对物质的影响有利也有弊（图13）。这说明我们在看待事物时不能片面分析，而应理性对待。空气中的其他成分（如二氧化碳、氮气等）会对物质产生什么影响呢？请同学们也从两方面进行考虑。

生：二氧化碳可以做灭火剂，但是会造成"温室效应"；氮气可以用作保护气，延长灯泡寿命，用来储存粮食等，但吸入过多会引起氮窒息、减压病等；还有稀有气体……

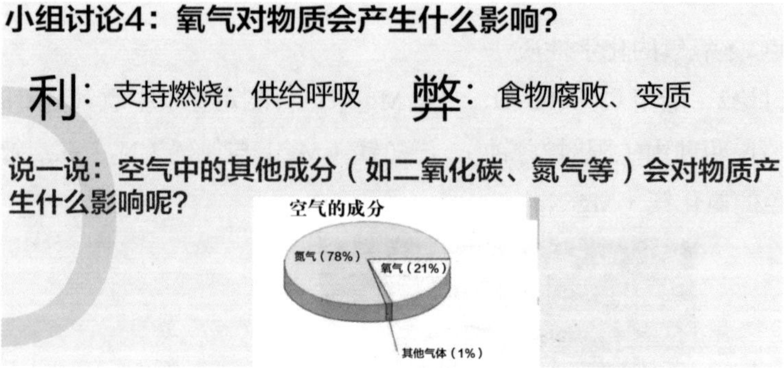

图13 化学与生活——空气中的各成分对物质的影响

知识点3：物质的分类

学生活动3 你能将下列物质进行分类吗？你的分类依据是什么？请将你的物质分类画出来，与同学们交流分享。

物质：CO_2、Na_2CO_3、空气、H_2SO_4、S、NaCl、过氧化氢溶液、O_2、Ne、H_2O、C_2H_5OH、NaOH、CH_4、不锈钢、Fe。

生1：根据纯净物、混合物标准划分。空气、不锈钢、过氧化氢溶液是混合物，其余的都是纯净物。

生2：纯净物中还可以按照元素种类的不同分为单质和化合物。

生3：纯净物还可以根据物质中是否含有氧元素划分为含氧的物质和不含氧的

物质。

师：标准不同，物质的分类就不同。化学中，我们一般按照以下标准对物质进行分类（图14），因此我们可以对刚才的物质进行更细致的划分。另外，教材中的方法导引栏目中提到，利用树状分类法学习和研究化学物质（图15），可以达到事半功倍的效果，所以同学们一定要在学习和生活中掌握并应用这种方法。

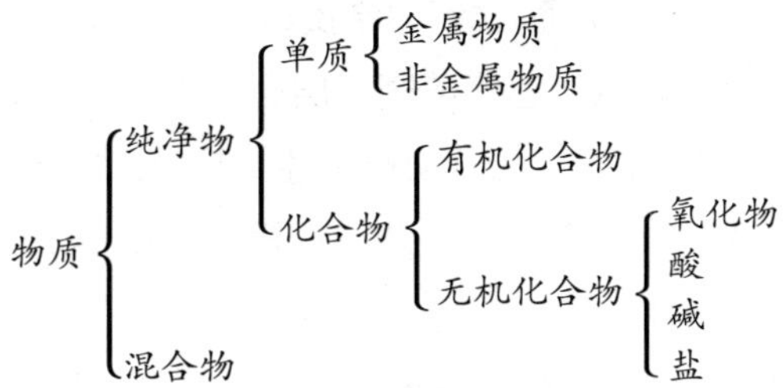

图14 物质的分类标准

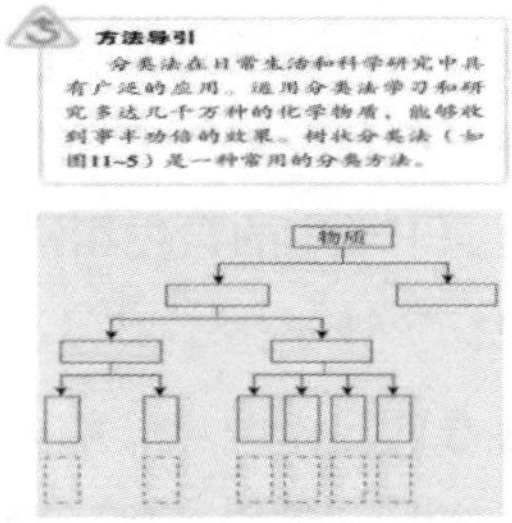

图15 教材中的方法导引栏目

【聚沙成塔，小结课堂】

小结 通过本节课的学习，我们可以知道：

◎三个知识要点：①测定空气中氧气含量实验的原理：压强差；②氧气的化学性质；③物质的分类。

◎一种思维方法：分类法。

链接中考

下列物质在氧气中燃烧的主要现象描述正确的是（B）

A．硫在氧气中燃烧发出微弱淡蓝色火焰，生成有刺激性气味的气体

B．碳在氧气中燃烧发出白光，生成能使澄清石灰水变浑浊的气体

C．铁在氧气中剧烈燃烧、火星四射，生成四氧化三铁

D．红磷在氧气中燃烧产生大量白雾

1.1.2.3 **作者点评**

Z老师以本市的实时空气质量图自然地引出主题，然后以小组讨论、学生活动等多种形式开展教学，阐明了“测定空气中氧气含量实验的原理”“氧气的化学性质”“物质的分类”三个知识点，并结合教材介绍了一种思维方法——分类法，帮助学生高效学习化学。

Z老师的课堂贯彻落实“学生为主体，教师为主导”的理念，教师循循善诱，因势利导，同时小组讨论贯穿于整节课的教学，充分体现了“合作学习”之趣。

但是，本堂课也存在一些不足：① 对“测定空气中氧气含量实验的原理”部分的讲解耗时过长，导致后面的习题未讲完；② 小组讨论活动较多，部分学生未做到真正参与；③ 在题目设计、内容拓展上还须多加斟酌。

1.2 试卷讲评课之“第一、二单元练习试卷讲评”——S 老师

S 老师以九年级上册第一单元《走进化学世界》和第二单元《我们周围的空气》为考查内容的试卷为主体，以“分析试卷，明确目标”“学贵有疑，疑贵有方”“自主纠错，自我反思”三重任务贯穿整个课堂，思路清晰、层层递进、重点突出并最终落脚于学生的自主纠错和反思，突出了学生的学习自主性。其中，“分析试卷，明确目标”让学生不只是简单地完成一套试卷，还让他们从教师的视角了解了本次试卷考查的知识点、难度、自身的水平以及从试卷中反映出的问题，真正做到了深度分析；“学贵有疑，疑贵有方”让学生明确考查重点、易错点以及解题技巧，然后通过多次的练习、讲解来巩固相关内容；“自主纠错，自我反思”为学生指明了错题分析的良方：自查—纠错—记录，鼓励学生在订正错题时多反思多记录。因此，S 老师执教的本节试卷讲评课不仅丰富了教研活动示范课的内容，也为其他教师就如何上好试卷讲评课提供了教学范式。

1.2.1 教学目标

（1）通过本套试卷，查找出第一、二单元的知识漏洞。

（2）通过分析错题，掌握同类题型的解题方法。

1.2.2 教学过程回顾

引入 同学们，前几天我们对第一、二单元进行了测试，现在请大家拿出试卷，我们开始讲评。

【任务一：分析试卷，明确目标】

讲评试卷之前，教师首先展示了试卷考查的知识点、分值以及所体现的核心素养等（图16），其中，“氧气的实验室制法”“物质的变化和性质”“空气的成分及其用途”3个知识点分值占比最大，属于本次试卷考查的重点；“空气中氧气含量的测定”难度最大，对学生的能力要求较高；其余知识点难度水平则比较接近，该试卷重视对基础知识的考查。

此外，教师还对班级整体情况进行了分析（图17），展示了平均分、优秀率、合格率等评价尺度，总结了试卷反映出的主要问题：①审题不仔细；②答题不规范；③积累不牢固。

知识内容	题号	总分值	难度系数	核心素养
1. 物质的变化和性质	1、2、24、28、30	17	0.61	宏观辨识与变化观念
2. 化学实验的基本操作和注意事项	3、4、5、6、7	10	0.70	科学态度与社会责任
3. 空气的成分及其用途	8、9、11、15、19、20、21、33	17	0.83	
4. 空气中氧气含量的测定	31	9	0.34	证据推理与模型认知
5. 混合物与纯净物	12、29	4	0.67	宏观辨识
6. 氧气的化学性质	10、14、16、17、18、32(1)	11	0.79	宏观辨识
7. 氧气的实验室制法	13、22、23、32(2)、34、36	25	0.61	
8. 催化剂	35	7	0.70	科学探究

图16　试卷命题双向细目表

班级	考试人数	最高分/最低分	优秀率/优秀人数	良好率/良好人数	合格率/合格人数	平均分
1801	45	95/17	2.22%/1	24.44%/11	77.78%/35	68.62
1803	50	89/26	0	10%/5	52%/26	60.32
1816	39	87/29	0	17.95/7	71.79%/21	66.38

图17　班级整体情况分析

【任务二：学贵有疑，疑贵有方】

讲评点1　传统文化与化学知识

师：请大家看到试卷选择题第2题，这道题将传统文化和化学知识结合起来考查，班上只有14人做对，现在我们一起来分析一下吧！（图18）

图18　教师带领学生分析试题

◎成语、诗词话科学——对下列诗句所描述的现象中包含化学内容的解释，你认为错误的是（ C ）

	成语或诗词	用化学知识解释
A	唐代李白诗句“风吹柳花满店香”	生活中常见的一种分子运动
B	宋代吴则礼诗句“石先戏作忍酸相，未信从来尝醋难”	醋来自粮食缓慢氧化
C	明代于谦诗句“粉骨碎身浑不怕”	描述的是物理变化的过程
D	成语“百炼成钢”	通过反复锤炼，减少铁合金中碳元素的含量

讲解　首先我们看到A、B选项诗句中的“花香”和“醋”，闻到花香是分子在不断运动，酿醋是缓慢氧化过程，正确；D选项中“百炼成钢”涉及的反应为$C+O_2 \xlongequal{\text{点燃}} CO_2$，减少铁合金中碳元素的含量变成钢，也正确；C选项中“粉骨碎身浑不怕”涉及的反应是$CaO+H_2O \xlongequal{} Ca(OH)_2$，属于化学变化，所以该项错误。

师：除了“粉骨碎身浑不怕”，老师还找到了于谦的《石灰吟》中其他诗句涉及的变化（图19），请同学们看。

石灰吟

千锤万凿出深山：物理变化

烈火焚烧若等闲：$CaCO_3 \xlongequal{\text{高温}} CaO+CO_2\uparrow$

粉骨碎身浑不怕：$CaO+H_2O \xlongequal{} Ca(OH)_2$

要留清白在人间：$Ca(OH)_2+CO_2 \xlongequal{} CaCO_3\downarrow+H_2O$

图19　《石灰吟》诗句中涉及的变化

方法点拨　因此，这类题的解题方法是先找出对应诗句、成语的关键词，再判断是否符合题意。

掌握方法，举一反三

变式练习1-1　诗词是民族灿烂文化的瑰宝，下列诗句中只含有物理变化的是（ C ）

A．爆竹声中一岁除，春风送暖入屠苏

B．粉骨碎身浑不怕，要留清白在人间

C．忽如一夜春风来，千树万树梨花开

D．春蚕到死丝方尽，蜡炬成灰泪始干

变式练习1-2　中华传统文化博大精深。下列成语中涉及化学变化的是（ A ）

A．钻木取火　　B．破釜沉舟　　C．聚沙成塔　　D．买椟还珠

讲评点2　化学实验的基本操作和注意事项

师：化学是一门以实验为基础的学科，化学实验操作规范，才能在安全范围内提高我们实验的成功率。现在请大家看试卷选择题第4题，我们一起来分析化学实验操作的相关知识点。

◎化学实验操作直接影响实验结果和人身安全。下列关于实验操作的说法正确的是（ D ）

A. 用10 mL 量筒量取8.55 mL 水

B. 称量氢氧化钠固体时，先在左右两盘放一张质量相同的纸

C. 试验结束后剩余的药品应放入原瓶

D. 用排水法收集氧气时，看到导管口气泡连续均匀冒出时，才能收集氧气

师生共同分析　量筒的精确度为0.1 mL，所以不可能量取8.55 mL 的水，A 错误；氢氧化钠具有腐蚀性，需要用小烧杯或表面皿称量，B 错误；实验室中剩余的药品需要放到指定容器内，不能放入原瓶，C 错误；用排水法收集氧气时，看到导管口气泡连续均匀冒出时，才能收集氧气，D 正确。

师：刚刚同学们分析得非常详细，请同学们完成学案中变式练习的习题。

掌握方法，举一反三

变式练习2-1　（湖南真题组合）下列实验操作正确的是（ D ）

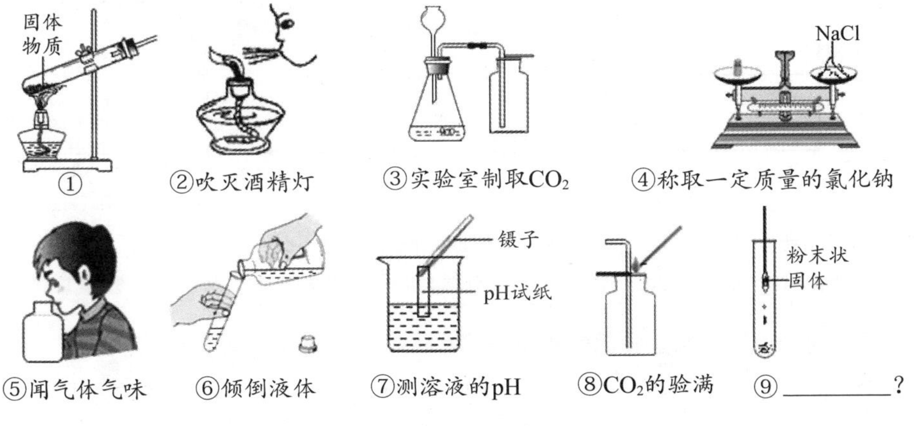

①　②吹灭酒精灯　③实验室制取CO_2　④称取一定质量的氯化钠

⑤闻气体气味　⑥倾倒液体　⑦测溶液的pH　⑧CO_2的验满　⑨ ________?

讲评点3　图像题

师：图像题是中考的热点和难点，但是很多同学却不知道如何分析这类题目。现在让我们来看试卷选择题第22题。

◎某同学误将少量 $KMnO_4$ 当成 MnO_2 加入 $KClO_3$ 中进行加热制取氧气，部分物质质量随时间变化如图所示。下列关于该过程的说法正确的是（B）。

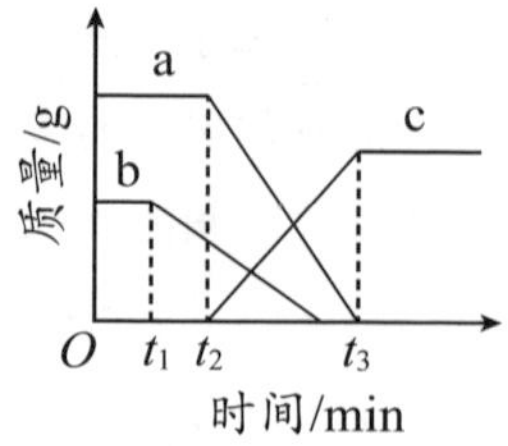

A．t_2 时刻，O_2 开始产生

B．t_1 时刻，$KMnO_4$ 开始分解

C．c 可以代表 O_2

D．起催化作用物质的质量一直保持不变

师生共同分析　这道题将“氧气制取”的相关知识与图像结合起来，考查方式更加灵活。已知：$2KMnO_4 \xlongequal{\Delta} K_2MnO_4 + MnO_2 + O_2\uparrow$；$2KClO_3 \xlongequal[\Delta]{MnO_2} 2KCl + 3O_2\uparrow$

观察图像，纵坐标为质量，横坐标为时间。a、b 曲线起点不为0，应该为反应物，则 c 为生成物；b 物质的质量少，所以 b 曲线代表 $KMnO_4$，a 曲线为 $KClO_3$；c 曲线从 t_2 开始质量逐渐增加，t_3 停止，说明 c 是 KCl，如果是 O_2，起点应该在 t_1 处。随着 $KMnO_4$ 的分解，MnO_2 的质量也在不断增加，因此正确答案为 B。

方法点拨　因此，在做图像题时，我们要：①看起点；②看折点；③看走势；④看终点。

掌握方法，举一反三

变式练习3-1　（2020・湘潭）下图分别表示实验过程中某些量的变化，其中叙述正确的是（ C ）

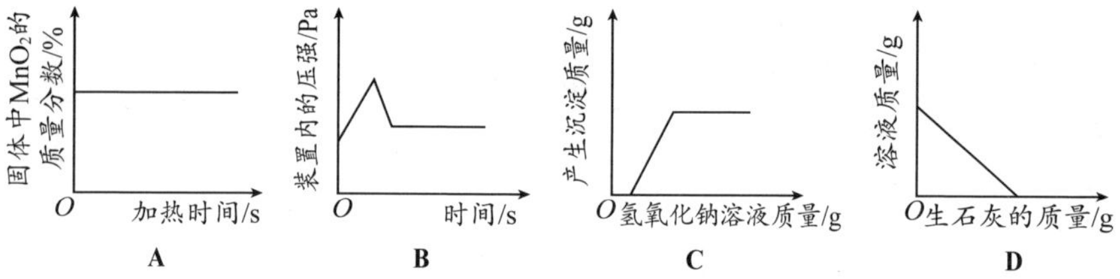

A．加热一定质量的氯酸钾和二氧化锰的固体混合物

B．在某一密闭装置内点燃白磷

C．向一定量的硫酸和硫酸铜的混合溶液中逐渐滴加氢氧化钠溶液

D．向一定质量的蒸馏水中逐渐加入生石灰

讲评点4　燃烧法测定空气中氧气含量

师：空气中氧气含量的测定是试卷中难度最大的部分，全方位考查了同学们的综合能力，现在我们一起来深入分析以下几道题目。

经典赏析　教材中介绍了拉瓦锡用定量的方法研究了空气的成分（实验装置如题图 a）。

该实验中选择使用汞的优点是 BCD 。

A．实验过程中没有污染

B．能将密闭装置内空气中的氧气几乎耗尽

C．在汞槽中起到液封作用

D．生成的化合物加热分解又能得到汞和氧气

讲解 汞是易气化的液态重金属，汞蒸气有毒，A 错误；由于汞是液态金属，所以在汞槽中可起到液封的作用，使装置气密性良好，B 正确；汞在加热条件下容易与氧气反应，可耗尽装置内的氧气，C 正确；生成的氧化汞受热分解又能得到原先质量的汞和氧气，将这些氧气放入钟罩内，得到的混合气体跟空气的性质完全一样，D 正确，所以答案选 BCD。这是第31题部分学生的答案和得分情况（图20），现在让我们来细细品味一下这道题。

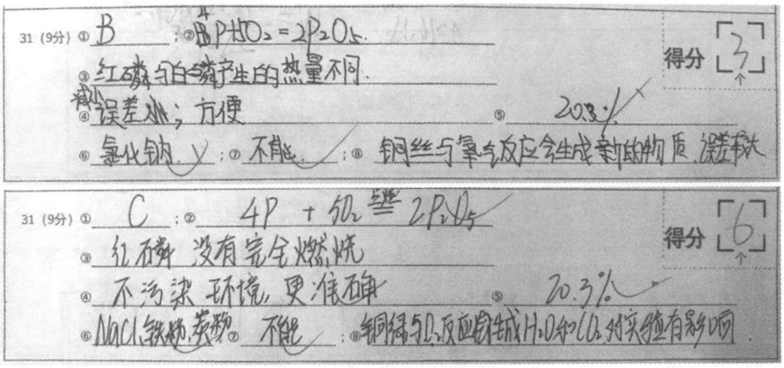

31（9分）① B ；② $4P+5O_2=2P_2O_5$
③ 红磷与白磷产生的热量不同
④ 误差小；方便 ⑤ 20.3%
⑥ 氯化钠 ；⑦ 不能 ；⑧ 铜丝与氧气反应会生成新的物质，误差较大
得分 3

31（9分）① C ；② $4P + 5O_2 \xrightarrow{点燃} 2P_2O_5$
③ 红磷没有完全燃烧
④ 不污染环境，更准确 ⑤ 20.3%
⑥ NaCl、铁粉、炭粉 ⑦ 不能 ；⑧ 铜锈与O_2反应会生成H_2O和CO_2对实验有影响
得分 6

图20 学生答案

实验回顾 实验室常用红磷燃烧来测定空气中氧气的含量（实验装置如题图 b），写出红磷燃烧的化学方程式。用该方法测出的氧气含量低于21%。

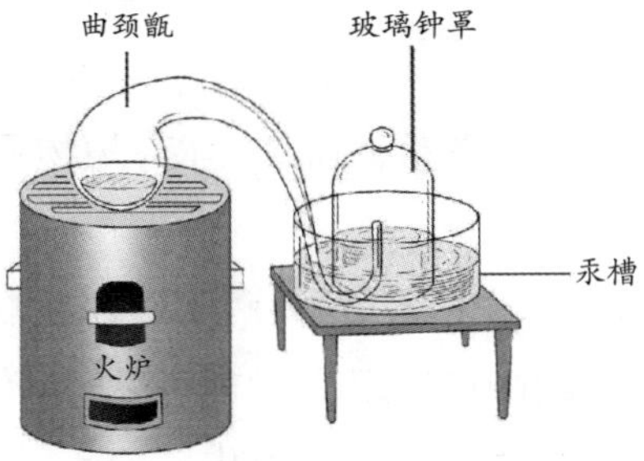

题图 a

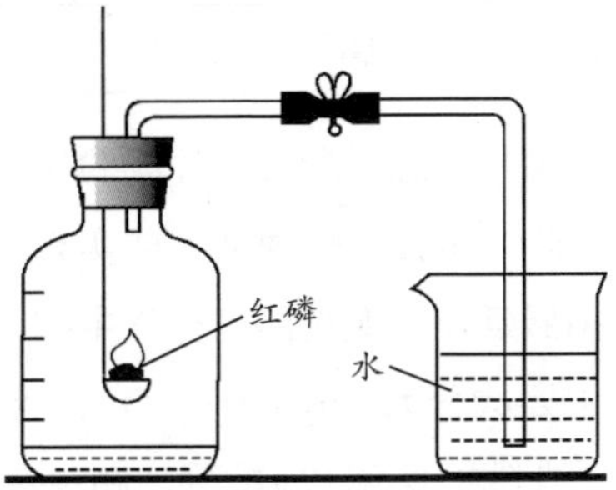

题图 b

提出问题 用红磷燃烧的方法为什么不能准确地测定空气中氧气的含量?

进行猜想 (1)装置漏气;(2)红磷的量不足,装置内氧气有剩余……

实验与交流 在老师的指导下,小明分别用过量的红磷和白磷进行该实验,用测氧气浓度的传感器测得反应后装置内氧气浓度分别为8.85%和3.21%。从燃烧条件的角度回答产生上述结果的主要原因:白磷燃烧所需的氧气最低浓度低于红磷。

实验探究1 小明根据铁生锈的原理(铁能与空气中的氧气反应),探究用铁能否准确测定空气中氧气的含量,进行了实验(装置如题图3),通过7天测得的数据计算空气中氧气的含量为19.13%。

交流与反思 与用红磷燃烧的方法相比,用铁丝生锈的方法测定的主要优点:装置内残留氧气更少,结果更精确。

实验探究2 为了加快反应速率,小明通过查阅资料,利用铁粉、炭粉、氯化钠(NaCl)等物质又进行了实验(装置如题图4),8分钟后测得的数据如下表:

实验前的体积/mL		实验后的体积/mL
集气瓶内空气	烧杯内蒸馏水	烧杯内剩余蒸馏水
130.0	90.0	63.6

请计算出空气中氧气含量:20.3%(计算结果保留一位小数)。

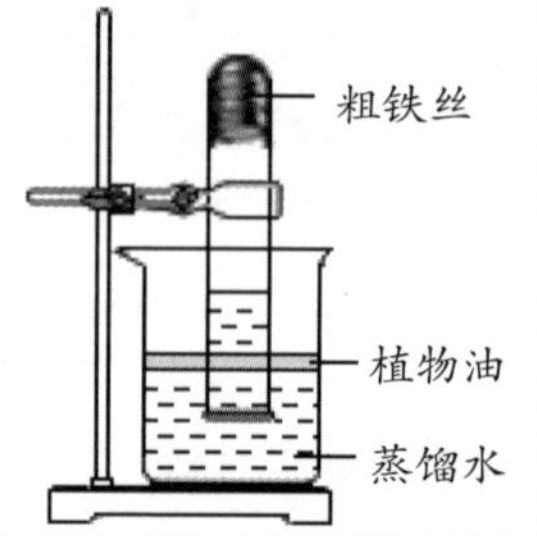

题图3

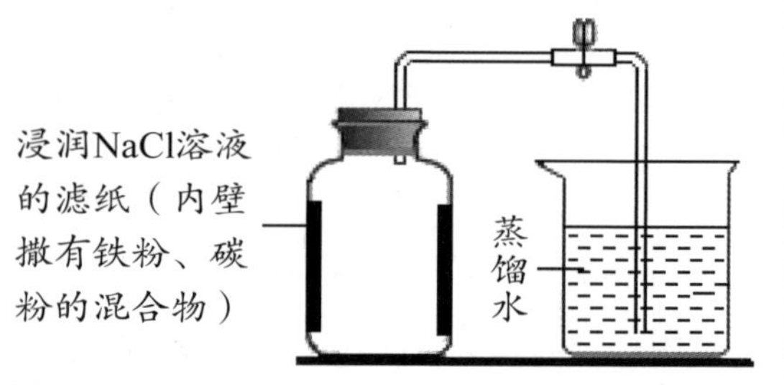

题图4

结论与反思 通过上述实验探究,选择铁粉、碳粉、NaCl溶液(填物质名称)进行实验,可较为快速地完成实验并减小实验误差。

拓展延伸 铜也能与空气中的氧气、水、二氧化碳反应而锈蚀,生成铜绿[铜绿的主要成分为 $Cu_2(OH)_2CO_3$],若将题图3装置中的粗铁丝换成足量的铜丝进行实验,请判断能否比较准确地测定空气中氧气的含量,并说明理由:不能(填"能"或"不能"),该实验理由:空气中的二氧化碳含量为0.03%,铜不能将装置内的氧气耗尽。

在本道题的讲评过程中，S老师带领学生一起回顾分析，引导学生得出正确答案，在实验探究1中还鼓励学生上台分享解题思路（如图21）。由于时间关系，S老师直接将实验探究2的正确答案告知学生，强调在探究空气中氧气含量的问题时要注意反应物是否将氧气完全消耗，接着引导学生完成学案中的变式练习。

图21　学生上台分享解题思路

掌握方法，举一反三

变式练习4-1　为测定空气里氧气的含量，甲、乙、丙三个同学用如题图c所示的装置分别进行了实验探究。

（1）甲同学：点燃红磷立即伸入瓶中并塞上瓶塞。待红磷燃烧停止并冷却后，打开止水夹，观察到集气瓶中吸入水的体积约占集气瓶容积的 1/5 ，写出该反应的化学方程式：$4P + 5O_2 \xlongequal{点燃} 2P_2O_5$。

（2）乙同学：用碳替代红磷，完成上述实验，发现集气瓶内并没有吸入水，其原因是 碳燃烧生成CO_2气体，没有气压差 。

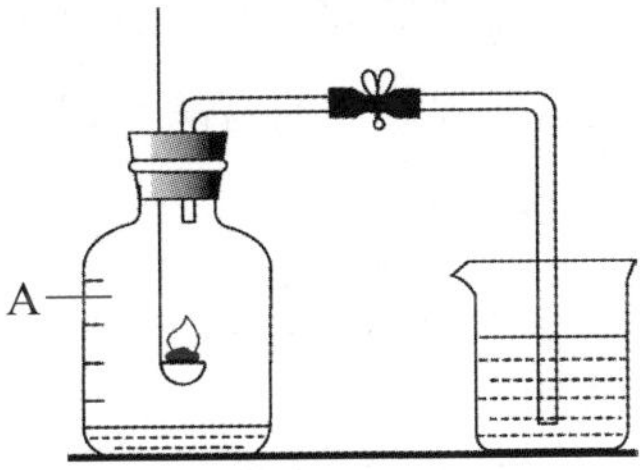

题图c

（3）丙同学：用足量镁条替代红磷，完成上述实验，发现集气瓶内有黄色固体产生，经过查阅资料和实验探究，判断该黄色固体为Mg_3N_2，最终实验结果 ＞ （填“＞”“＜”或“=”）1/5，请给出合理的解释：镁燃烧不仅消耗了O_2，还消耗了N_2 。

讲评点5　多功能瓶的使用

讲授　对于多功能瓶的使用，很多同学不知如何下手，现在我们来分析这道题。

◎题图 d 所示装置有多种用途，下列有关它用途的说法中，正确的是（CD）。

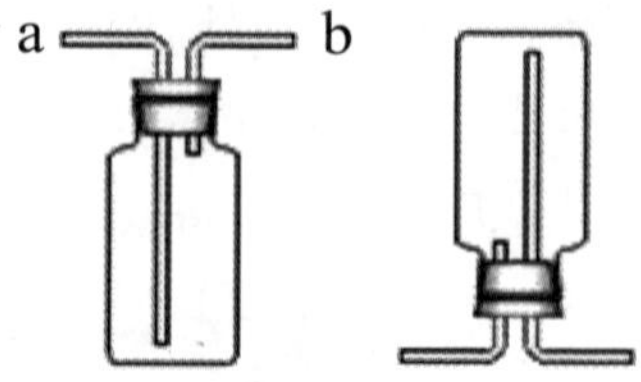

题图 d

A．该装置用于排空气法收集氢气时，气体应从 a 端管口通入

B．瓶内装满水，用于收集氧气时，气体应从 a 端管口通入

C．瓶内装入适量浓硫酸用于干燥 CO_2 时，气体应从 a 端管口通入

D．瓶内装满氧气，要将氧气排出，水应从 a 端管口通入

讲解　在判断气体从哪边管口进入时，我们首先要判断气体是否溶于水以及气体与空气密度的相对大小。选择合适的收集方法后，再结合相关知识进行判断。密度小于空气，首先占据多功能瓶的上端，则需要将空气向下排空，所以从 b 管进；密度大于空气，首先占据多功能瓶的下端，则需要将空气向上排空，所以从 a 管进。排水法不管密度大小，都从 b 管进；干燥气体都从 a 管进。

追问　如果将多功能瓶倒放呢?

分析　师生结合上述结论，共同分析，得出正确答案。

掌握方法，举一反三

变式练习5-1　（2020•湘潭）某同学若选择 F 装置收集二氧化碳，检验二氧化碳已收集满的方法是将燃着的木条放在<u>b</u>（填“a”或“b”）导管口，若木条熄灭，则已收满。

变式练习5-2　（2020•郴州）若用 E 装置收集氧气，气体进入口是<u>b</u>（填“a”或“b”）。

变式练习5-3　（2017）若用 C 装置收集 O_2，则气体应从<u>b</u>端通入（填“a”或“b”）。

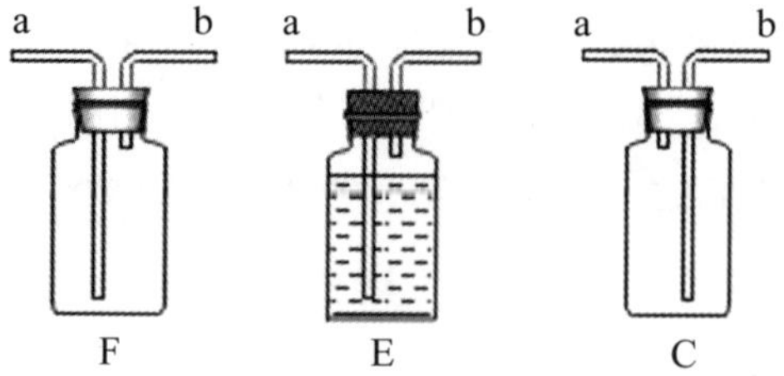

【任务三：自主纠错，自我反思】

教师引导学生按照“自查—纠错—记录”的步骤进行错题订正，反思自己出错的原因，把自己能弄懂的题目用红笔改正过来，自己解决不了的问题用红笔做

上记号。最后，教师还寄语学生“勤奋 + 反思 = 成功”，并让学生把本卷错题收入错题本。

1.2.3 作者点评

S老师的试卷讲评课采用了“原题分析—方法指导—变式练习”的试卷讲评模式，有利于学生形成认识思路。在课前便做好错题统计，了解班级做题情况后，总结归类以PPT的形式展示，条厘清晰，简洁精练。在进行题解分析时，不局限于知识本身的讲述，更注重各方面素养的培养，让学生在查漏补缺的过程中接触“新”知识，得到“新”收获。试卷讲评完成后，还引导学生及时反思、订正，从错题中不断提高，突显了“化学思维”之趣。

但是，本堂课也存在一些不足：本课堂没有做到以学生为中心，只是单纯展示教学环节，具体环节未落实到学生上，而流于形式完整。例如：(1)学生上台讲题后，教师没有及时总结点评，其他学生可能没有听清或听懂该同学的解题思路；(2)题量大，未给学生充分的思考时间，盲目追求进度，忽略了学生的实际情况；(3)解题方法总结精练，但是没有根据具体试题加以引导，显得比较抽象，学生不一定能够活学活用等。

建议：(1)活用多媒体，通过投屏的方式将学生错题展示出来后，针对学生的答案进行讲解，可以让他们记忆更加深刻；(2)将变式练习改为巩固训练，方法、知识的匹配度越高越好，学生先做到“依葫芦画瓢”再进行变式提高。

2 “真”“趣”的教研活动

本次教研活动采取“讲授、示范、交流”的模式，以初中化学复习课与试卷讲评课为课例，结合教师互评、名师点评及专家讲座等方式协同进行。整个活动立足“真教研”，具体体现在：(1)目的真——加强初中化学课程建设工作；(2)形式真——点评交流抽签、正反方评课；(3)反思真——收集观点、深度教研的特点，有效促进区域内年轻老师的成长。

活动分成三部分，第一部分为听课；第二部分为评课；第三部分为专题讲座。Z老师的复习课体现“合作学习”之趣；Y老师的课堂教学聚焦“化学学科”之趣；S老师的试卷讲评突显“化学思维”之趣，共同给我们展示了优质的、有趣的化学示范课堂。评课环节(图22)采用新颖的正反方教师代表点评交流的形式以及会场教师评课互动的形式，促进了深度教研和教师专业能力的发展。在专家讲座环节，教科院教研员A老师强调中学化学要强化学生实验基本操作、充分挖掘教材实验资源、培养学生实验设计能力和提高学生实验应用水平；L副教授则从“自洽”“有效”“正当”三个角度指导一线教师听课评课，解决初中化学任课教师在教育中面临的听课评课实际问题，提升教师的教育教学水平。

图22　教师评课环节

活动最后，该市教研员 C 老师对本次教研活动进行总结，建议各位教师以三堂示范课为案例，及时反思总结，探索复习课、试卷讲评课的教学模式，思考听课评课的有效方式，不断提升专业能力与职业素养。

2.1　教研活动简评

2.1.1　教研活动之“他山之石”

（1）活动前期准备充足，各项安排印于活动手册，活动进行得井然有序。

（2）提前布置评课任务，能够提高教师的参与度，使其认真投入教研活动中。

（3）活动环节完整，层层递进，专家点评升华活动主题，可以帮助与会教师提高听课评课能力，提升教育教学水平。

（4）通过直播的形式扩大教研活动的影响范围，有效解决单一的线下教研活动参会规模有限、互动不足、受益面较小等局限，给众多未参会的新教师提供了学习平台与学习机会。

（5）活动主题和活动形式新颖，改变传统的新课讲授示范，以如何上好复习课和试卷讲评课为切入点，具有极大的借鉴意义。同时，采用“正方、反方”辩论的形式从不同角度进行点评交流，让人敢评敢讲，给人耳目一新的感觉。

2.1.2　教研活动之“白玉微瑕”

（1）教研活动虽内容丰富、充实，但安排过于紧凑，许多教师没有午休导致下午精力不济，听课效率下降 。

（2）辩论有形式但无高度，几位上台的老师点评意见不够深刻，辩论时偏离了主题。辩论结束后组织者对于怎样上好复习课、试卷讲评课未作总结性和指导性发言来升华主题。

（3）专家讲座环节应针对示范课存在的问题作出简要点评，并对现场教师提出的疑惑给出指导性意见，做到真正的研讨，但本次活动做得还不够完善。

2.2 以往鉴来——探讨如何“真教研”

中共中央、国务院印发的《关于深化教育教学改革全面提高义务教育质量的意见》，把“教研”作为“全面提高义务教育质量”的关键领域，提出要发挥教研支撑作用[2]。因此，化学教研活动是否有效直接关系到化学教师的专业化发展和化学教学质量的提高。然而，一些教研活动存在“自主安排多，忽视教师共同关注的问题”“教研活动过场化，不注重对教师的培训”等问题，使得教研活动流于形式，缺乏研究性，不利于教师教育教学水平的提高。因此，在L老师的带领下，基于以往的研究并结合本次教研活动，我院学科教学（化学）研究生就如何做到“真教研”进行了探讨：

Z同学：要做到真教研，就要让教师不再将教研活动视为一项任务，而是将之视为提升自身能力的成长需求，主动参与其中，积极表达自己的观点。此外，活动主持人要是能提前指明本次教研的主题，让不同层次的教师明确听课评课的关注点，那么听课便更有针对性，教研效果会更好。

D同学：教研要“求真”，要让教师能够通过教研活动学习到优秀的教学方法、教学理念、教学组织形式或者课程内容安排等，做到学以致用。同时，教研也要“求深”，一堂有深度的示范课应该经历以下过程：（1）根据活动的主题确定本次教研要解决的问题；（2）学校备课组提前进行充足准备，完成示范课的雏形；（3）联合区域内的优秀教师进行合作，为课程教学提供新思路、新模式、新方法，避免“教学模式同化”；（4）请专家对课程进行指导打磨，优化课程，提升层次。我认为促进教师整体水平的提升才是教研的核心目的。

K同学：教研活动中，一般是组织所有的学科教师听评课，上课的教师会有很大的心理压力，唯恐“出丑”。为了呈现好的教学效果，不是在“上课”而是在“演课”，没有呈现学生真实的学习状态。因此，“假教学”导致“假教研”；另外，部分听课教师认为示范课和自己平时上的课差别不大，没有借鉴价值，专家点评也不够深刻，因此收获有限。

J同学：本次教研活动中评课还不够深入，应该设置小组讨论环节，综合教师们的看法，再由组长发表更有高度的观点；或者点几个经验丰富的教师发言，提出建设性点评与意见，从而提升评课的高度，使其辐射面更广。

L老师：如何去评价教研活动到底真不真？我认为可以从三个方面思考。（1）听课真不真：有些教师认为参加教研就是去学习、提高的，因此总是“优课认真听，普通的课开小差”，这种观念便导致教研失真，总感觉学不到东西。对于“好课”，应该认真听，学习其先进引领之处；对于“差课”，应该总结其不足之处，吸取经验教训，在日后教学时“避雷”。（2）评课真不真：什么才是“好课”，由于大家的学习经历、工作经验不同，“仁者见仁，智者见智”。从不同角度出发，对课程的评价也不同，对一堂好课的观点也不同，所以应该综合所有成员的看法，然后根据自身实际，合理借鉴评课意见。（3）反思真不真：教研活动之后，有没有做到真正反思，要将听课中好的教学方法或组织形式基于自身教学实际，在课堂教学中活学活用，将“星星之火”变成“燎原之焰”。

经过大家讨论后认为，在教研活动中要改变教师被动参与的现状，就应该将教师作为教研活动的主体，解决教师共同关注的问题，增强教师的获得感与能动性；教研员和教师应该做到地位平等，共同上示范课，相互交流、相互切磋，进行思维的交融碰撞，促进教师的专业成长；在教研活动之后，教师还应该及时反思，从示范课中提炼“精华”，应用于实际教学中，做到“研”有所获。

3 “趣味盎然”“捆载而归”的听课之行

本次教研活动干货满满，我们不仅知道了该如何听课、评课，更明白了“真教研”的内核所在，为日后如何有效参与教研活动打下了基础。另外，本次教研活动的示范课例——“第二单元复习课”以及“试卷讲评”，为我们提供了两种课型的授课范式，也为日后教研活动的开展提供了新视角。

3.1 如何上好一堂复习课

复习课，俗称“炒冷饭”，是教师难讲、学生不爱听的课，因为许多知识已经学过，不像新课时那样有情境，有引入，充满新鲜感。那么，复习课到底该如何去上呢？

《普通高中化学课程标准（2017年版）》指出：教学内容的组织，应有利于化学学科知识向化学学科核心素养转化，而内容的结构化则是实现这种转化的关键。

“基于知识关联的结构化”“基于认识思路的结构化”“基于核心观念的结构化”是内容结构化的三种主要形式[3]，如图23所示。

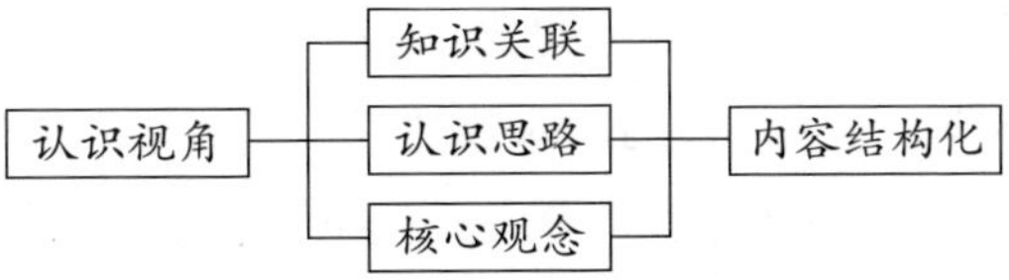

图23 内容的结构化的主要形式

因此，在上复习课时，如果只是基于单元内容安排复习，会导致知识点零散，学生能够听懂，但应用起来却不那么灵活，根本原因是学生没有将知识整合，形成知识网络。因此，复习时应注重内容的结构化，从知识关联、认识思路、核心观念三个方面整体把握，合理切割内容板块，使知识内容集中，形成微专题，促进学生思维结构化，落实化学学科核心素养。

在实际的复习课堂中，针对学生对知识重复的反感，我们应该对知识进行“包装”：

（1）转变复习角度，不是机械按教材单元的顺序复习，而是对所需复习的知识进行总结梳理，形成小专题。

（2）把握班级学情，设置梯度，进行可持续复习，让学生每次都有新收获，保持学习的新鲜感。

（3）备课时，要对知识点进行整体把握，准备充分，提前预设好几个复习阶段，有条不紊地进行复习。当课堂内容多时，要分多个课时，内容之间应当有关联，以达到好的复习效果。

（4）结合考纲、学科课程标准以及各地中考习题分析考点，把握知识点的考查方式、考查难度和深度，然后按照知识类别的不同对习题进行分类汇总，比如将知识方面、解题思路或核心观念方面相同的习题分别归为一类，根据复习课知识点适当改编题目供学生练习。

（5）转变复习方式，提高学生学习积极性。许多学生不了解自己的学习情况，听课时没有针对性，属于无效听课。因此，有层次地设计习题，然后通过错题有针对性地复习对应知识点，可以让学生带着问题听课，产生足够的内驱动力，达到好的复习效果。

3.2 如何上好一堂试卷讲评课

高质量的试卷讲评课应能起到纠正错误、弥补缺漏、加深理解、巩固知识、拓宽思路、揭示规律、总结经验、树立信心、提高能力、促进学生发展的作用[4]。

对于如何上好试卷讲评课，许多研究者提出了自己的看法：黄爱民的《化学试卷从批到评我们遗漏了什么》一文中列举了试卷分析中的8个遗漏点，认为试卷分析要把学生作为分析的主体，反思教师的教法是否存在不足，强调学生的“自析自省”，关注学生的心理，注重讲评的“时效性”[5]；王换荣等人根据目前试卷讲评的现状，提出了“改—议—评—验”分段式化学试卷讲评结构，帮助学生完善知识网络、优化解题能力[6]。基于前人的经验并结合S老师的试卷讲评课，我们再次进行了讨论：

L老师：试卷讲评课的前提是拥有一份优质试卷，试题层次分明，难度在0.5~0.6最好。试卷太简单，不具有讲解价值；试卷太难，容易打击学生的自信心。因此，试卷太难或者太简单都不利于学生把握自身的欠缺之处，也不利于教师掌握学情。

S同学：要根据班级学情合理控制习题数量，一般5~6个习题为好，将试题讲清讲透。同时要注意教学语言应通俗易懂使学生能够理解。

Y同学：不能由教师“满堂灌”，要做到难的题目由教师讲，容易的题目由学生讲，丰富教学形式，增加学生的参与感与积极性。同时应该给学生充分的时间思考反思，重在落实。

W同学：我认为试卷讲评课应该先诊断再补缺，由教师事先根据试卷错题诊断学生“缺”在何处，实在无法得知原因的可以请学生回答错选原因，然后仔细分析，规范答案，课后让学生做好归纳总结写在错题本上。

经过讨论，我们对试卷讲评课该如何进行有了清晰的认识。试卷讲评时，不应盲目讲评，要在课前精心备课，有一个明确的教学目标，不能就题论题，要注意规律和方法的总结，注意讲评的及时性，做到“趁热打铁”，在学生对自身的解题思路印象深刻的时候讲解，可以强化讲评效果；在试卷讲评的过程中，要注意发挥学生的主体性，采用丰富的讲评形式，例如“师讲生听”“生讲生听”“学生自主命题，互批互改”等。

4 结语

本次教研活动展示了复习课和试卷讲评课的精彩课例，是一次优质示范课的全新尝试。在复习课中，用同课异构的形式展示了两种不同的授课风格和方式，给予听课教师不同的感受与思考。在复习课中，我们要注意梳理知识，站在宏观的角度对知识进行把握，以专题或板块的形式形成知识网络，关注学情，有层次、分阶段进行复习，提高学生主观能动性；在试卷讲评时，课前要精心备课，课中要注意讲授技巧，课后要及时反思，不断提高试卷讲评的有效性。另外，对于教研活动的开展我们也进行了深入的探讨，认为教研活动必须做到“听课真”“评课真”“反思真”，不流于形式，才能让教师学有所收获、不虚此行。本次活动是我院学生了解中学真实教学、教研现状的一次难得的机会，对我们日后教师职业能力的发展大有裨益。

参考文献

[1] 佚名．九年级化学主题单元教学设计模板：我们周围的空气 [EB/OL].（2013-07-17）[2022-09-05].https://www.docin.com/p-679011294.html?docfrom=rrela

[2] 苏遗华，万家琴．区县教研：从“传统教研”走向“师本教研”[J]. 今日教育，2021（4）：34-37.

[3] 普通高中化学课程标准（2017年版）[S]. 北京：人民教育出版社，2018：70-71.

[4] 何耀华．运用“自我评价”工具构建生物学选择题解题思维模型：以生物学选择题讲评课课型设计为例 [J]. 生物学通报，2020，55（11）：44-47.

[5] 黄爱民．化学试卷从批到评我们遗漏了什么 [J]. 化学教育，2010，31（12）：52-53.

[6] 王换荣，陈德坤，李新宇，等．“改—议—评—验”分段式化学试卷讲评课教学结构初探 [J]. 化学教学，2012（10）：63-65.

案例思考题

（1）复习课应该怎样做才能让学生有效将知识结构内化？

（2）试卷讲评课怎样讲解才是最有效的？

（3）教研活动要如何组织和开展才能保证活动不流于形式？

整体构建，逐层展开，深度学习

——以化学工艺流程题专题习题课为例

肖京阳[①]　吴海春[②]

摘　要：随着新高考改革的深入开展，化学工艺流程题成为高考的主流题型之一。这类试题具有情境陌生、信息丰富、综合性强等特点，对学生的信息提取能力、知识迁移能力以及综合分析问题的能力要求较高。本案例以化学工艺流程题为研究对象展开，将模型建构和框图法两种方法结合作为解题思路应用于解答完整的综合性工艺流程大题中，并对其各阶段的考查要点进行了归纳与总结，呈现清晰的知识网络，提供相应的解题思路，帮助学生建构解决工艺流程题的思维模型。同时，本案例通过对典型例题进行综合实例分析，以提高学生综合解题能力，对高中化学工艺流程题的备考和教学具有一定的参考价值。

关键词：化学工艺流程题；解题思路；模型建构；考查要点

背景信息

2018年，教育部颁布《普通高中化学课程标准（2017年版）》。新化学课程标准针对高中化学课程特点，凝练了化学学科的核心素养，更新了课程教学内容，要求学生深入了解化学知识在真实生产中的具体应用，同时创设“情境素材建议”板块[1]，倡导积极开发和利用真实问题情境，重视化学专业知识与日常生产生活的紧密结合。这为高中课程内容的优化和高考化学试题的编写奠定了坚实的基础，现实生活与生产情境在化学试题中的表现越来越突出。

《中国高考评价体系》于2019年12月发布，其内容主要包括“一核、四层、四翼”三大板块，强调科学设计命题内容，以真实情境为载体，注重培养和发展学生的学科素养，逐步实现高考试题从“知识立意”到“能力立意”再到“素养

① 肖京阳，女，湖南衡阳人，湖南省衡山县第四中学教师。
② 吴海春，女，湖南醴陵人，湖南省衡山县第四中学教师。

立意”的转变[2]，试题旨在考查学生能否借助已有知识和能力解决实际问题。这对试题的命制具有重要的指导意义。

高考化学中，工艺流程题以真实化工生产为问题情境，注重教材与生活生产的联系，不仅可以对学生的知识掌握情况进行检验，还可以对学生解决社会、生产、环境等实际问题的能力进行考查，体现学生化学学科核心素养的发展水平，主要在“宏观辨识与微观探析”“变化观念与平衡思想”“证据推理与模型认知”“科学态度与社会责任”四种学科核心素养进行考查，符合化学高考改革命题要求。因此，化学工艺流程题备受各地高考命题者的青睐。工艺流程题也逐渐成为高考的主流大题题型之一，在化学试卷中所占分值较高，基本为15分左右。但是，因试题情境陌生、信息量大、涉及知识面广，学生解答工艺流程题时的表现并不理想。传统的化学工艺流程题习题课的教学经验缺少理论的提炼与归纳，很难为新教师的成长提供参考。怎样将日常有效的教学经验与教学理论有机地结合起来，从宏观整体到微观考查要点两个角度提炼出程序化的工艺流程题教学流程？本文将以此研究问题着手，尝试梳理综合性工艺流程题的解题思路，并层层递进，采用分类归纳的方法整理工艺流程题考查要点，研究其不同设问角度的解题思路，引导学生进行深度学习，以期可以指导一线化学教师对工艺流程题习题课教学内容进行合理调整，从而高质量地完成有关工艺流程题的教学任务，提高学生解答工艺流程题的能力，为工艺流程题的研究增加素材。

案例正文

1　学生现状与教学内容分析

高中课堂时间紧，教学任务多，创造高效的教学课堂显得至关重要。本案例通过对化学工艺流程题的题型、考情、学生学习现状进行了细致分析，对工艺流程题的教学内容进行了合理调整、重难点把握，以便学生更好地接受本节课的内容。

1.1　题型分析

化学工艺流程题是以化工生产实际或实验室对化工生产的模拟为背景，以生产流程为载体，以流程框架图的形式将生产过程的主要操作步骤或物质转化进行再现，并将流程中涉及的化学知识依据高中生的认知水平进行选择性简化并设问，形成与化工生产紧密联系的具有考查和选拔功能的试题，是一种将元素化合物性质、常见化学用语、化学反应原理、实验基本操作、化学计算等知识集为一体的综合性试题[3]。

从试题特点上来看，主要有以下三个方面：一是情境新颖、贴近生产生活。工艺流程题的情境都比较新颖，所制备的物质不拘泥于教材，通常都是学生在学习或做题时没有见过的新物质，很好地符合了高考原创性的要求。并且，情境的选择一般为真实的工艺生产流程，保证情境与现实生活有紧密的联系，从中培养学生的阅读能力和从陌生情境提取信息的能力，也让学生感受到了化学的实用性。

二是试题内容丰富、知识覆盖面广。工艺流程题内容丰富，多方面的化学基础知识都可以融入工艺流程题中。一道工艺流程题可以综合元素化合物性质、化学反应平衡、电化学、物质的分离与提纯、实验操作等知识进行考查，内容跨度较大，涉及的知识点繁多。

三是综合性强、难度较大。工艺流程题作为化工生产的缩影，考查的内容不是简单地对书本上的已有知识进行重复检验，它更加侧重学生能否将学到的化学知识理论转移至工艺生产中。解答工艺流程题时，学生需要根据问题在脑海里检索，及时调动已知的有用信息解决问题。这不仅可以考查学生对化学基础知识和技能的掌握情况，同时还可以考查学生运用化学知识在工艺生产上的迁移应用能力。

1.2 考情分析

化学工艺流程题是一类具有应用价值和应用前景的高考必考试题，它能完美体现《普通高中化学课程标准（2017年版）》和《中国高考评价体系》的要求。通过对2020年至2022年全国卷近三年高考试题中的工艺流程题命题特点进行分析，可以发现化学工艺流程题是以化工生产过程为主线，精选试题情境素材，聚焦于以学生陌生的成熟化学制备工艺或废物回收利用工艺为情境素材，大多是从科技文献中摘取的。其命题情境大致可以分为三类：自然矿产的开发和利用；废渣、废料的回收和利用；物质的制备和净化。体现了化学学科的社会价值和本质价值。必备知识方面重点涵盖化学语言与概念（主要考查方程式的书写，如化学、离子、电极方程式等书写）、物质转化与应用（主要考查滤渣与滤液成分的判断、试剂的选择、生成物的判断）两个板块的知识点。学科关键能力侧重考查理解与辨析、推理与论证能力，尤其是在化学反应方程式产物判断、“滤渣”与“滤液”成分分析方面考查比较到位，强调学生对典型物质性质的综合分析。学科素养方面聚焦宏观辨识与微观探析以及证据推理与模型认知，试题集中体现基础性和综合性，同时也兼顾应用性和创新性的考查要求。工艺流程题的起点虽然高，但重点围绕化学学科的主干内容，侧重于各个专业的核心知识、能力和素养。化学工艺流程题在命题上重视对化学基础知识的考查，要求学生扎实牢靠地掌握基础知识，并通过设置一定比例的基础性试题，引导学生重视夯实基础知识。

1.3 学生分析

化学工艺流程专题复习课程主要针对进行二轮复习的高三学生。在此之前，学生已经进行了必修模块和选修模块知识的一轮复习，完成了化学基本概念、化学反应原理、元素及化合物、化学实验等基本知识的学习，并初步掌握了解答化学工艺流程题的基本化学知识，已具备良好的化学学科基础。同时，学生通过各种测试及日常习题的练习，对化学工艺流程题有了初步的了解。此时，学生具有较强的逻辑推理能力，并具有较强的分析、评价和解决问题的能力。但化学工艺流程题型本身以文字和图片的复合形式出现，又因为高中化学知识内容丰富繁杂，高三学生学习压力大、学习任务繁重、学习自主性有所欠缺，学生还不能灵活地将所学知识应用到解决问题的过程中，导致他们在做题时感觉力不从心，难以发现论证和结论之间的联系，难以针对问题进行正确分析，从而导致无法解决问题，无法形成相应的解题思路。这会让部分中等学生望而却步，容易对该题型产生排斥心理。

因此，这类题型的学习还需要教师的引导和帮助，在教学过程中打破知识间的壁垒，厘清高中化学知识的脉络，完善高中化学知识体系，提高学生信息获取能力，构建化学工艺流程题的解题思路，以此克服在解题过程中的思维障碍。

2 教学流程

为了能让学生更好地掌握化学工艺流程题的解法，本案例在分析课标、题型、考情、学情和难点的基础上，通过设置问题情境激发学生的积极思维，使学生对化学工艺流程题有整体的建构，并逐层展开，引导学生深度学习，加强对知识的认识。表1列出了相关教学流程。

表1 化学工艺流程题专题复习课教学流程

教学流程	教师活动	学生活动	设计意图
课前诊断	（1）组织学生交流化学工艺流程题特点 （2）进行高考真题测验，以此作出试题剖析，分析化学工艺流程题结构	（1）按要求完成测验，实事求是地回答老师的问题 （2）认真聆听	通过测验使学生认识到自己在化学工艺流程图专题的心理、知识及能力障碍，让学生对工艺流程题形成初步认识，为之后的专项复习奠定基础

续表

教学流程	教师活动	学生活动	设计意图
审题分析	（1）请同学们讲讲自己的解题思路 （2）要想能够快速解决化学工艺流程这类题目，我们可以采取以下审题思路模型： ◎粗读题干，明确实验目的 ◎浏览全题，整体把握流程 ◎逐层突破，带着问题解答	（1）表达自己的想法 （2）重新审题，认真辨析	使学生之间能够互相学习，取长补短，培养学生的思维和表达能力
解题思路	（1）针对学生们在做题过程中存在的问题展开讲解例题 （2）组织学习小组交流讨论条件控制类、物质成分类、方程式书写类、化学平衡计算类的解题思路，并归纳总结	（1）小组讨论并回答 （2）整理和梳理学习的内容和思路	（1）抓住学生的薄弱点并及时解决 （2）小组学习，培养学生发散性思维与合作学习能力 （3）使学生能够在解题时有章可循
归纳模型	（1）提问：化工流程题的特点与常见考点已经归纳总结了，那化工流程中有哪些基本环节呢 （2）组织学生活动：将这三大环节也按照流程图的形式表示，运用模型归纳，将涉及的知识考点进行标注 （3）组织学生将模型运用于上课的例题中	（1）总结化学工艺流程题的基本环节 （2）以小组为单位进行讨论并展示	使学生能够归纳并运用模型
变式训练自主运用	带领学生进行原创试题训练	认真作答	使学生熟悉并巩固解题思路和模型，运用所学知识解决问题
归纳总结	总结归纳知识要点和注意事项	聆听，做好笔记	加深学生的学习印象

3 教学过程

3.1 课前诊断与审题分析

师：同学们，想必大家已经做过很多化学工艺流程题了。那么，请大家来回想一下以前做过的化学工艺流程题，谈一谈你认为高考化工流程题有哪些特点？

生1：以某种物质的工业生产为背景，题目含有明显的框架图，需要结合文字读懂框架图，才能解答题目。

生2：化学工艺流程题的类型很多，但如果做得多了，就会发现流程图中含有一些规律。

生3：化学工艺流程题的素材十分陌生，经常出现化学反应方程式的书写、物质推断的考查。

师：就像同学们所说的，化学工艺流程题是以生产流程为载体，以流程框架图的形式将生产过程的主要操作步骤或物质转化进行再现。题目涉及的知识范围很广，题目难度大，因此也备受各地高考命题者的青睐，逐渐成为高考的主流大题题型之一。但这类题目的解答其实是有套路的。下面，我们来深入探究化学工艺流程题。

教师展示

（**2021年湖南卷第17题**） $Ce_2(CO_3)$ 可用于催化剂载体及功能材料的制备。天然独居石中，铈（Ce）主要以 $CePO_4$ 的形式存在，还含有 SiO_2、Al_2O_3、Fe_2O_3、CaF_2 等物质。以独居石为原料制备 $Ce_2(CO_3)_3 \cdot nH_2O$ 的工艺流程如下：

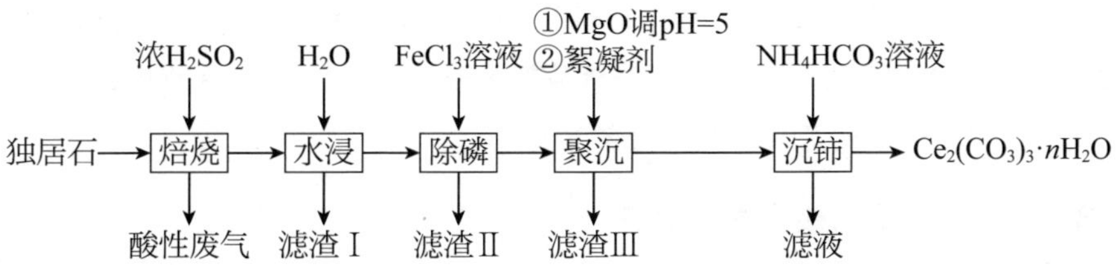

回答下列问题：

（1）铈的某种核素含有 58 个质子和 80 个中子，该核素的符号为______；

（2）为提高“水浸”效率，可采取的措施有______（至少写两条）；

（3）滤渣Ⅲ的主要成分是______（填化学式）；

（4）加入絮凝剂的目的是______；

（5）“沉铈”过程中，生成 $Ce_2(CO_3) \cdot nH_2O$ 的离子方程式为__________，常温下加入的 NH_4HCO_3 溶液呈________（填“酸性”碱性”或“中性”）（已知：$NH_3 \cdot H_2O$ 的 $K_b=1.75 \times 10^{-5}$，H_2CO_3 的 $K_{a1}=4.4 \times 10^{-7}$，$K_{a2}=4.7 \times 10^{-11}$）；

（6）滤渣Ⅱ的主要成分为 $FePO_4$，在高温条件下，Li_2CO_3、葡萄糖（$C_6H_{12}O_6$）和 $FePO_4$ 可制备电极材料 $LiFePO_4$，同时生成 CO 和 H_2O，该反应的化学方程式为________________________________。

生1：我会先看下问题，感觉答不上来的就回到流程看一下，再继续答题。

生2：我是先读题目信息，大概了解一下要干什么。例如这道题是以天然独居石为原料，制备 $Ce_2(CO_3)_3 \cdot nH_2O$。有效原料为 $CePO_4$，杂质为 SiO_2、Al_2O_3、Fe_2O_3、CaF_2 等。接着阅读问题，知道了设问方向是针对“水浸”“除磷”“聚沉”“沉铈”工序，解题时重点关注相关工序，按题目顺序作答。

师：很好。大家有自己的思路。只要我们捋清审题和解题思路，这类题型就可以轻松解决。第二位同学的审题思路非常清晰，大家尝试一起总结一下。老师用简单的示意图来整理归纳一下刚才同学们表述的内容。见图1所示。

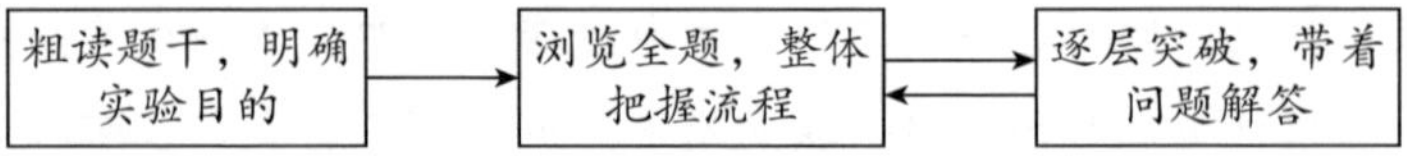

图1　解题思路

师：第一步我们需要粗读题干，明确实验目的。通过快速阅读题干，从简短的题干信息中提取原料、杂质以及产品的信息。第二步浏览全题，整体把握流程。通读整体流程以及问题，首先在宏观上对流程进行基本的把控，明白所有反应或操作都是为获得产物而服务。最后一步逐层突破，带着问题解答。流程题的某些设问相对独立，对于陌生且复杂的流程图，做题时只需在整体理解题意的基础上，针对问题再回归流程图进行思考，分析涉及的步骤或该步骤前后的操作即可，不用把没有提问的环节的原理和目的理解清楚。

3.2　解题思路与核心素养培养

教师展示

（1）铈的某种核素含有58个质子和80个中子，该核素的符号为________；

师：我们来看第一问。这道题是对化学基础知识的考查。考查原子结构的表达方式。质量数 A 等于质子数加上中子数为138，则核素符号为$^{138}_{58}Ce$。

教师展示

（2）为提高“水浸”效率，可采取的措施有________（至少写两条）；

师：本题要求我们为提高“水浸”选择合适的实验条件。实际上是考查常见的化学工艺中的条件控制方法。可以采取的措施有哪些？

生：适当升高温度、将焙烧渣粉碎……

师：对的。关于条件控制类的提问还有很多类型。下面，请同学们以自己的学习小组为单位，对试卷集里的化学工艺流程题题目进行观察分析，总结一下反应条件的控制阶段包括哪些，尝试将其归纳为一个表格，讨论结束后与全班一起分享，同时，相互补充其中不够完善的部分。

教师组织学生分享讨论成果。

教师总结　归纳并解释常见化学工艺反应条件的控制方法和答题角度。内容如表2所示。

表2　条件控制类试题解题思路总结

控制方法	解题思路
pH 的控制	调节溶液的酸碱性，抑制或促进某种金属离子水解形成氢氧化物沉淀，通常用于含 Fe^{3+}、Al^{3+}、Mg^{2+} 的混合溶液的分离，或满足特定的化学反应需要的酸性或碱性条件
浓度的控制	在可逆反应中，增加某种便宜、容易得到的反应物浓度，可提高反应速率和另一原料的利用率
温度的控制	根据需要升温或降温，可改变反应速率、影响化学反应平衡移动或减少副反应的发生
压强的控制	对于有气体参与的反应，根据需要增压或减压，可改变化学反应速率或影响化学反应平衡移动
时间的控制	在到达化学平衡前适当延长时间，可提高化学反应转化率
催化剂的选择	在不影响化学平衡的情况下，可以加快反应速率，缩短到达平衡所需要的时间
气体氛围的选择	考虑 O_2、$H_2O(g)$ 等气体会对某些反应产生副影响，在隔绝空气或某种气体氛围中进行反应，可达到防止氧化、抑制水解等目的

教师展示

（3）滤渣Ⅲ的主要成分是______________（填化学式）；

（4）加入絮凝剂的目的是______________；

师：此时滤渣Ⅲ的主要成分是什么？加入絮凝剂的目的是什么？这类题目我们把它称为物质成分类试题。要想解决本题，我们需要回到流程中，回到加入试剂 MgO 和絮凝剂这个操作的流程中。请同学来分享你的答案。

生1：参加"聚沉"的溶液中含有杂质阳离子 Al^{3+}、Fe^{3+}。经 MgO 调节 pH=5，pH 变大。这是通过调节 pH 除杂，除去的滤渣Ⅲ为 $Al(OH)_3$ 和 $Fe(OH)_3$。

生2：加入絮凝剂沉淀物的直径会更大，固液分离效果更好。

师：这类题属于物质成分类题。

教师总结　讲解化学工艺流程题中常见的物质成分类题解题思路。

物质成分类试题是考查学生利用元素化合物及其性质的知识，通过观察流程图的箭头细节指向，厘清各元素的物料走向，分析流程题未知的物质成分或所加物质的作用。这类试题是对流程图中涉及的物质转化关系详细地展开设问，体现了变化观念与元素守恒思想。在分析成分时要前后联系，关注各个步骤之间的联系和意图，细心观察流程中的箭头方向，准确作出判断。考点主要包括：循环物质的判断、物质成分的推断以及反应试剂的选择。如表3所示。

表3 物质成分类试题解题思路总结

考点	解题思路
循环物质的判断	观察流程图中的箭头方向，考虑流程主干物质的变化、流入和流出的物质有无重合。一般可以由后面框图往回指向前面框图的物质为循环物质。
物质成分的推断	结合题目信息和元素化合物的基本性质，分析在该操作时原料和杂质的反应情况，判断是否产生了新物质或引入了新杂质。再依据各物质在溶液中的溶解性，根据分离操作的目的判断滤液和滤渣的成分。
反应试剂的选择	根据试剂所要实现的作用，结合流程图前后发生的化学反应进行思考，筛选出合适的试剂，并在实现物质转化的同时注意尽量不要引入新杂质。 从加入试剂的目的入手分析，所加反应试剂的作用大致可以分为四类：第一类是改变中心元素化合价，加入还原剂或氧化剂；第二类是为了实现分离除杂，通常加入酸、碱或沉淀剂；第三类是促进产物更好、更纯地析出，加入絮凝剂等；第四类是为了控制可逆反应朝着产物的方向进行，加入相应的物质以促进平衡移动。

教师展示

（5）“沉铈”过程中，生成 $Ce_2(CO_3)_3 \cdot nH_2O$ 的离子方程式为_______，常温下加入的 NH_4HCO_3 溶液呈______（填“酸性”“碱性”或“中性”）（已知：$NH_3 \cdot H_2O$ 的 $k_b=1.75\times10^{-5}$，H_2CO_3 的 $k_{a1}=4.4\times10^{-7}$，$k_{a2}=4.7\times10^{-11}$）；

师：这一问是化学工艺流程题的必考题，书写离子方程式。请同学们自己动手写一写，讲讲你是怎么思考的。

生：我根据信息，推测这个反应是水解反应，Ce 的化合价前后不发生变化。反应物是 Ce^{3+}、NH_4HCO_3 和 H_2O。但反应不知道怎么配平。

师：那么这个题的难点就在于反应的配平。大家在做题时，主要会遇到以下问题：反应类型判断错误、遗漏了离子、是否拆分反应物判断失误。遇到化学反应方程式或离子反应方程式的书写，我们的解题思路应该是怎么样的呢？

学生思考并做出回答。

教师总结 第一步，判断核心元素化合价是否发生变化。第二步，分析流程图中箭头分别指进和指出的物质，瞻前顾后，确定反应物与生成物。第三步，根据化合价升降守恒或各物质之间的拆分重组，配平化合价发生变化的物质系数。最后，结合电子、质量守恒和反应环境的酸碱性，添加书写化学方程式需要补充的物质并配平。有了这个思路，结合原子守恒定律，该反应生成物应补充 CO_2。同学们再尝试书写第（5）问的离子反应方程式。

生：书写离子反应方程式：

$6FePO_4 + 3Li_2CO_3 + C_6H_{12}O_6 \xlongequal{高温} 6LiFePO_4 + 9CO\uparrow + 6H_2O$。

师：接下来，我们以第（6）小问为例，巩固我们刚才学到的知识。

生：思考，并认真做题。

教师结合题目信息和化学反应方程式的书写规则，对回答结果进行检查。

教师展示 我们再回到第（5）小问。

（6）常温下加入的 NH_4HCO_3 溶液呈____________（填“酸性”“碱性”或“中性”）（已知：$NH_3 \cdot H_2O$ 的 $K_b = 1.75\times10^{-5}$，H_2CO_3 的 $K_{a1} = 4.4\times10^{-7}$，$K_{a2} = 4.7\times10^{-11}$）；

师：这个题表面上问的是物质的酸碱性，实质上考查的是化学基本理论和化学计算能力。此题是有关化学反应平衡的计算，通常是工艺流程题中的一个难点，常出现在运用平衡常数计算溶液中 H^+ 浓度、金属离子浓度、沉淀顺序等情境中。我请一位同学来说说你是怎么判断 NH_4HCO_3 的酸碱性的？

生：NH_4HCO_3 的酸碱性，我是通过 NH_4^+ 和 HCO_3^- 水解程度的大小来判断的。

师：那你的计算思路是怎样的呢？同学们自己动手计算检验一下。

生：由题目提供的信息，已知常温下 $NH_4 \cdot H_2O$ 和 H_2CO_3 的电离常数，水解常数 $K_h=K_w/K_a$ 或 K_w/K_b。铵根离子的水解常数 $K_h(NH^{4+}) = K_w/K_b = 10^{-14}/(1.75\times10^{-5}) \approx 5.7\times10^{-10}$，碳酸氢根的水解常数 $K_h(HCO^{3-}) = K_w/K_{a1} = (10^{-14})/(4.4\times10^{-7}) \approx 2.3\times10^{-8}$，$K_h(NH^{4+}) < K_h(HCO^{3-})$，所以 NH_4HCO_3 的溶液显碱性。

师：非常好！我们一起来总结一下这类题目的解题思路。如表4所示。

表4　化学平衡常数计算类试题解题思路总结

步骤	解题思路
第一步	依据题意明确涉及计算的化学平衡类型以及要计算的内容
第二步	写出化学平衡方程式以及对应的平衡常数表达式，确定求解顺序
第三步	利用题目的数据代入表达式，分步求解计算

同时，在计算的时候要注意离子的个数是几就要算几次方。

3.3　归纳模型与自主升华

师：经过刚才我们一起的谈论、学习，我想大家都知道了化学工艺流程题的难点是什么。我们在学习过程中最重要的一个环节就是反思与总结，那我们就从这道典型例题和我们以前做过的题目中来归纳化工流程题具备的特点、类型、基本环节与常见考点。

师：化工流程题的特点与常见考点我们在上课讲评时已经归纳总结了，那化工流程中有哪些基本环节呢？通过对化学工艺流程题命题的分析，我们发现题目中使用的原材料通常为天然的原材料，不适宜直接进行反应，或者反应可能需要在溶液中进行。因此，我们需要在进行核心反应前对原料进行预处理。那之后的流程大家就很熟悉了，有没有同学可以帮我们总结一下？

生：原料预处理、核心转化、分离提纯等步骤。

师：非常棒！化工流程图看起来复杂，各有不同，简单地看其实就是包括了原料预处理、核心反应和物质分离提纯三大基本环节。接下来，同学们能否将这三大环节也按照流程图的形式表示出来，将涉及的知识考点与对应的环节一一对应呢？

学生以小组为单位进行讨论并展示。

师：有没有小组还可以进行补充？一起将我们的流程图进一步细化吧。

教师展示 内容如图2所示。

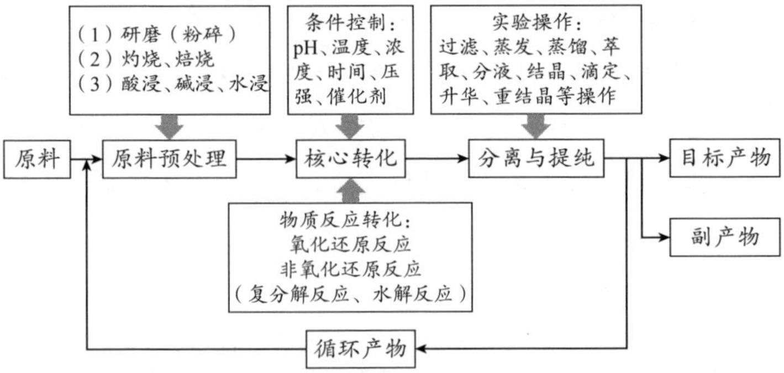

图2 化工流程基本环节及考点

师：以例题为例，同学们能不能将题目中的流程图划分为三个阶段？

学生展示

教师总结 经过了以上归纳总结（图3），同学们也一起参与了分析讨论，我们对化工流程题有了基本认识和模型归纳，对化学工艺流程题的审题顺序，主要环节和解题思路进行了总结。在这一基础上，我们想要得到一个满意的分数，还需要结合前面学习的常考点及解题思路，将之落实到这三个环节上。我们发现了其中的“套路”，做题的时候才能做出正确的选择。

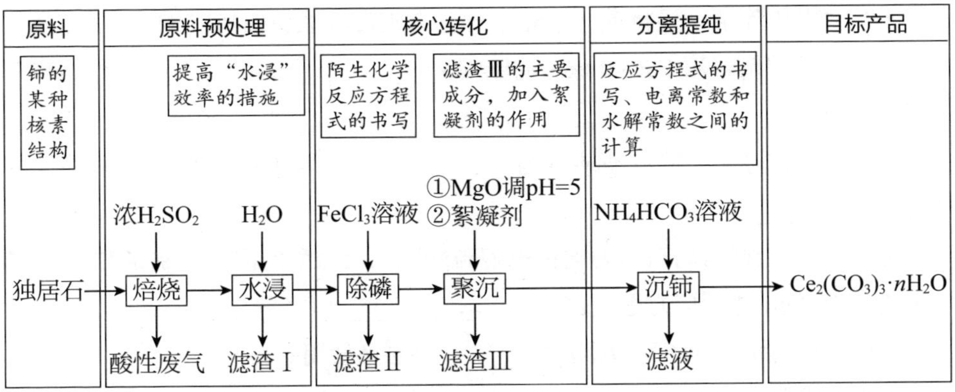

图3 例题中工艺流程的阶段划分

变式训练

电池是人类生产和生活中重要的能量来源，尤其随着是电动自行车、电动汽车的普及，新型电池正极材料专用二氧化锰发展迅速。其中电解二氧化锰（EMD）是一种性能优异的电池去极化剂，具有纯度高、体积小、寿命长、电化学性能好等特点。一种利用软锰矿（主要成分为 MnO_2）和黄锰矿（主要成分 FeS_2）制备电解二氧化锰的工艺流程如图4。

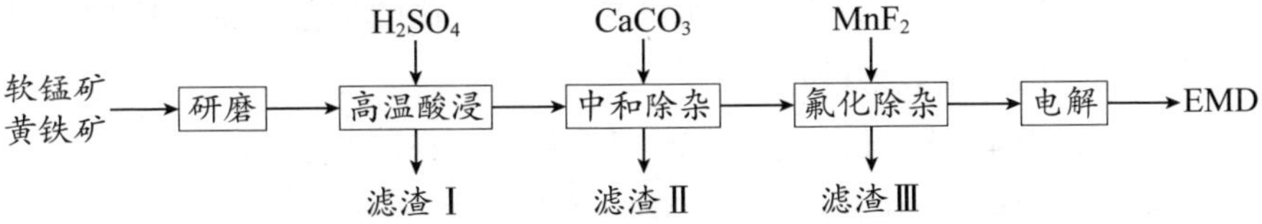

图4 利用软锰矿和黄锰矿制备电解二氧化锰的工艺流程

已知：①两种矿石主要含有 Fe_2O_3、Al_2O_3、MgO、CaO、SiO_2 等杂质。

② $K_{sp}(MgF_2)=7.35\times10^{-11}$，$K_{sp}(CaF_2)=1.05\times10^{-10}$，$K_{sp}(MnF_2)=5.0\times10^{-3}$。

③常见金属离子开始沉淀时的 pH 和完全沉淀时的 pH 如表5所示。

表5 常见金属离子开始沉淀时的 pH 和完全沉淀时的 pH

金属离子	Fe^{2+}	Fe^{3+}	Al^{3+}	Mn^{2+}
开始沉淀时的 pH	6.3	1.5	3.4	5.8
完全沉淀时的 pH	8.3	2.8	4.7	7.8

回答下列问题：

（1）“高温酸浸”步骤中，采用高温的目的是__________；浸出液中有 $MnSO_4$、$Fe_2(SO_4)_3$，则酸浸过程中的化学反应方程式为_______________。

（2）“中和除杂”是将铁、铝元素转化为沉淀除去，需控制的 pH 适宜范围为________，请解释用 $CaCO_3$ 除杂的原因：______________________。（结合离子方程式解释）

（3）“氟化除杂”的滤渣成分为______、______（填化学式），除钙反应的平衡常数为________。

（4）工业上通常用石墨为电极电解硫酸锰和稀硫酸的混合液制备 EMD，其中生成 EMD 的电极反应方程式为______________________。

（5）电解后的电解液可返回________工序循环使用。

学生按课上的思路做题，交流做题体验、学习成果。

教师评价讲解。

师：我们的课到这里就结束了，希望大家在下课后可以再次复习和回顾这节课的内容，根据我们这节课总结的内容查漏补缺，并将自己的不足之处补上。如果感兴趣可以自己尝试命题，并和老师们进行讨论。

4　教学反思

4.1　亮点

（1）学生在运用流程解决相关问题时，具有较高的学习兴趣，求知欲望比较高，因此整堂课的教学效果良好。

（2）让同学们思考例题的解题思路并回答，这样可以更好地了解学生的思考过程，同时也可以提高他们独立思考的能力和语言表达能力。

（3）教师引导学生逐步整理解题思路。首先，通过课前测验，引导学生仔细审题，获取关键信息，在这个过程中，帮助学生提取试题的有效内容、简化题目结构、把握问题本质，可以有效解决学生在学习过程中遇到的信息获取不全、思路混淆、不能有效抓住题目考点等问题。同时，在这个过程中补充常见考查要点及其解题思路，避免学生因为没有明确问题本质而导致思路中断，培养学生化学学科核心素养。最后，引导学生对做过的题目进行归纳与模型建构，了解学生的学习效果，防止学生因自我监控缺失而导致出错。

（4）教师引导学生对化学工艺流程图结构进行总结和构建模型，也对知识进行了一定的建构，从而提高了学生解答化学工艺流程题的能力。

（5）在教学过程中，教师尊重学生的主体地位。让学生带着问题去学习，发挥学生的自我学习意识，让学生小组之间合作交流讨论，在一个舒适的环境中自由地表达自己的观点，从而使课堂更加生动。

（6）对于老师提出的问题，学生给出了很多答案，有些回答甚至跑题。在这种情况下，老师能适时地进行指导，使学生的思路始终围绕着问题，引导学生逐步抓住问题的本质，得到合理的答案。

本节课主要采用“学思结合、讲练并重”的方法开展教学活动，教学设计重点在于通过对典型例题不断归纳和总结，使学生能够建构化学工艺流程题解题模型和模型认知，并将其运用于具体的问题求解中。不断补充相关的化学知识，帮助学生形成工艺流程考查要点网络。同时，在具体问题解决中强化信息获取能力和自我监控能力。通过习题和变式训练提高学生思维的灵活性。应用以上教学方法，可以逐步培养学生的思维品质，帮助学生克服化学工艺流程题解题思维障碍，提高解题的效率。

4.2 不足

（1）在一些问题的解决过程中，基础较差的同学参与性不强，不能很好跟随小组进行相关讨论。

（2）这一节的内容比较多，在教学时间安排上略有紧张。

5 结语

本节课主要采用“学思结合、讲练并重”的方法开展教学活动，教学设计重点在于通过对典型例题不断归纳和总结，使学生能够建构化学工艺流程题解题模型和模型认知，并将其运用于具体的问题求解中。不断补充相关的化学知识，帮助学生形成工艺流程考查要点网络。同时，在具体问题解决中强化信息获取能力和自我监控能力。通过习题和变式训练提高学生思维的灵活性。应用以上教学方法，可以逐步培养学生的思维品质，帮助学生克服化学工艺流程题解题思维障碍，提高解题的效率。学生在运用流程解决相关问题时，积极性比较强，求知欲望比较高，整堂课的教学效果良好。

参考文献

[1] 普通高中化学课程标准（2017年版）[S]. 北京：人民教育出版社，2018：4-5.

[2] 单旭峰 . 基于高考评价体系的化学科考试内容改革实施路径 [J]. 中国考试，2019（12）：45-52.

[3] 刘全明 . 化学工艺流程题的结构、特点、分类与解法 [J]. 化学教学，2010（3）：57-60.

案例思考题

（1）你觉得课后应布置怎样的扩展作业才能更好地巩固这节课的内容?

（2）结合平时的学习和体验，梳理本节课的教学思路，并说明这样设计的作用?

（3）如何在课堂上调动基础较差的学生更多地参与到课堂互动中?

第二篇　模式创新

◎ 如何将课程思政有机融入高中化学教学?
——以“金属的腐蚀与防护”为例

◎ 高效课堂的探索之路
——基于 OBE 理念的“导—学—评—测”多层次化学教学

◎ 基于 HPS 理念与课程思政融合的高中化学微型课教学
——以“盖斯定律”为例

◎ 问题情境式教学在化学课堂上的应用
——以 W 老师对氯气的教学为例

如何将课程思政有机融入高中化学教学？

——以“金属的腐蚀与防护”为例

刘鑫微[①]　刘万强[②]

摘　要：课程思政是落实立德树人根本任务的重要途径。高中生处于价值塑造的黄金时期，高中化学L老师以“金属的腐蚀与防护”为教学内容，融入中华传统文化、科技前沿、生活实例等思政素材，介绍了理论学习和思政教育有机融合的教学设计思路和教学实施过程，能够为高中化学教师提供课程思政的教学设计和实例，落实立德树人的根本任务。

关键词：课程思政；高中化学；金属的腐蚀与防护

背景信息

新课程改革强调学生应形成积极主动的学习态度，在获得基础知识与基本技能的同时学会学习和形成正确价值观。《普通高中化学课程标准（2017年版）》提出了高中化学学科核心素养，体现了学生通过化学学习能够形成的正确价值观念、必备品格和关键能力，反映了社会主义核心价值观下化学学科育人的基本要求[1]。由此可见，新课改后教学强调以学生为中心，关注学生人生观、价值观、世界观的正确培养，以落实立德树人的根本任务。

习近平总书记在全国高校思想政治工作会议上指出：“要用好课堂教学这个主渠道，其他各门课都要守好一段渠、种好责任田，使各类课程与思想政治理论课同向同行，形成协同效应。”[2]这就意味着对学生进行德育教育不能仅仅依靠思想政治这一门课程，而应将思想政治教育有机融入各类课程中，使各类课程与思想政治课同向同行，使教育与德育统一起来，实现全员、全过程、全方位育人。这一理念即为课程思政理念，实施课程思政也是学校落实立德树人根本任务的重要

① 刘鑫微，女，湖南长沙人，湖南科技大学化学化工学院在读硕士研究生。

② 刘万强，男，陕西宝鸡人，湖南科技大学化学化工学院教授。

途径。

课程思政是一种新的思想政治工作理念，即“课程承载思政”与“思政寓于课程”。这一理念注重专业课在思政教育中的作用，在传授知识的同时挖掘思想底蕴，用课程思政教育支撑专业知识的传授。课程思政元素包括家国情怀、政治认同、法律规范、社会责任、职业操守等多种方面。目前课程思政广泛应用于高校的人才培养和课程改革，且逐渐向中小学教育渗透，为高中化学课程教学设计提供了新思路，能更好地向现代新教育模式转型，以解决传统教育中课堂内素质教育缺乏的问题。将该理念应用于高中化学教育工作中，能为高中化学教育注入新鲜血液，让化学课程更具吸引力。

L 老师是一名经验丰富的化学教师，她认为高中阶段的学生身心快速发展，是进行德育的黄金期。她在广泛阅读了大量与课程思政相关的文献后，精心研究高中化学教材，寻找其中蕴含的课程思政元素，收集适配的思政素材。

本案例以“金属的腐蚀与防护”为例，设计了一份融入课程思政的高中化学教学流程。此教学内容已有不少学者展开了相关研究，例如：梁小敏等人[3]提出以“海上钻井平台的腐蚀与防护”作为真实情境，开展微项目学习，以此达成深度学习的目标；史昕瑜等人[4]以铁器文物的防护为背景，将铁器文物与“金属的电化学腐蚀与防护”教学相结合，让学生感受化学对人类的影响，以促进学生化学学科核心素养的发展；钟国华[5]提出以“实验—性质—原理”三元整合策略为指导，制造认知冲突，围绕实验、媒体、社会等素材创设问题链，培育化学学科核心素养。但是基于课程思政的教学案例尚有空缺，因此本案例以“金属的腐蚀与防护”为例展开课程思政教学，以期为高中化学教师提供可参考的教学设计实例。

案例正文

1 教学主题内容分析

金属或合金与周围的气体或液体发生氧化还原反应而引起损耗的现象叫作金属腐蚀。金属腐蚀分为化学腐蚀和电化学腐蚀，电化学腐蚀可进一步分为析氢腐蚀和吸氧腐蚀，生产生活中的腐蚀以电化学腐蚀为主。金属腐蚀现象在日常生活中普遍存在，常常是自发进行的，金属在腐蚀后，在外形、机械性能等方面会发生较大变化，例如化工厂管道腐蚀导致管壁变薄发生泄漏；测量设备腐蚀导致灵敏度降低等。因此，了解金属腐蚀的原因，并采取有效措施防止金属腐蚀具有重要意义。

1.1 课标分析

结合《普通高中化学课程标准（2017年版）》[1]分析。通过本节课的学习，学生应该了解金属发生化学腐蚀的本质，知道金属腐蚀的危害，了解防止金属腐蚀的措施，能利用电化学原理解释金属腐蚀现象，选择并设计防腐设施。结合金属的腐蚀与防护关注与化学有关的社会问题，认识环境保护的重要性，树立可持续发展意识和绿色化学观念，能运用所学的化学知识和方法对有关的热点问题做出正确的价值判断。

1.2 教材分析

本案例以人教版高中化学选择性必修1《化学反应原理》第四章第三节“金属的腐蚀与防护”为教学内容。从教材编写的结构来看，初中化学强调化学反应中的能量变化，高中必修教材是对初中教材的延伸。必修1中介绍了原电池的理论基础氧化还原反应，必修2中介绍了原电池的概念和组成，选择性必修1《化学反应原理》在学习金属的腐蚀与防护前介绍了原电池的工作原理，逆向指出了电能转化为化学能的装置——电解池，这些都是金属的腐蚀与防护的理论基础，同时，作为高中化学化学反应与电能部分的最后环节，此部分内容是原电池和电解池知识在生产生活中的实际应用，能有效完善学生知识体系，提高学生核心素养。

1.3 学情分析

在知识方面，学生已经系统学习了氧化还原反应、原电池、电解池的相关内容，具备了理解金属腐蚀的本质和防腐蚀方法的原理的理论基础。在学科素养方面，通过必修1和必修2的学习，学生具备了一定的实验素养，具备观察实验现象、合理猜想现象产生原因的能力。但是学生的知识不完善、不系统，缺乏将不同板块的知识串联的能力，容易混淆相似概念，例如：铁钉在干燥的气体中是否能被腐蚀。另外，高中生处于能力素养培养的关键时期，应加强对学生宏观辨识与微观探析、变化观念与平衡思想、证据推理与模型认知、科学探究与创新意识、科学态度与社会责任等学科素养的培养。

2 教学目标

2.1 素养目标

（1）通过实验科学探究金属腐蚀的本质及其原因，认识金属腐蚀的主要类型，能正确书写析氢腐蚀和吸氧腐蚀的电极反应式。

（2）认识金属腐蚀产生的危害和影响，树立防止金属腐蚀的意识，熟知金属腐蚀的常用防护方法。

2.2 思政目标

（1）通过文物玉柄铁剑、越王勾践剑，感受中国古人的智慧和优秀传统文化，坚定文化自信，激发保护、传承文化的理想信念。

（2）借助镁合金骨钉了解金属腐蚀的合理利用，树立任何事物都具有两面性，应该用辩证的眼光分析问题这一哲学思想。

（3）借助我国侯保荣院士在海洋环境腐蚀与防护领域的科技成果，增加民族自豪感和科技报国的使命感，厚植家国情怀，立志为我国实现“碳中和”“碳达峰”的战略目标贡献自己的力量。

（4）通过课后查找、收集与金属防腐相关的科技成果，提高思政自我教育能力。

3 重难点

重点：吸氧腐蚀、析氢腐蚀的原理；牺牲阳极法、外加电流法的原理。

难点：吸氧腐蚀、析氢腐蚀的原理。

4 教学流程

L老师在分析了课标、教材、学情、重难点的基础上，将本节课的知识教学与课程思政有机融合进行设计，教学内容主要包括：（1）金属腐蚀的概念及分类；（2）析氢腐蚀和吸氧腐蚀的原理；（3）金属的防护方法。借助中华优秀传统文化、实际应用、科技前沿等素材将思政元素融入教学中。相关教学环节、师生活动、设计意图见教学流程表（表1）。

表1 教学流程表

教学环节	师生活动	设计意图
环节一 新课导入：文物中的腐蚀现象	（1）展示锈迹斑斑的玉柄铁剑、长满铜绿的铜钱串图片 （2）介绍文物，提出问题：剑刃变形严重的原因是什么？引发学生思考	（1）借助玉柄铁剑介绍中国2800多年前已掌握了原始的冶铁技术，弘扬中华传统文化，坚定文化自信；同时利用腐蚀严重的文物图片激发学生对文化传承与保护的信念 （2）采用情境和问题导入课堂，激发学生的学习兴趣和求知欲

续表1

教学环节	师生活动	设计意图
环节二 概念构建：金属腐蚀的概念和分类	（1）回顾初中铁钉生锈的条件，提问：铁钉在干燥的环境中会被腐蚀吗？引导学生思考 （2）播放实验视频，证明铁钉在干燥的环境中能发生腐蚀。引导学生自主阅读教材，总结金属腐蚀的概念 （3）回顾原电池的构成条件，引导学生总结归纳化学腐蚀和电化学腐蚀的区别	（1）通过“铁钉在干燥的环境中会被腐蚀”制造认知冲突，培养学生的逻辑思维能力和实事求是精神 （2）从学生已有的知识出发，提供学生理解新知识的认知基础 （3）学生自主阅读和总结金属腐蚀的概念和分类，能提高学生的自主学习能力
环节三 本质探析：电化学腐蚀的本质及分类	（1）回顾铁与酸的反应，帮助学生理解在酸性条件下发生析氢腐蚀的原因，借助铁钉析氢腐蚀的示意图引导学生写出电极反应和总反应方程式 （2）播放铁钉的吸氧腐蚀实验视频，引导学生观察实验现象并根据铁钉吸氧腐蚀的示意图写出电极反应和总反应方程式 （3）播放加入硫酸铜溶液后锌粒和酸反应速率发生变化的实验视频，引导学生思考化学腐蚀和电化学腐蚀的普遍性和危害性	（1）通过化学实验探究电化学腐蚀的本质原因，渗透认识事物应从宏观到微观、从现象到本质的科学方法，培养科学探究精神 （2）演示实验能够规范学生的实验操作，提升学生实验技能
环节四 知识进阶：金属的防护方法	（1）介绍金属腐蚀的危害以及文物越王勾践剑 2 500 年不腐蚀的原因，寻找减少金属腐蚀的方法 （2）播放牺牲阳极法实验视频，拓展利用铁氰化钾检验亚铁离子的方法。引导学生思考牺牲阳极法的原理，写出电极反应方程式，进一步解释船体上镶锌块的原因 （3）引导学生思考外加电流法的原理。提出问题：牺牲阳极法和外加电流法外加的辅助阳极发生的电极反应类型相同吗？	（1）借助越王勾践剑 2000 多年不腐蚀的现象，让学生体会中国古人的智慧和中华优秀传统文化 （2）在讲解知识后要求学生解释实际应用，在课堂上做到理论联系实际，带领学生体会化学在实际生活中的广泛应用
环节五 前沿拓展：借助思政素材开展科技前沿拓展	（1）提出问题：金属腐蚀一定会造成不好的影响吗？介绍镁合金骨钉的应用 （2）介绍我国海洋环境腐蚀与防护领域的学科带头人侯保荣院士，其研制的复层矿脂包覆防腐蚀技术（PTC）打破了国外技术垄断，得到了广泛应用	（1）分析金属腐蚀的利弊，让学生明白任何事物都具有两面性的哲学原理，应该用辩证的眼光分析问题，把握主要矛盾和次要矛盾以及两者之间的转换 （2）展示我国科学家在防腐领域的先进成果，培养学生的学习兴趣和科学精神，激发其科技报国的情怀

续表1

教学环节	师生活动	设计意图
环节六 总结及任务：知识小结与作业布置	（1）教师思政引导，学生课堂小结 （2）布置作业：每个小组收集与金属防腐相关的最新科技成果3个，以小组为单位交流分享，小组互评	（1）通过课后自主了解防腐领域的最新科技成果和科技前沿，探究现象本质，培养学生的科学探究精神 （2）小组互评增加了评价的多元性，加强了学生的学习参与度，体现了学生的主体地位

5 教学实施过程

5.1 新课导入：文物中的腐蚀现象

PPT展示 河南博物院的九大镇院之宝之一：玉柄铁剑（图1）；长满铜绿的铜钱串（图2）。

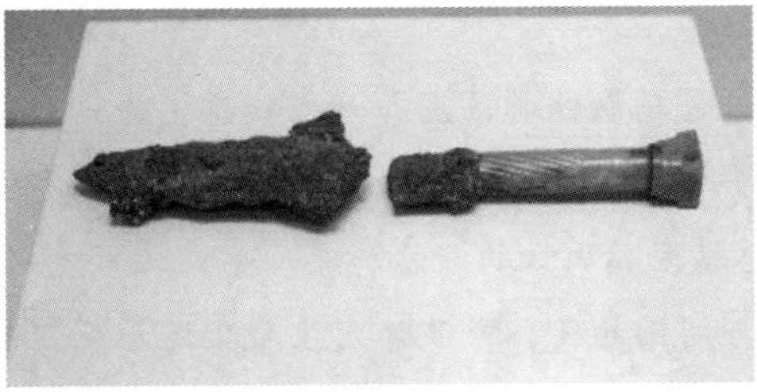

图1 玉柄铁剑

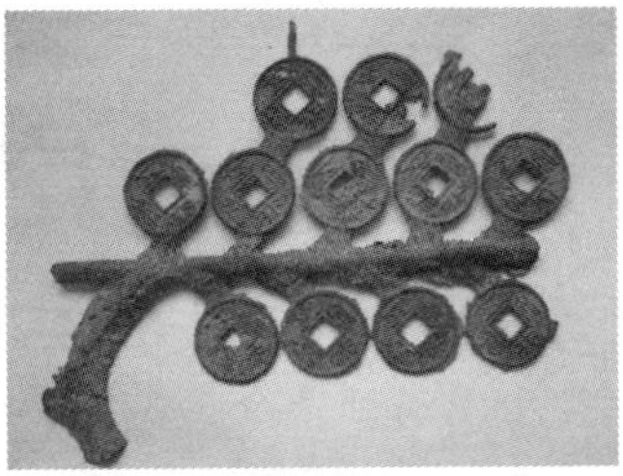

图2 铜钱串

教师讲解 玉柄铁剑出自已有2800年历史的虢国国君虢季之墓，剑柄由和田玉制成，剑刃为铁制，是迄今为止中国考古发掘中出土时代最早的一件人工冶铁制品，由此可见，早在2800多年前，西周的工匠就已经熟练地掌握了原始的冶铁技术。它的出土，将中国人工冶铁历史提前了近两个世纪，因此被誉为“中华第一剑”，玉柄铁剑本身也被列入河南博物院的“九大镇院之宝”。但是从图中我们可以看出，宝剑的剑刃部分锈迹斑斑，已经锈得快认不出原始形状了。

教师提问 请同学们从铁的化学性质出发，思考一下：为何玉柄铁剑的剑刃部分会变形得如此严重呢？

生：因为宝剑的剑刃部分为铁制，铁有还原性，容易被氧化，从而使宝剑变得锈迹斑斑。

教师引导 不只是铁制品，铜制品时间过长也会长出铜绿，例如图2中展示的长满铜绿的铜钱串。铁器文物和铜器文物都属于金属制品。我们把这种现象叫作金属腐蚀现象。金属腐蚀现象在日常生活中很常见，对文物、工业生产等方面造成了一些不良影响。我们这节课一起来了解金属腐蚀的原因、探讨防止金属腐蚀的有效措施，以此寻找文物保护、工业生产环保的有效措施。

5.2 概念构建：金属腐蚀的概念和分类

提出问题 请同学们回忆：在初三我们学过铁钉生锈，那么铁钉生锈需要哪些条件？

生：铁生锈需要两个条件：水和空气。

提出问题 那请同学们猜想一下：铁钉在干燥的环境中会被腐蚀吗？

生：根据铁生锈可以知道，铁钉腐蚀应该也需要水和空气的参与，因此铁钉在干燥的环境中不会被腐蚀。

播放视频 设置对照实验，取两支试管，第一支试管中铁钉保存在干燥的氯气中，第二支试管中铁钉保存在干燥的空气中，密封保存。5天后观察试管中铁钉的变化。

师：观察现象，体会铁的生锈与金属腐蚀的区别并产生疑惑：为什么在干燥的氯气中铁钉被腐蚀了呢？

师：请同学们自主阅读教材，总结金属腐蚀的概念。

生：金属腐蚀是金属或者合金与周围的气体或液体发生氧化还原反应而引起损耗的现象。

师：从金属腐蚀的概念我们可以知道金属腐蚀的重要条件之一是要发生氧化还原反应，我们在之前的学习中知道氧化还原反应可以构成什么装置？

生：原电池装置。

师：构成原电池装置的条件有哪些呢？

学生：活泼性不同的电极、电解质溶液、闭合回路，还需要有能够自发进行的氧化还原反应。

师：根据金属腐蚀是否具备形成原电池的条件，我们把金属腐蚀分为电化学腐蚀和化学腐蚀。那么铁在干燥的氯气中被腐蚀属于哪种类型呢？

生：铁在干燥的氯气中这一环境无法构成原电池，因此属于化学腐蚀。

小结归纳 金属与其表面接触的一些物质（如 O_2、Cl_2、SO_2）等反应而引起的腐蚀叫作化学腐蚀。当不纯的金属与电解质溶液接触时会发生原电池反应，比较活泼的金属发生氧化还原反应而被腐蚀叫作电化学腐蚀。

5.3 本质探析：电化学腐蚀的本质及分类

师：根据初中学过的知识，铁在酸性溶液中会发生什么现象？

生：会有气泡冒出，铁钉慢慢变小。这是因为铁会置换出酸性溶液中的氢离子，生成氢气。

师：同学们学习得非常扎实。置换的过程实质上是发生了氧化还原反应，因此铁钉在酸性溶液中被腐蚀属于电化学腐蚀，我们也称之为析氢腐蚀。

师：请同学们根据铁钉析氢腐蚀的示意图（图3）写出相应电极反应和总反应方程式。

生：析氢腐蚀——

负极：$Fe-2e^-=Fe^{2+}$

正极：$2H^++2e^-=H_2\uparrow$

总反应：$Fe+2H^+=Fe^{2+}+H_2\uparrow$

过渡引导 那么铁在弱酸性或中性环境中会发生怎样的现象呢？

播放实验视频 铁钉的吸氧腐蚀实验。将已用酸洗除铁锈的铁钉用饱和食盐水浸泡一下，取出后放入具支试管中，塞住具支试管口，用橡胶管连接支管口和玻璃导管，将导管插入事先装满水的试管中，观察导气管中的水位变化。

生A：导气管中的水位上升。

生B抢答：很有可能发生了化学反应消耗了气体，导致气管中的水位上升。

师：同学们观察得非常仔细。铁钉处于弱酸性或者中性的环境中会发生吸氧腐蚀，顾名思义是铁钉与氧气发生反应，这是属于哪种类型的腐蚀？

生：铁具有还原性，氧气具有氧化性，两者可以发生氧化还原反应，而且具备构成原电池的条件，属于电化学腐蚀。

师：请同学们依据铁钉吸氧腐蚀示意图（图4）写出该实验的电极反应和总反应方程式。

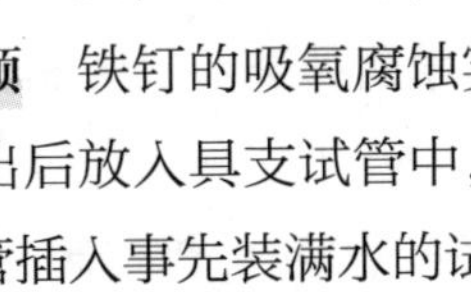

图3 钢铁的析氢腐蚀示意图

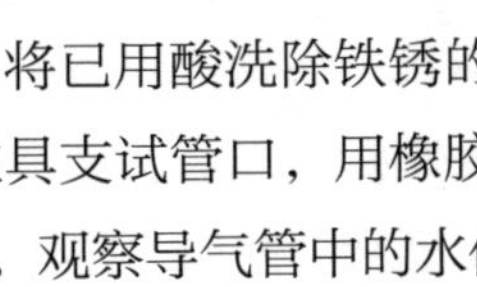

图4 钢铁的吸氧腐蚀示意图

生：吸氧腐蚀——

负极：$Fe-2e^-=Fe^{2+}$

正极：$2H_2O + O_2 + 4e^- = 4OH^-$

总反应：$2Fe + O_2 + 2H_2O = 2Fe(OH)_2$

小结归纳 钢铁主要进行吸氧腐蚀，生成氢氧化亚铁，在空气中容易被氧化成氢氧化铁，氢氧化铁失去部分水生成 $Fe_2O_3 \cdot xH_2O$，这就是铁锈的主要成分，铁锈疏松地覆盖在铁制品的表面，因此无法阻挡铁制品被进一步腐蚀。

播放视频 取两支试管，分别放入等量锌粒和等体积、等浓度的稀盐酸，观察现象。随后，向其中一支试管中滴加1~2滴硫酸铜溶液，观察现象。

提问 请同学们讨论分析：产生该现象的原因是什么？化学腐蚀和电化学腐蚀的普遍性和危害性哪一种更大？

小组 B：在加入硫酸铜溶液之前，试管中有气泡产生，锌粒发生析氢腐蚀放出氢气。在加入硫酸铜溶液之后的试管中，气泡产生速率加快，这是因为有铜的产生，和锌构成了微小的原电池，从而加快了锌的腐蚀速率。

小组 C：在日常生活中，化学腐蚀和电化学腐蚀往往同时产生，但大多数都是电化学腐蚀，从这个实验可以看出，电化学腐蚀会加快金属的腐蚀速率，因此电化学腐蚀的危害性更大。

小结归纳 金属被腐蚀后，在外形、色泽以及机械性能等方面都将发生变化，会使机器设备、仪器、仪表的精密度和灵敏度降低，影响使用以至报废，甚至发生严重事故。每年钢铁生锈会使我国损失100亿～150亿元。在英国，每90秒钟就有1吨钢铁被锈蚀掉。因此，防止金属腐蚀有很重要的意义。

5.4 知识进阶：金属的防护方法

PPT 展示 越王勾践剑（图5）。

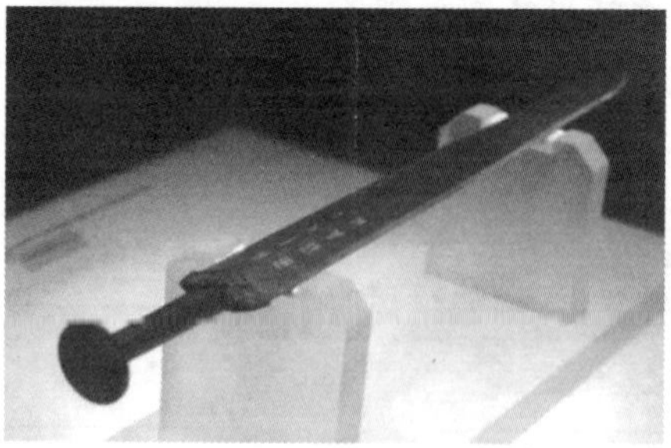

图5 钢铁的吸氧腐蚀示意图

师：越王勾践剑已有2500年历史，至今仍未生锈，是因为剑身上被镀上了一层含铬的金属。古人在2500年前就已经能通过改变金属材料来优化金属的性能，古人的智慧真令人敬佩！

师：请同学们思考与讨论：要想减少或避免金属腐蚀，还有哪些方法呢？

生A：可以在金属表面涂油漆防止金属腐蚀。

生B：不锈钢也是利用在金属材料中加入其他耐腐蚀的金属或非金属，从而增加金属的耐腐蚀性。

师：很好！看来大家在日常生活中的观察能力很不错，涂油漆是利用在金属表面形成保护层来防止腐蚀；越王勾践剑和不锈钢都属于改变金属材料的组成从而增加金属的抗腐性能。

师：还有其他的方法吗？

生：既然电化学腐蚀的本质是由于在金属表面形成了原电池，应该可以利用改变形成原电池的条件来达到防止金属被腐蚀的目的。

师：表扬这位同学！他对今天所学的知识有深入的思考。

播放实验视频 仔细阅读教材实验4-4（1），认真观看实验中锌片和铜片以及电流表的指针是否有偏转。

实验步骤 首先，向烧杯中加入约50毫升氯化钠溶液，然后滴入少量稀盐酸，搅拌均匀；接着，往烧杯中分别加入锌片、铁片，用导线分别与锌片、铁片相连后，再分别与电流表的负极、正极相连。

生：电流表发生偏转，铁片表面产生气泡。

师：请同学们以小组为单位根据原电池的相关知识讨论并解释该现象。

小组A：锌片、铜片和酸化的氯化钠溶液形成了闭合回路并构成了原电池，锌比铁活泼，锌与溶液中的氢离子发生氧化还原反应置换出氢气。

小组B：也有可能是铁与氢离子发生反应生成了氢气。

师：同学们思考得非常严谨。如何证明铁是否与氢离子发生了反应呢？如果发生了反应，生成的是二价铁离子还是三价铁离子？为什么？

生：二价铁离子。因为加入生成三价铁离子又会与铁片反应生成二价铁离子。

师：那如何证明是否有二价铁离子？教材第111页上方的资料卡片说明了可以用铁氰化钾溶液检验二价铁离子，铁氰化钾溶液本身呈黄色，如果遇到二价铁离子会产生蓝色沉淀。

播放实验视频 过一段时间后，用胶头滴管从 Fe 电极区域取少量溶液于试管中，再向试管中滴入2滴铁氰化钾溶液，观察试管中溶液颜色的变化。

生：未产生蓝色沉淀。因此没有二价铁离子生成。气泡是来自锌与氢离子反应生成的氢气。

师：请写出相关电极反应方程式。

生：阳极：$Zn-2e^-=Zn^{2+}$；阴极：$2H^++2e^-=H_2\uparrow$

师：在这一装置中，由于锌的活泼性比铁强，锌成为原电池的负极，被腐蚀，从而很好地保护了做正极的铁。这种金属防护方法叫作牺牲阳极法（图6）。

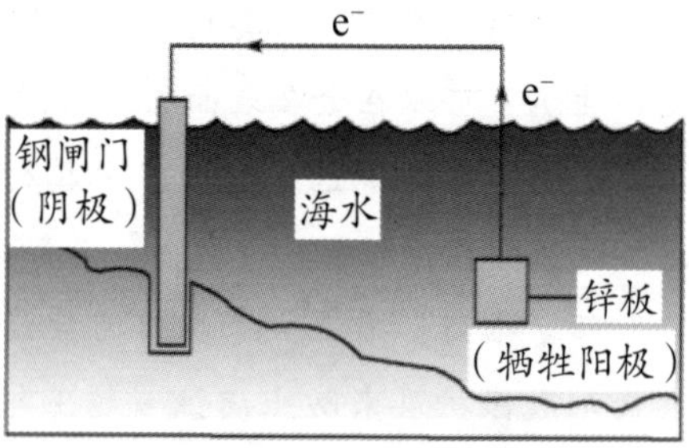

图6　牺牲阳极法示意图

师：PPT展示镶嵌了锌块的船体（图7）。

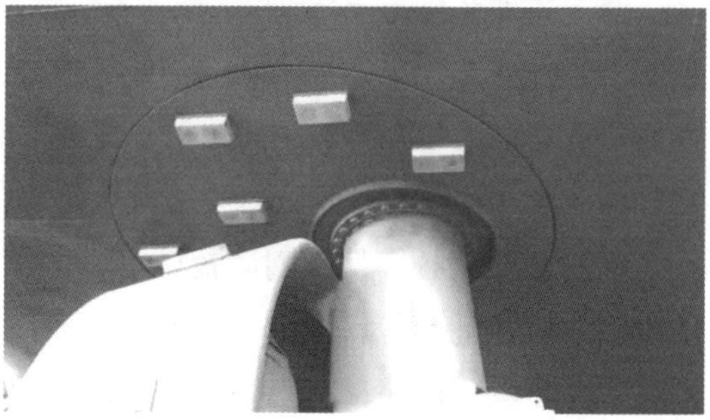

图7　镶嵌了锌块的船体

师：请同学们解释，为什么要在船体上镶上锌块？

生：锌做牺牲阳极，代替被保护金属腐蚀。具体来说，海水充当电解质，把钢和锌放在海水中，就会发生电化学反应。电流从阴极流向阳极，电子从阳极流向阴极。锌是比船体更具电负性的金属。它率先腐蚀，从而保护船体不受腐蚀。

师：除此之外，还可以利用电解池的原理来保护金属，将被保护金属做阴极，与电源的负极相连，而在电源的正极部分连接一个辅助阳极，被保护金属和辅助阳极需要在同一溶液中。接通电源后，强制电子流向，可使被保护金属表面腐蚀电流为零或接近零。在这一过程，被保护金属被迫成为阴极而受到保护。因此，这种方法也叫作外加电流法（图8）。

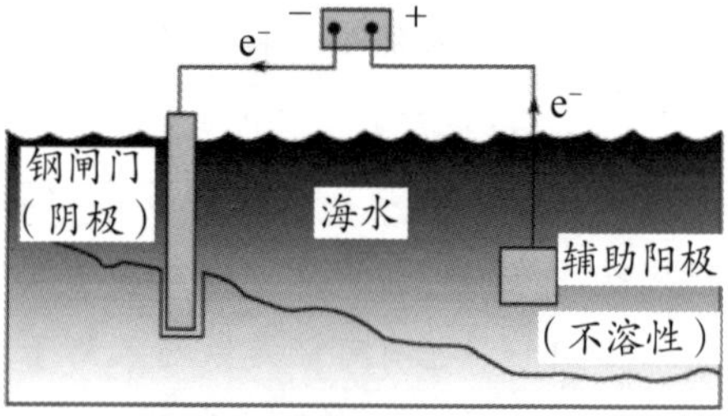

图8　外加电流法示意图

师：上述所讲的牺牲阳极法和外加电流法属于电化学保护法，两者都需要借助辅助阳极，将被保护金属作为阴极。在这两种方法中，辅助阳极发生的电极反应类型一样吗？

生：是一样的，辅助阳极的电极反应类型都属于失去电子的氧化反应。

5.5 前沿拓展：借助思政素材开展科技前沿拓展

金属腐蚀一定会造成不好的影响吗？我们需要辩证地来看待问题，所有事物都有两面性，而且这两面是在不断转化的。因此，在某些特殊的情形下，腐蚀反而能造福人类。例如：特别活泼的镁合金具有腐蚀速度很快的特点，可以将它制作成可降解的镁合金骨钉（图9），植入患者的腿骨中去；当患者的腿骨长好之后，骨钉会自行融化消失，而且在这一过程中释放出的镁离子正好是人体所需要的微量元素。

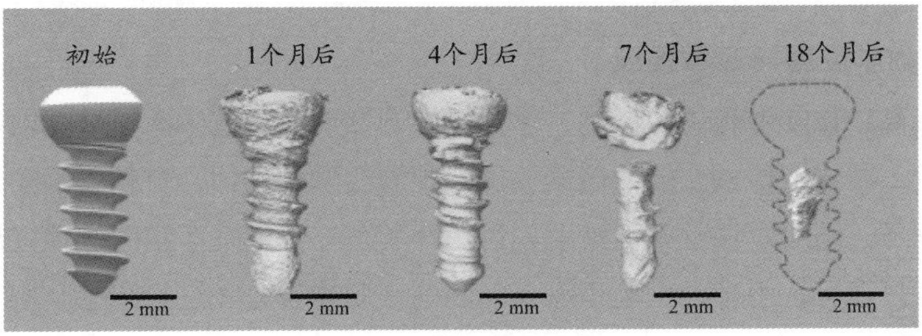

图9　可降解的镁合金骨钉

我国在防腐技术方面做出了巨大的贡献。侯保荣院士是我国海洋环境腐蚀与防护领域的学科带头人（图10）。他于1970年入职中国科学院海洋研究所，50多年来一直坚守在海洋腐蚀与防护工作第一线，致力于海洋腐蚀与防护机制研究、技术研发和产业转化。他研究的复层矿脂包覆防腐蚀技术（PTC），打破了国外技术垄断，被广泛应用于国内外港口码头、海洋平台、大型装备等110余项国家重大工程，创造了巨大的经济和社会效益。侯保荣院士表示：“得到的成绩也只代表过去，我会继续奋斗在腐蚀研究的第一线，尽自己最大的努力，为我国防腐事业做出一点贡献！”

图10　侯保荣院士

5.6 总结及任务：知识小结与作业布置

师：请同学们总结一下这节课所学的知识。这节课介绍了金属腐蚀的概念和分类，其中重点讲解了电化学腐蚀，进一步介绍了如下金属防护措施：（1）在金属表面覆盖保护层；（2）改变金属材料的组成；（3）电化学保护法：牺牲阳极法、外加电流法。我国在金属防腐方面对世界的贡献很大。课后请同学们收集与金属防腐相关的最新科技成果，以小组为单位交流分享，互相评价。

6 教学反思与专家建议

开展高中化学课程思政课堂，学生在学习知识的过程中潜移默化地进行了价值观培养，将知识传授、能力培养、价值观塑造融为一体，有利于落实立德树人的根本任务。同时，课堂中巧妙融入讨论环节，充分启发了学生的独立思想，鼓励学生各抒己见，引导学生逐步深入问题的实质并就分歧进行辩论，培养了学生实事求是的精神和创造性解决问题的能力。但是由于课程思政素材的引入会缩短知识教学的时间，处理不好容易影响学生理论知识的学习。建议在开展课程思政教学之前，通过学案、线上学习等形式引导学生提前预习，提高学生在课堂中对知识的理解，以解决由于课程思政带来的知识教学时间不足的问题。

7 结语

以“金属的腐蚀与防护”为例的高中化学课程思政教学设计，将文物、生产应用、科技前沿等思政素材与理论知识融合，在知识传播中渗透价值观引领，发挥了高中化学课程的育人功能，能够为高中化学教师提供课程思政教学设计和案例，更好地落实“立德树人”的根本任务。

参考文献

[1] 普通高中化学课程标准（2017年版）[S]. 北京：人民教育出版社，2018：4-5.

[2] 习近平在全国高校思想政治工作会议上强调：把思想政治工作贯穿教育教学全过程，开创我国高等教育事业发展新局面 [N]. 人民日报，2016-12-09（1）.

[3] 梁小敏，张雄鹰. 基于真实情境的微项目学习：以“金属的腐蚀与防护”教学研究为例 [J]. 化学教与学，2022（15）：27-32.

[4] 史昕瑜，陈丽萍．让铁器文物与历史说话：“金属的电化学腐蚀与防护”教学 [J]. 化学教育（中英文），2022，43（11）：68-73.

[5] 钟国华．基于三元整合策略的概念教学：以“金属的腐蚀与防护”为例 [J]. 化学教与学，2022（3）：33-38，57.

案例思考题

（1）L 老师基于课程思政开展的“金属的腐蚀与防护”有何可借鉴之处？

（2）你认为还有哪些方法可以解决由于融入课程思政导致的理论知识教学时间缩短的问题？

（3）你认为从哪些方面可以挖掘蕴含在高中化学知识中的思政素材？

（4）你认为教师在开展课程思政教学时应如何发挥学生的主体性？

高效课堂的探索之路

——基于 OBE 理念的“导—学—评—测”多层次化学教学

程畅畅[①] 杨述辉[②]

摘　要：如何提高教学效率一直是教育界关注的热点。基于产出导向的 outcome-based education（简称 OBE）教育理念因可以实现教学与评测的一体化并促进课堂教学效果的提升而受到教育界的广泛关注。基于 OBE 教育理念和长期教学实践，提出了“导—学—评—测”的教学模式：在具体的教学目标的导向下，对教学任务进行反向设计并正向实施，致力全体学生达成学习目标。本案例以人教版普通高中化学必修2第七章第二节“乙烯与高分子材料”的教学为实例，对“导—学—评—测”的教学流程进行了阐述和实践，以期促进“导—学—评—测”教学模式的实施，促进教学和学习效率的提升，并为高中化学教学提供优质课例。

关键词：高中化学；OBE；导学评测；乙烯

背景信息

学生在课堂中度过其人生中成长最快、变化最大、对未来影响最重要的阶段，教学的品质决定了他们为此付出的时间是否值得，以及他们在未来人生中是否乐于学习、善于学习。对教师来说，每一节课的教学都是我们的作品，这些作品承载了师生共同的梦想、勇气和力量；每一节课都是我们生命的一部分，我们不能随便处置一堂课而怠慢我们的生命。因此，高效而有趣的教学是我们永远的追求。有效教学的本质特征和表现形式是什么？这是教育领域内的一个永恒的话题。

Y 老师是某县一中的高中化学教师，被县教育局授予“优秀教师”称号，有着丰富的教学经验。在成为教学熟手却难以突破的瓶颈期，有一些问题一直困扰着 Y 老师：为什么同样的学生，同样的课程，不同的老师任课，学生的成绩、课

---

① 程畅畅，女，湖南衡阳人，湖南科技大学化学化工学院在读硕士研究生。
② 杨述辉，男，湖南澧县人，湖南省澧县第一中学化学教师。

堂的氛围有那么大的差别？“教学”是一个师生双边互动的过程，教师的“教”和学生的“学”到底怎样处理才能更好？什么样的教学模式才是适合学生学习的？什么样的课堂才是高效课堂？

本案例主要介绍 Y 老师“导—学—评—测”多层次教学及设计的来龙去脉，以期通过案例的介绍，为一线教师提供“乙烯与有机高分子材料”的教学思路，解决本课教学中由于内容的抽象性导致的“教师难教，学生难懂”的问题，提高一线教师的教学能力；为师范生积累高中化学教学经验提供依据，为其后续课堂教学奠定坚实基础；为高校师范生培养提供素材；通过分析案例内容、总结淬炼隐含的案例启示来提高师范生培养质量，为教研员或大学教师案例教学提供素材；通过分析案例，理解和学习教学设计的编制步骤和策略，从而提高师范生的教学设计能力。此外，基于案例中的教师反思和专家建议，知道一堂课应该怎样组织和实施，才能保证顺利完成教学内容。

OBE（outcome-based education）是一种以结果为导向的教育理念，最早于1881年由美国学者 Spady 提出。其核心理念为：（1）明确一个清晰的学习结果，课程的实施围绕学习结果而展开；（2）教师在课程中提供条件和机会，鼓励全体学生达到既定学习目标。在 OBE 教育体系中，首先要明确学生的学习结果是什么，以及哪些途径可以实现学习结果。遵循一切基于学习结果产出的原则，注重提高学生的学习能力，将学生通过课程学习所能达到的知识、能力、素养目标作为教学的起点和出发点，来组织教学内容、设计和实施教学过程[1]。

基于 OBE 理念和长期教学实践，Y 老师所在教研组提出了“导—学—评—测”的多层次教学模式。

“导”即揭示目标，指导自学。教师列出教学目标和导学问题，明确揭示学习要取得的结果。这要求教师对教学目标的制定更加清晰，并获取能够促进该目标实现的课程资源，如习题、问题、相关情境、思政元素等，将其纳入教学设计中，引导学生达到预期的学习成果。

“学”即自主学习，完成问题。学生根据导学问题自学教材，总结归纳，不会的疑难问题待讨论交流、教师点拨时再提出[2]。教师要控制自学过程的时间，既要让学生有自学及思考的时间，又要让学生有紧张感和学习积极性。此外，教师要及时捕捉学生自学情况，收集梳理共性问题，引导学生查漏补缺。

“评”即教师点拨，评价交流。学生归纳总结自学成果，教师对其不足和错误之处进行评价。这里的点评并非系统的讲解、告知、传授，而是教师成为课堂教学的“导演”，按照教学目标这个成果，在学生自学出现问题的情况下，引导学生找到问题的答案、规律或解决方法。通过教师的“导”和“评”启发学生积极思考，使其学到知识，获得能力，真正实现教师从知识的传授者转变为学生学习的组织者和引导者。

“测”即习题检测，拓展提升。习题要从易到难，循序渐进，通过基础性和综合性的试题，检测学生对已学知识的掌握情况，培养学生学以致用的能力。根据测评情况及时调整下一阶段的教学目标创设，优化课程设计，形成良性反馈机制，从而贴合学习结果的实用性和目的性，实现整个教学过程的科学性。

“多层次”即在学习和检测环节中，在学习深度和习题难度上要体现由浅至深、由易到难、从基础到综合的特点。“导—学—评—测”多层次教学模式流程如图1所示。

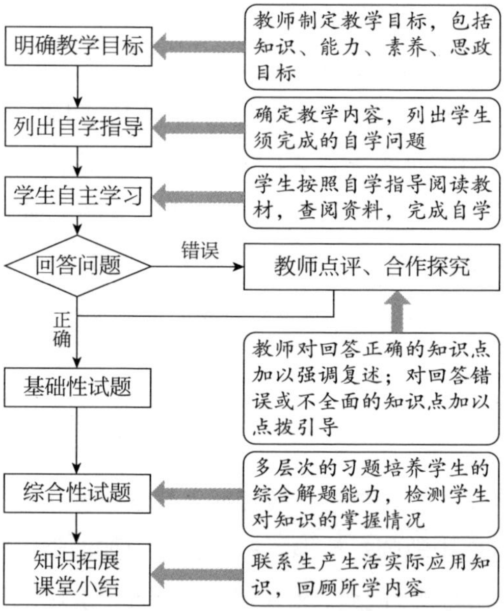

图1 “导—学—评—测”多层次教学模式流程图

高中有机化学知识连贯程度高、开放程度较大，让学生可讨论的内容多，交流的机会也多，适合由学生自主探究、深度学习。本文选取Y老师的优质公开课“乙烯与有机高分子材料”作为案例进行记录、分析与学习。

案例正文

1 课前准备

L 中学为紧跟教育改革发展的步伐，定期开展公开课形式的教师比武大赛。在教研组例会上，大家一致推举 Y 老师承担此次公开课，理由是 Y 老师的语音面貌好，教学经验丰富，掌控课堂教学的能力较强；所教的班化学基础较好，且课堂参与意识较强，便于开展教学活动。

为了更好地进行本节课的教学，厘清教学思路，合理定位学习产出目标，Y 老师对本节课的教学内容和教学现状进行了仔细分析，旨在梳理教材内容，把握重难点，合理进行教学设计，以适应学生知识建构的逻辑顺序，使学生更好地达成本节课的教学目标。

1.1 确立教学主题内容

Y 老师本学期担任的是高一下学期某班的班主任兼化学教师，所教班的学生临近学业水平考试。因为是公开课，Y 老师希望能选一个有代表性且利于进行公开教学的内容，通过对当前所教班的教学进度和学生学情的分析，Y 老师说道：

本文教学内容“乙烯与有机高分子材料”选自人教版高中化学教材必修第二册第七章第二节。乙烯是石油化工产品的重要原料，在工农业生产、日常生活、能源、药物等方面占有重要地位；同时，乙烯也是较简单的含有官能团的有机物。通过对乙烯的学习，学生可以初步认识决定有机物分类与化学性质的官能团，更深入地了解有机物的结构、性质、用途及相互转化规律[3]。基于此，本节教材在内容编排上依次从物理性质、分子结构、化学性质和用途这几个方面介绍了乙烯，按照认识有机物的一般流程，帮助学生建立结构决定性质的认知模型。

乙烯是学生在学习了甲烷及烷烃知识、初步了解有机物的碳骨架之后学习的又一类有机物，涉及加成、加聚等新的反应类型。因此，本节课的理论知识是学好后续有机物的基础，在整个教材中起着承上启下的作用。

1.2 教学现状分析

与无机化合物相比，有机物的组成元素简单，但结构复杂，数量众多，性质各异。在高中阶段的“乙烯与有机高分子材料”教学中，很多设计思路均强调有机化合物的“物理性质—化学性质—用途”这条主线，通过与课题组内其他教师商讨并查阅已有的教研论文，Y 老师提出两个值得关注的问题：

（1）从有机化合物之间内在逻辑联系来看，现行的教学方法通常按课时讲解某一类有机化合物，强调识记其官能团、主要性质、特征反应等。但由于不同官能团的结构、性质有着明显差异，导致学生的认知易停留在宏观层面，认为这些知识是零散孤立的事实性知识，学习时死记硬背且容易混淆，不利于培养学生系统思维能力。

（2）从教学内容来看，这些课例大多是从乙烯的用途引入课题，按照传统教学"老师教，学生学"的模式，依次讲解乙烯的物理性质、化学性质、用途等，不利于学生深刻理解结构决定性质的学科观念。

在多年的教学工作中，Y 老师发现仅仅按照教材编排的逻辑顺序来进行本课时的教学是不够的，学生无法对乙烯的结构和性质产生深刻的联系和认识，课后练习效果也不佳。Y 老师通过和教研组的老师讨论后认为：

本章内容涉及学生接触的第一个官能团：碳碳双键，是学生进入有机化学学习的一个难点。教师如果不能很好地厘清教学思路，根据学生的思维逻辑合理设计教学，容易造成学生对后续有机物分类、官能团特性等知识理解上的困难，例如，加成反应中的马氏规则，学生对基团加在哪一个碳原子上定位不准，从而影响对产物的判断。学生没有从宏观辨识和微观探析的角度认识乙烯的结构和性质，这样的教学模式停留在被动接受、死记硬背的水平，忽视了学生的自主性，不利于挖掘有机化合物知识的内在联系，不利于实现从"知识与技能"迈向"学科核心素养"的价值追求和教学目标。

课程标准中对本课时的要求是引导学生建立"组成、结构决定性质"的基本观念，形成基于官能团、化学键与反应类型认识有机化合物的一般思路，了解测定有机化合物结构、探究性质、设计合成路线的相关知识，发展化学学科核心素养[4]。因此，Y 老师根据课程标准和 OBE 相关理念，按照"导—学—评—测"的教学模式，深度挖掘乙烯在有机物教学中的价值，引导学生自主学习，提高学生对教学目标和核心素养的达成度。

2 教学流程

Y 老师在与课题组内其他教师多次商讨和修改下，最终确定了表1的教学流程。

表1 "乙烯与有机高分子材料"教学流程

教学环节	教师行为	学生活动	设计意图
环节一 利用乙烯广泛用途创设情境，引入新课	（1）提问：乙烯在生活及生产实践中的用途有哪些？ （2）展示与乙烯相关的日常用品和工业制品	查阅资料，了解乙烯制品的广泛应用	生活情境引入新课，激发学生的学习兴趣，感悟化学的学科价值
环节二 "导"：明确教学目标和导学问题	（1）展示基于核心素养的教学目标 （2）列出学习任务： ①分析乙烯分子式在组成和结构方面的特征 ② 乙烯的物理性质（熔点、沸点、气味）和乙烷相比较有什么特点？ ③乙烯可以发生哪几类反应？试从其微观分子结构上解释	阅读教学目标，明确本节课的学习任务	引导学生根据明确的目标，即学完这节课后将取得怎样的学习成果进行反向自学
环节三 "学"与"评"：学生根据导学任务自学并回答问题，教师进行点评	（1）引导学生自学乙烯的教材内容，监控学生的学习情况；收集学生自学过程中的疑问，梳理共性问题；对学生的回答进行评价和点拨 （2）提供乙烯、乙烷的键参数资料；引导学生推测乙烯的化学性质 （3）演示乙烯与酸性高锰酸钾、乙烯与溴反应的探究实验	（1)根据导学任务，自学乙烯的物理性质和化学性质，归纳总结并回答老师提出的问题 （2）思考、讨论乙烯化学性质活泼的本质原因 （3)观察实验现象，思考反应原理	（1）问题驱动自学，培养学生从资料中提取信息、归纳总结的能力 （2）通过探究乙烯分子的结构特征，预测其化学性质，形成结构决定性质的化学观念 （3）通过探究性实验，激发学生的科学探究和创新意识，形成有机物相互转化的变化思想
环节四 "测"：多层次习题检测	（1）基础性知识检测 ①如何除去乙烷中混有的乙烯？ ②如何制得较纯净的1,2-二氯乙烷？ （2）综合性知识检测 某烃类气体完全燃烧的产物先后通过浓硫酸和足量澄清石灰水，请由增重情况计算该烃的分子式	思考和计算问题，深刻理解乙烯的氧化反应、加成反应的原理、特征和应用	通过基础性试题测评学生对基本知识的掌握，利用综合性试题考查学生的进阶思维和知识迁移应用能力
环节五 课堂小结及知识拓展	介绍乙烯的催熟功能及我国乙烯产业的发展情况	感受乙烯在日常生活中的实际应用以及我国乙烯产能规模的迅速增长	展示化学学科的本质价值和社会价值，增强学生的民族自豪感，培养其科学态度与社会责任

3 教学实录

3.1 揭示目标，指导自学

创设问题情境 为什么绿皮香蕉放置几天会变黄？在生物课中我们学到是乙烯在起作用。乙烯的用途很广泛，它是石油化工中重要的基本原料，通过一系列化学反应，可以从乙烯中得到有机高分子材料、药物等成千上万种有用的物质。我们今天就从以下几个方面来学习乙烯。请大家开始自主学习、展开讨论并思考总结。

（1）上节课我们学习了烷烃的性质，乙烯和乙烷相比，在组成和结构方面有哪些不同？表2是乙烯、乙烷的键参数比较，它们的化学性质谁更活泼呢？

表2 乙烯、乙烷的键参数比较

参数	C_2H_4	C_2H_6
键长 /m	1.33×10^{-10}	1.54×10^{-10}
键角 /°	约 120	约 109
键能 /（$kJ\cdot mol^{-1}$）	615	348

（2）乙烯的熔点、沸点、气味、密度、溶解性等物理性质如何？

（3）乙烯可以和哪些物质发生什么反应？加成反应的微观本质是什么？

（4）乙烯有哪些具体的用途？花店里美丽的鲜花如何保鲜、延长花期？

3.2 自主学习，完成问题

学生代表根据查阅的资料和小组讨论，总结乙烯的性质和用途（见图2）。

图2 学生代表总结乙烯的性质和用途

（1）乙烯分子式为 C_2H_4，电子式为 $H:\overset{H}{\underset{\cdot\cdot}{C}}::\overset{H}{\underset{\cdot\cdot}{C}}:H$，结构式为 $\begin{matrix}H\\ \end{matrix}\!\!\!\!>C=C<\!\!\!\!\begin{matrix}H\\ H\end{matrix}$，结构简式为 $CH_2{=}CH_2$，分子中有碳碳双键，键能比碳碳单键大，应该比乙烷更活泼。

（2）乙烯熔沸点较低，无色，稍有气味，密度略小于空气，难溶于水。

（3）乙烯可以与氧气发生氧化反应，与溴、氯气、氢气、氯化氢、水等物质发生加成反应。

（4）工业方面：乙烯是重要的化工原料，可用于生产聚乙烯、橡胶、聚氯乙烯等；也是石油化工中最基本的原料之一。

农业方面：成熟的果实能够释放乙烯，调节果实成熟，雌雄开花，抗病虫害，机械伤害等。果农将乙烯用于水果的催熟。如果要对鲜花保鲜，可以把乙烯反应消耗。

猜想1：乙烯可以与水反应，可以在鲜花上洒水；

猜想2：乙烯可以和氯气反应，但是氯气有毒，不能用于鲜花；

猜想3：可以用酸性高锰酸钾吸收乙烯，将其转化成无害的二氧化碳……

3.3 教师点评，合作探究

同学们回答的4个问题中，有3个存在一些认知漏洞，适合以此为引线，指导接下来的探究，Y 老师针对性点评了同学们的回答。

问题1：乙烯分子中的氢原子数少于乙烷分子中的氢原子数，即碳原子的价键没有全部被氢原子“饱和”，这是乙烯的键能更大的本质原因。

问题3：通过阅读教材，大家总结了乙烯的几类化学反应，但对于加成反应是如何断键、如何反应的，大多数同学不清楚。大家来看老师手中的乙烯分子的球棍模型（见图3），碳碳双键断裂，加成试剂的原子或原子团直接连到碳原子上生成新的化合物，这就是加成反应的原理，待会儿我们会通过动画更直观地感受这一原理。

问题4：对于鲜花保鲜，大家提出了3条猜想，哪条才是可行的解决方案呢？我们可以通过接下来的探究找出答案。

图3　教师展示乙烯分子的球棍模型

3.3.1 氧化反应

探究实验1 用无水乙醇和98%的浓硫酸按体积比1：3混合共热制备乙烯。将乙烯通入酸性高锰酸钾溶液，然后点燃（见图4）。

图4 乙烯化学性质探究实验

教师提出：

（1）请大家描述实验现象，并写出乙烯燃烧的方程式。

（2）为什么甲烷燃烧没有黑烟而乙烯燃烧却有黑烟？能否用此法区别甲烷和乙烯？

（3）能否用酸性$KMnO_4$洗气的方法除去甲烷中混有的乙烯杂质？

观察到明显的实验现象，同学们兴趣高涨，纷纷举手描述自己看到的现象：

（1）加热到170℃时有气泡冒出，酸性高锰酸钾溶液褪色，点燃尾气后火焰明亮，伴有黑烟；$CH_2=CH_2+3O_2\xrightarrow{点燃}2CO_2\uparrow+2H_2O$。

（2）猜想1：乙烯分子中碳的质量分数较大；猜想2：乙烯中有碳碳双键；猜想3：碳元素不完全燃烧……

（3）不可行。虽然通入高锰酸钾溶液除去了乙烯，但反应又产生了二氧化碳气体，有新杂质生成。

师：乙烯分子中的碳的质量分数较大，所以在空气中燃烧时，会有部分碳元素没有燃烧而转化为单质形成黑烟。如果在纯氧中燃烧，黑烟会减少，火焰也会更加明亮。而甲烷燃烧的现象是淡蓝色火焰，故可以通过点燃来鉴别甲烷和乙烯。请大家完成表3的内容。

表3　乙烯的氧化性总结

化学反应	乙烯	甲烷	结论
氧气	燃烧有黑烟	燃烧没有黑烟	乙烯含碳量较高
酸性 $KMnO_4$	紫红色褪去	无明显现象	乙烯能被酸性高锰酸钾氧化，甲烷不能

3.3.2　加成反应

探究实验2　将乙烯通入盛有溴的四氯化碳溶液的试管中，观察现象。

师：从宏观上看，乙烯被溴的四氯化碳溶液吸收，红棕色褪去；微观上则是乙烯分子双键中的一个键断裂，两个溴原子分别加在两个不饱和的碳原子上，生成了无色的1,2-二溴乙烷。乙烯不仅可以和溴发生加成反应，在一定条件下，还可以与氯气、氢气、氯化氢和水等物质反应。

学生写出了下列反应的方程式：

(1) $CH_2=CH_2+Br_2 \longrightarrow BrCH_2CH_2Br$　(2) $CH_2=CH_2+H_2 \xrightarrow[\triangle]{催化剂} CH_3CH_3$

(3) $CH_2=CH_2+HCl \longrightarrow CH_3CH_2Cl$　(4) $CH_2=CH_2+H_2O \xrightarrow[催化剂]{高温、高压} CH_3CH_2OH$

师：第4个反应可以用于工业上制备乙醇，体现了乙烯的广泛用途，除了制“酒”，乙烯还可以合成 PE 聚乙烯塑料袋，应用于生活的方方面面，那么，它是如何反应的呢？

3.3.3　聚合反应

播放聚合反应模拟动画　在适当的温度、压强和催化剂存在的条件下，乙烯分子中碳碳双键的一个化学键断裂，乙烯分子间通过碳原子相互结合形成很长的碳链，“手拉手”生成相对分子质量很大的聚乙烯，其中重复结构单元“$—CH_2—CH_2—$”称为链节，n 表示聚合度，乙烯则是单体。反应方程式为：

$$n\,CH_2=CH_2 \xrightarrow{催化剂} \text{⁅}(CH_2—CH_2)\text{⁆}_n$$

3.4　习题检测，巩固提升

测试1　请大家根据碳碳双键的特点，写出 $CH_2=CHCH_3$ 与 HCl 加成反应的产物。

生：$CH_3CHClCH_3$ 或 $CH_2ClCH_2CH_3$

教师点拨　在烯烃的亲电加成反应中，加成试剂的正性基团将加到含氢较多的碳原子上，这是有机合成中的“马氏规则”，简称“氢亲氢原则”，所以上面这个反应的主要产物是 $CH_3CHClCH_3$。

测试2　根据乙烯加聚反应的方程式，写出 $CH_2=CHCH_3$ 加聚反应方程式，并指出单体、链节和聚合度。

生：$n\,CH_3CH{=}CH_2 \xrightarrow{催化剂} \text{⁅}CH(CH_3)CH_2\text{⁆}_n$

单体：$CH_3CH{=}CH_2$　链节：$CH(CH_3)CH_2$　聚合度：n

测试3　下列过程中发生加成反应的是（　）

A. C_2H_4 使酸性高锰酸钾溶液褪色

B. C_2H_4 使溴的 CCl_4 溶液褪色

C. C_2H_4 在一定条件下生成聚乙烯

D. C_2H_4 和 Cl_2 的混合气体在光照条件下褪色

生：B、C

测试4　下列说法错误的是（　）

A. 乙烯与 Br_2 的加成反应，乙烯使酸性 $KMnO_4$ 溶液褪色，都与分子内的碳碳双键有关

B. 溴的四氯化碳溶液和酸性 $KMnO_4$ 溶液都可以用于鉴别乙烯和乙烷

C. 相同质量的乙烯和甲烷完全燃烧后生成的水的质量相同

D. 乙烯不如乙烷稳定

生：C

测试5　已知某烃类气体在标准状况下的密度为1.25 g/L，将一定量该气体完全燃烧的产物依次通过浓硫酸和足量澄清石灰水，前者增重3.6 g，后者产生20.0 g白色沉淀。求该烃的分子式。（图5）

生：C_2H_4

图5　学生习题测评情况

测试6　请大家重新思考课前提出的问题：如果要延长鲜花的花期，可以怎样

做?

通过整堂课的学习，同学们对于三种猜想有了实际的验证，纷纷积极举手回答，一时间课堂气氛高涨，讨论热烈。

猜想1：乙烯和水的反应条件是高温、高压、催化剂，在一般条件下不能用水来吸收乙烯。

猜想2：氯气有毒，也不适用。

猜想3：稀释的酸性高锰酸钾溶液可以与鲜花释放的乙烯反应，延缓开花时间，还可以杀死细菌。故方案3可行。

课堂小结 通过这堂课的学习，大家对乙烯的结构、性质有了全面的认识，能够选择合适的鲜花保鲜方案，学以致用。乙烯是世界上产量最大的化学产品之一，在国民经济中占有重要地位，是衡量一个国家石油化工发展水平的重要标志。“十四五”期间，国内新增乙烯产能高达3832万吨 / 年，全球新增产能中约64.4%来自中国，说明我国乙烯项目建设速度迅猛。

下节课我们将继续学习烃的分类以及其他的有机高分子材料，请大家提前预习炔烃和芳香烃的性质。

4 教学评价

本节课作为学校的公开课，得到了听课教师的一致好评。根据习题检测情况可知，学生较好地掌握了乙烯的氧化、加成、加聚等反应特点，进一步理解了“结构—性质—用途”的学科观念，较好地完成了教学目标。各位专家点评本节课的亮点在于：

（1）教师列出教学目标和问题，明确揭示本堂课学完之后将取得怎样的学习结果，准确把握了学生的最近发展区，给学生搭建“脚手架”，设置“台阶”，帮助学生调动已有的认知结构，迁移和建构新知识。

（2）学生带着问题自学教材，归纳总结自学成果，教师对回答正确的知识点加以强调复述，对回答错误或不全面的知识点则引导学生回到教材再次思考，加以点拨引导。通过问题串联起新课导入、新知传授、拓展应用等环节，学生有紧张感和学习积极性，提高了学生的学习效率。

（3）采用“导—学—评—测”的流程将整个教学内容串起来，形成了教学、测练、评价的良性闭环。通过习题检测学生对已学知识的掌握情况，通过多层次的习题，培养学生面对陌生情境时提取信息的能力，提升化学观念与学科核心素养。

（4）通过学生自学和师生讨论的方式，以学生为主体，学生观察并记录实验现象，有效参与课堂，能够使学生集中注意力，锻炼其分析问题和解决问题的能力。

（5）运用“导—学—评—测”的流程推动教学进行，用衔接紧密的测试题引导学生思考，使学生的认知产生冲突、新知的探索欲望得到激发，有利于学生对新知识的学习。

各位专家点评本节课还存在一些不足之处。

（1）问题的设置不够简要，难度过大，可能会导致学生无法完成本节课的自学任务，应该从启发思考、增进理解的角度提问。

（2）本节课有乙烯的氧化反应和加成反应两个实验，如果全部采用演示实验的方式，教学时间可能会比较紧张；且所有的实验由教师演示，难以锻炼学生的实验操作能力，在科学探究和创新意识方面的培养有所欠缺。

（3）自学时间过长，学生容易产生疲惫心理，从而降低主动思考的兴趣；典型例题较少，学生学习知识后缺乏巩固，不利于将知识结构化。

将 OBE 教学理念运用到高中化学教学中，建立教师主导、学生主体、评测主线的“导—学—评—测”教学模式。其中，“导”是前提，教师布置任务，明晰目标，驱动自学；“学”是关键，学生进行自主、独立的学习与思考；“评”是保障，教师评价补充，点拨思路；“测”是升华，对知识点进行达标检测，强化重点，突破难点。“导”“学”可以解决传统教育忽视学生主体的弊端，培养学生的自主探究能力，与新课标下化学学科核心素养“科学探究与创新意识”的培养目标一致。“评”“测”充分发挥了教学诊断和发展的功能，实现了教学目标与评价目标的一致性，学习任务与评价任务的一致性。该模式有助于引导学生明确目标、自主学习、解决问题，通过清晰的教学思路、明晰的环节、相对完整的课堂结构完成学习任务。

实践表明，在高中阶段开展基于 OBE 理念的“导—学—评—测”教学模式，不但能使学生学习的主体地位得到充分保障，学习效果得到大幅度提升，同时也催生了教师的教学热情，历练了教师的教研教改能力，强化了师生的目标意识，提高了教师的授课水平，为中学化学教学提供了新的教学模式，值得继续探索、实践和推广。

参考文献

[1] SPADY W G. Outcome-based education: critical issues and answers[M]. Arlington, Va: American Association of School Administrators, 1994.

[2] 许志勤 . 基于自主学习的“乙烯”教学设计及反思 [J]. 化学教与学，2015（6）：59-60，73.

[3] 人民教育出版社，课程教材研究所，化学课程教材研究开发中心 . 普通高中教科书 化学 必修 第二册 [M]. 北京：人民教育出版社，2019.

[4] 普通高中化学课程标准（2017年版）[S]. 北京：人民教育出版社，2018.

案例思考题

（1）请分析“乙烯与有机高分子材料”这一节教学内容的学习产出目标。

（2）Y 老师是如何通过“导—学—评—测”的流程来落实和发展“乙烯与有机高分子材料”这节课承载的学科核心素养的？

（3）基于 OBE 理念的教学有哪些原则？ Y 老师在设计和实施教学时有没有体现这些原则？如果有，在哪些方面有所体现？和常规教学方式相比，Y 老师的教学模式有何新意？

（4）如何确定学习产出目标？确定后进行教学设计时，需要考虑哪些问题？

基于HPS理念与课程思政融合的高中化学微型课教学

——以“盖斯定律”为例

程畅畅[①] 刘万强[②]

摘　要：本文基于化学师范院校的一节教学技能比赛的磨砺过程进行剖析，展示了HPS与课程思政融合的高中化学教学模式，旨在发展学生正确的唯物主义历史观、人生观、价值观及科学素养和人文情怀。以高中化学选择性必修1“盖斯定律”的教学为例，为高中化学微型课教学实践提供一些参考和借鉴。

关键词：高中化学；HPS；盖斯定律；课程思政

背景信息

微型课程（mini-course）于1960年在美国兴起，其显著特点是目标明确、短小精活，具有“校本性”，并且根据学生兴趣或需求设计，形式灵活多样，可用于学科教学，也可用于知识拓展，助力学生对学科兴趣的培养以及能力的提升。微型课程与微课（micro lecture）、微格教学（micro-teaching）不同，微课以观看线上碎片教学视频为主要形式，内容精简，可反复观看，旨在通过具体的教学活动、教学实验、学习任务来攻破重点、难点、疑点以及考点等；而微格教学是小型的课堂教学，学生少、时间短，是利用现代教学理论与现代教育技术手段相结合来培训师范生提高教学技能和整体素质的活动。

得知学院即将举办微型课教学技能比赛，C老师非常紧张，在最开始的准备阶段甚至连微型课是什么都不清楚，泛泛认为微型课就是把45分钟的课堂浓缩在10分钟内，或者节选10分钟的内容进行片段教学。在请教了指导老师L后，C老

① 程畅畅，女，湖南衡阳人，湖南科技大学化学化工学院在读硕士研究生。
② 刘万强，男，陕西宝鸡人，湖南科技大学化学化工学院教授。

师重新给同学们解释了微型课、微课、说课之间的区别与联系。搞清楚了本次比赛的“舞台”，C 老师便开始准备自己要唱的“戏曲”。首先，C 老师对自身进行了反思：

“我的优势在于语音面貌较好，有一定的教学经验，掌控课堂氛围的能力较强；缺点在于缺乏思想创新的主动性，教学设计按部就班，缺乏亮点。这次比赛对我来说机会难得，我要做好充足的准备，在教学理念上进行新的尝试。”

在读研期间的文献阅读中，C 老师接触到了 HPS 教学理念。HPS 是科学史（history of science）、科学哲学（philosophy of science）和科学社会学（sociology of science）的简称。在教学中，通过引入科学史，学生能了解科学发展历程及其规律，培养科学精神；通过科学哲学的渗透，培养学生的思辨能力和辩证唯物主义观；通过科学社会学的融合，引导学生从社会学的角度感悟科学对人类社会进步的价值，培养学生的人文精神。因此，HPS 教学模式自20世纪90年代由英国教育家孟克和奥斯本提出以来，受到广泛关注，并越来越多地应用于教学设计中。

课程思政旨在落实立德树人的根本任务，将价值塑造、知识传授和能力培养三者融为一体，构建“显性教育”与“隐性教育”相结合的课程内容体系，力图挖掘专业课的思想政治教育资源与价值。科学史、科学哲学、科学社会学中不仅记录了历史长河中人类通过科学研究认识和改造世界的过程，还凝练了一代代科学家为发现真理而不懈努力的科学精神和人文情怀，蕴含着丰富的思政素材。这些丰富有趣、生动鲜活且符合高中生心理认知的隐性思政素材，能让学生深入了解化学学科的发展历史，培养学生探索未知、追求真理的科学精神，还可以提高学生的批判思维能力和科学素养，树立正确的人生观和价值观，厚植爱国主义情怀，坚定制度自信和道路自信，树立爱国志，实践报国行。因此，HPS 教学模式与课程思政的深度融合能够很好地实现立德树人的教育目标 [1]。

本案例主要介绍笔者基于 HPS 理念与课程思政融合的高中化学教学设计及实践，通过案例的来龙去脉，为化学师范生进行微型课教学提供一些借鉴。

案例正文

1 课前准备

为厘清教学思路，合理定位教学目标，C 老师对本节课的教学内容和教学现状进行了仔细分析，旨在梳理教材内容，把握重难点，合理进行教学设计，适应学生知识建构的逻辑顺序，使学生更好地达成本节课的教学目标。

1.1 确立教学主题内容

C老师过去进行了“盖斯定律”“乙烯”两个课题的教学研究。由于是比赛课，C老师希望能选一个有代表性且有利于进行公开教学的内容，通过对教学主题内容的分析，C老师说道：

“乙烯”选自人教版高中化学教材必修第二册第七章第二节，是学生学习加成反应、加聚反应、不饱和烃等内容的基础知识。作为石油化工的重要基本原料，我们可以由乙烯得到多种烃的衍生物及高分子材料，在工农业生产、日常生活、能源、药物等方面都占有重要地位；同时，乙烯也是较简单的含有官能团的有机物。通过对乙烯的学习，学生可以更深入地了解有机物的结构、性质、用途及相互转化规律，并将初步接触决定有机物分类与化学性质的官能团。基于此，本节教材内容的脉络是从物理性质、分子结构、化学性质和用途这几个方面介绍乙烯，给出在中学阶段认识有机物的一般流程，建立结构决定性质的认知模型。

在此之前，学生们已经学习了甲烷，本节内容是学生在系统学习了烷烃之后，已初步了解有机化学学习方法后认识的新物质，涉及重要的有机反应类型——加成反应、加聚反应。教学内容容量较大，不利于单独拆分。

而“盖斯定律”（Hess’s law）选自人教版《普通高中教科书 化学 选择性必修1 化学反应原理》[2]的第一章第二节。其核心内容可以表述为：若一个反应为两个反应式的代数和时，其反应热为这两个反应热的代数和。也可表达为在条件不变的情况下，化学反应的反应热只与反应体系的始态和终态有关，而与反应途径无关。它是由俄国化学家盖斯（Germain Henri Hess）通过大量的实验于1836年提出的，因而被称为“盖斯定律”。盖斯定律是热力学第一定律（能量守恒定律，19世纪50年代提出）的先验定律，常用于当一个反应的反应热不便测定时，可以通过设计分步反应并加和得到该反应的反应热。

通过本节课的学习，学生能够进一步认识物质发生化学反应伴随的热效应，并从定量的角度利用盖斯定律计算反应热。作为高中的重要知识点，课程标准要求学生能够正确理解盖斯定律，运用盖斯定律计算反应热、比较反应热与物质的稳定性等。

盖斯定律是学生在学习了反应热和焓变、热化学方程式的书写后学习的一条实用性规则，本节课的理论是对已学知识的应用和巩固，具有承上启下的作用。

因此，相较于乙烯，盖斯定律的教学内容更简洁，适合进行10分钟左右的片段教学，且能够密切联系生产生活实践，凸显理论性知识的概念形成策略，与C老师的“微型课”教学实际更加符合。

1.2 学情分析

关于盖斯定律，很多教师的教学重点落在引导学生利用盖斯定律进行反应热的计算上，往往忽略对盖斯定律本质的探究，通过查阅盖斯定律这一节课的教研论文和学情分析，C老师总结出以下几点。

（1）已有基础：有能量和能量转化的感性经验，通过实验感受了反应热；了解物质发生反应产生能量变化与物质质量的关系；知道燃烧热的概念。

（2）存在问题：学生只是记住盖斯定律的结论并直接用于解题，没有切身的体验，对该原理的理解停留在表面；学生缺乏实验设计、数据处理、实验观察和测量相结合的训练，难以建立反应热与化学变化之间的深层联系。本节的教学旨在使化学理论性知识的教学更加生动有趣的同时，引导学生积极主动地参与科学探究，发展其科学态度和社会责任的学科核心素养。

（3）能力发展：通过化学史，感悟科学家研究反应热的思维方法和研究方法；初步学会寻找证据进行推理、构建模型认知的能力；培养学生理论联系实际的能力，构建科学本质观，发展“证据推理与模型认知”“科学精神与社会责任”的学科核心素养。

为解决上述问题，一些学者也对盖斯定律的教学设计进行了优化。例如：滕明俊将测定反应热实验和盖斯定律进行融合，通过“测定氢氧化钠与盐酸中和反应的反应热”的实验，引导学生对盖斯定律进行论证[3]；陈秀娟通过化学模型、能量模型、生活模型循序渐进地构建盖斯定律的本质内涵与实际应用[4]；杨琼、李雄凡通过化学史引出科学家研究问题的一般方法和过程，并渗透STEM教育理念[5]。

C老师最终确定本节课的教学思想与创新点为HPS与课程思政融合的教学模式，旨在使化学理论性知识的教学更加生动有趣的同时，引导学生积极主动地参与科学探究，发展其科学态度和社会责任的学科核心素养。根据课程标准和相关理念[6]，确定本节课的教学目标为：

（1）通过探究学习与交流，能用盖斯定律计算反应热以及解决生产生活中的实际问题。

（2）通过物理、数学和生活模型类比盖斯定律的本质；培养证据推理与模型认知的学科核心素养。

（3）通过盖斯定律的拓展应用，培养学生节约资源的环保意识，渗透科学态度与社会责任。

（4）从历史发展过程感悟盖斯定律，体会科学家认真严谨的求索精神，完善能量守恒，逐步构建科学本质观。

2 基于HPS理念与课程思政融合的教学模式

经过反复查阅资料和多次修改，C老师最终确定了如下教学模式并设计了教学流程图（表1）。

表1 HPS教学模式实践过程

环节	设计意图
创设情境，引入新课	教师通过讲述化学史、科学小趣闻和演示科学实验等方式，创设学习情境，引入新课，激发和促进学生的学习兴趣
提出问题，探究学习	教师提出有意义的问题，引导学生提出不同假设，各抒己见；学生收集相关证据，进行相关推演，进行探究式学习
形成概念，得出结论	教师引导学生对探究结果加以分析整理，最终得出结论，形成科学观念；实现原有错误观念向科学观念的转变，认识到实践是检验真理的唯一标准
走近历史，感悟科学	教师提供丰富的历史素材，体验科学家进行科学探究的发展历程，感悟其不怕困难、不惧权威、不慕名利的求索精神，为学生提供真实有效的情境和良好的榜样示范
拓展应用，发散思维	通过思考所学知识在生产生活中的应用，拓宽科学视野，培养学生运用化学知识解决实际问题的能力，提高学生的创新精神和思辨意识
总结分享，升华主题	通过对科学探究过程进行总结升华，帮助学生感悟科学本质，体会科学精神与社会责任；将化学的概念、原理升华到人生哲理，落实立德树人的思政目标

3 教学过程

3.1 创设情境，引入新课

对于反应热的计算，同学们的感受总是不够直观，只看到冰冷的数值，难以真正理解化学反应的“吸放热”，于是C老师决定通过一个直观的视频引入新课，帮助同学们感受生活中的反应热，激发学生的学习兴趣。

播放视频 向火炉中洒水会让火燃烧得更旺。

提问 向火炉中加水，是否会放出更多热量呢？请大家画出在加水和不加水两种情况下反应变化的示意图。

3.2 提出问题，探究学习

提出难度较大的问题后，同学们有些一筹莫展，C老师继续启发思考，引导学生计算在加水和不加水两种情况下反应热的差异。

构建模型 碳和水反应，生成一氧化碳和氢气。碳直接与氧气反应，生成二氧化碳。观察两种途径下实际的反应物和产物（图1），你发现了什么？

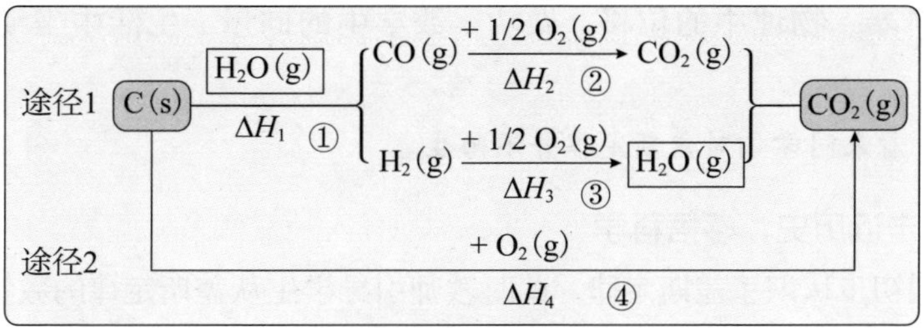

图1 反应示意图

生：第①②③步反应相加，与第④步反应是等效的，最终产物都是二氧化碳。

师：假设一个反应体系始态为s，终态为l，如果从s到l的反应放热，$\Delta H_1=-a$ kJ/mol，从l到s的反应热ΔH_2是多少呢？两者有什么关系？

生：$\Delta H_2=a$ kJ/mol，$\Delta H_1+\Delta H_2=0$，吸热和放热的大小一样。

师：这两种途径在能量变化上是否也一样呢？请同学们分成两组，通过查阅教材中附录1燃烧热的数据，写出四个反应的热化学方程式。

同学们合理地分配任务，兴致很高。他们查阅书中数据，讨论交流结果，通过计算、推演发现规律，培养了实证意识。

（1）$C(s)+H_2O(g)=\!=\!=CO(g)+H_2(g)$　　$\Delta H_1=+131.3$ kJ/mol

（2）$CO(g)+1/2O_2(g)=\!=\!=CO_2(g)$　　$\Delta H_2=-283.0$ kJ/mol

（3）$H_2(g)+1/2O_2(g)=\!=\!=H_2O(g)$　　$\Delta H_3=-241.8$ kJ/mol

（4）$C(s)+O_2(g)=\!=\!=CO_2(g)$　　$\Delta H_4=-393.5$ kJ/mol

师：请同学们观察，这四个反应在热数值上有什么关系？

生：前三个反应的反应热相加等于第四个，即$\Delta H_1+\Delta H_2+\Delta H_3=\Delta H_4$。

概念形成 换句话说，反应物和生成物一定，ΔH就确定，而与反应途径无关。回到之前的问题，碳和水反应生成一氧化碳和氢气，可燃性气体继续与氧气反应，所以燃烧得更旺了。但是整个过程中反应热却是相等的，因此并没有放出“更多”

的热量。

3.3 形成概念，得出结论

通过讨论，学生已经初步得出了自己的解释。教师此时将不同的结论术语化，帮助学生形成科学的概念，同时理解盖斯定律的本质。

师：通过刚才的探究，我们得出一条规律——ΔH只与反应体系的始态和终态有关，与反应途径无关。生活中还有哪些量与反应热类似，和途径无关呢？

头脑风暴 物理中的位移、做功；数学中的向量；生活中坐缆车或徒步登山……

教师：看来同学们对盖斯定律并不陌生。

3.4 走近历史，感悟科学

同学们初步认识了盖斯定律，此时教师引导学生从盖斯定律的数学模型、生活模型过渡到历史上科学家发现盖斯定律的历程，理解科学是如何成为今天的样子的，加深对概念的理解。

师：化学给人以知识，化学史给人以智慧。让我们一起穿越时空，古今对话，走进科学家的实验室。

学生观看微课——与科学家拉瓦锡和拉普拉斯、盖斯对话。

旁白：我们来到了18世纪法国化学家拉瓦锡的实验室。

拉瓦锡：我叫拉瓦锡，我和拉普拉斯率先测定了化学反应热。我们设计了一个简单的冰量热计，以被融化的冰的质量来计算反应热。我们不认同当时的燃素说，倾向于热质说，将“热”当成一种元素。

旁白：拉瓦锡和拉普拉斯两位科学家是化学反应热研究的先驱，因受到热质说的限制，他们的研究中断了五十多年。对反应热的研究做出重大贡献的是俄国化学家盖斯。

盖斯：1830年，我改进了拉瓦锡和拉普拉斯的冰量热计，较为准确地测出了大量化学反应的反应热。通过多次实验，我发现硫酸形成的不同水合物，无论是一步进行还是分步进行，热效应总值总是相同的。1840年，我将这一重大发现公之于众，这就是盖斯定律的由来。

师：通过学习盖斯定律的科学史，同学们有什么感悟？

生：科学家盖斯不惧权威，敢于质疑，勇于创新，他的科研精神值得我们学习。

3.5 拓展应用，发散思维

通过上述环节，基础概念的教学告一段落，教师设计了两个测试性活动，锻炼学生运用化学知识解决生活中的实际问题。

活动1

播放视频 家用天然气灶出现黄色火焰，工人师傅调节燃气灶风门。为什么？

生：使更多的空气接触燃气，避免不完全燃烧。

师：天然气不完全燃烧放出的热量是多少呢？我们用盖斯定律一起解决这个问题。

已知：

（1）$CH_4(g)+2O_2(g)=\!=\!=CO_2(g)+2H_2O(l)$ $\Delta H_1=-890\ kJ/mol$

（2）$CO(g)+1/2O_2(g)=\!=\!=CO_2(g)$ $\Delta H_2=-283\ kJ/mol$

（3）$CH_4(g)+3/2O_2(g)=\!=\!=CO(g)+2H_2O(l)$ $\Delta H_3=$ ？

生：$\Delta H_3=\!=\Delta H_1-\Delta H_2=-607\ kJ/mol$

师：通过计算，我们发现，燃料不完全燃烧，放出的热量会大大减少，还有一氧化碳中毒的危险。当家中天然气灶出现黄色火焰时，调节风门可以使更多的空气与燃气接触，避免反应热的浪费。请大家思考：为什么近年来天然气逐渐取代了煤炭？你能从运输、环保、能源利用等方面解释原因吗？

生：燃气方便运输，减少成本；燃烧更充分，能源利用率更高；煤炭中含有硫，燃烧会生成有污染的二氧化硫……

同学们经过热烈讨论，对盖斯定律的认识更加“接地气”了，通过盖斯定律计算天然气不完全燃烧的反应热，切实感受到了节约能源的重要性，教师趁热打铁，拿出准备好的第二个应用情境。

活动2

师：根据盖斯定律计算硫酸工业产生的反应热，解决“废热”利用问题。合作探究：在硫酸工业生产中，一般生产1 t硫酸大约需要消耗100 kW•h的电能，硫酸工业中三个化学反应如下，观察三个热化学方程式，是否能计算出生产1 mol硫酸放出的热量？

① $S(s)+O_2(g)=\!=\!=SO_2(g)$ $\Delta H_1=-298\ kJ/mol$

② $SO_2(g)+1/2O_2(g)=\!=\!=SO_3(g)$ $\Delta H_2=-98\ kJ/mol$

③ $SO_3(g)+H_2O(l)=\!=\!=H_2SO_4(l)$ $\Delta H_3=-130\ kJ/mol$

生：生产1 mol硫酸放出526 kJ的热量。

师：据测算，生产1 t硫酸放出的能量相当于200 kW•h的电能，这对我们有什么启示？

生：我们要合理利用工厂的废热，比如可以用来加热水送到周边的酒店和学校；也要增大能源利用率，尽量使用热值高或洁净的新能源。

3.6 总结分享，升华主题

经过思考与讨论，同学们对盖斯定律的认识得到了升华，教师适时做好课的收尾工作，对盖斯定律进行哲学思考，体会“脚踏实地，不问归期”的拼搏精神，总结升华主题。

师：利用硫酸厂的“废热”，不但可以为硫酸厂自行提供能量，还可以向外界输出大量的能量，降低生产成本。至此，我们跟随科学家的脚步发现了盖斯定律，它不但可以解决科学研究中那些难以发生、进行缓慢、难以测量的反应产生的反应热，还能在生活生产中解决燃料燃烧、反应条件控制以及“废热”的利用等问题。盖斯定律的理论计算，让反应热物尽其用，让节能意识深入我心，让我们为国家的碳达峰、碳中和添砖加瓦！

通过盖斯定律的学习，老师还想分享一个道理，正所谓“条条大路通罗马”，做成一件事的方法不止一种，人生的道路也不止一条等着我们发现，当我们遇到困难时，只要扬起信念的风帆，脚踏实地，不问归期，不论多远，一定能到达成功的彼岸。

4 教学反思

第二次磨课时，C老师“添枝接叶”增加了好几个问题：为什么近年来液化石油气逐渐取代了煤炭？家中的天然气灶出现黄色火焰，调节风门的作用是什么？在短短10分钟内加入过多元素，导致教学节奏没有把握好，结果适得其反。C老师本意是想加入更多节能环保情境，形成问题链，恨不得把自己的所看、所学全部加入教学中。但由于10分钟课程时间非常紧凑，内容无法全面施展，反倒没有讲清楚主要内容，显得“舍本逐末”。因此，在10分钟微型课的教学中，不能“灌输”情境，而应循序渐进、耐心引导，合理安排各环节的时间。只要讲好一个故事，围绕一条情境线索，把知识讲透彻，就能起到很好的效果。

在HPS理念和思政素材的选择上，存在以下几点反思：是否是真实的历史事件？是否有助于深化概念的理解，具有可发展性？是否有利于化学学科核心素养的提高？是否与学生的认知发展水平相匹配等。

“师者，所以传道、授业、解惑也“。在化学课程教学中也要重视“培养人”的过程，对学生进行价值引领，传递科学精神。在本节课中，教师可以通过介绍历史上盖斯定律的发现过程以及盖斯的历史贡献，培养学生的科学思维和勇于探索的科学精神，从而引导学生树立科技报国的志向，充分发挥高中化学立德树人的功能。

“盖斯定律”一课不仅传授给学生热化学的基本知识与技能，还体现了科学家严谨的科学态度、百折不挠探索精神和节能减排的环保观念。正如我国著名物理化学家傅鹰先生所言：“化学给人以知识，化学史给人以智慧。”基于HPS的高中化学课程思政将两者的优点相结合，使知识教育与思政教育同向同行，注重对学生“知”“情”“意”“行”的培养，既达到了育才目的，又达到了育人目的，有利于培养学生正确的人生观、价值观及科学素养和人文情怀。总之，HPS理念与课程思政融合的教学模式对培养高中生的科学素养具有显著效果，可以为高中化学课程教学提供一些参考和借鉴。

5 结语

科学史、科学哲学、科学社会学中蕴藏着丰富的思政元素，它们不仅记录了历史长河中人类通过科学研究认识和改造世界的过程，还凝练了一代代科学家们为发现真理而不懈努力的榜样精神。本案例中包含真实的生活情境，丰富有趣、生动鲜活且符合高中生心理认知，能让学生深入了解盖斯定律的发展历史，培养学生严谨求实的科学精神，还可以提高学生的批判性思维能力和科学素养。因此，HPS与课程思政理念的高效融合能够很好地实现本节课的教育目标。

本案例通过两个燃料燃烧的情境，形成节能环保情境的问题串，增强了主题教学的趣味性，分散了盖斯定律的计算难度，突破了教学重难点。课堂一开始，教师便提出有意义的问题，引导学生提出不同的假设，各抒己见；学生收集相关证据，进行相关推演。教师引导学生对探究结果加以分析整理，最终得出结论，帮助学生形成科学观念，完成探究式学习，从而实现原有错误观念向科学观念的转变，认识到实践是检验真理的唯一标准。课堂中间，教师提供丰富的历史素材，带领学生体验科学家进行科学探究的发展历程，感悟其不怕困难、不惧权威、不慕名利的求索精神，为学生提供真实有效的情境和良好的榜样示范。课堂最后，学生在构建模型理解盖斯定律的基础上，建立了科学概念——盖斯定律，并将科学概念迁移，通过数学计算来解决生活、化工生产中的问题，将科学、技术、数学充分运用于工程生产中，提升了学生的科学素养，构建了化学价值观。通过对科学探究过程进行总结升华，帮助学生感悟科学本质，体会科学精神与社会责任，将化学的概念原理升华到人生哲理，落实了立德树人的思政目标。

通过案例解读与分析，笔者提炼出了基于 HPS 理念的化学教学策略：①发现问题—建立模型—科学观点与证实—化学史学习—生产生活应用—总结与升华；②类比法——类比生活中的实例理解盖斯定律；③推理法——从能量守恒角度论证盖斯定律；④模型认知策略——为高中化学教学提供新的教学模式。

微型课虽小，但"形散而神不散"。有以下几点注意事项。

（1）要注重导入环节，不要在导入环节花费过多时间，但不管采用哪种方法，都要与课堂教学内容紧密关联，并力求做到新颖独到、引人注目。

（2）要注重讲授线索。尽管所有的课都要求讲授线索清晰醒目，但在微型课的讲授中，更要求尽可能只有一条线索。在这一条线索上突出重点内容，显露内容的主干，剪掉可有可无的侧枝旁叶。为了讲授重点内容，往往需要罗列论据，在选择论据时要做充分的考虑，要力求论据充分、准确和精简，不会造成新的歧义。

（3）收尾要适时。一节课的小结是必不可少的，它是对所学知识的归纳、补充和强调，能使讲授内容进一步突出。好的总结往往给一节优质课起到画龙点睛的作用。在微型课的小结中，因为前面重点内容的讲授占用了较多的时间，此处要求必须干脆利落。

（4）要心中有学生。很多教学比赛或教师招聘的现场属于无生试讲，但执教者心中不能没有学生。微型课的具体教学过程和常规教学是一样的，也是教师在课堂上展示课堂教学的整个过程。该有的点拨、指导和评价，这些"过场"都要一一呈现。 执教者要在备课时进行学情分析，了解学生现有的发展水平，并提前设想学生群体可能发生的状况，做到"场上无学生，心中有学生"。

（5）要合理设计板书。微型课时间有限，但无论常规教学还是微型课，板书都是必需的。板书太多，既费时，又显累赘；板书太少，虽省时，但也许会导致表意不清，难以取得预期效果。好的板书不仅可以帮助学生归纳总结知识，还可以给学生美的享受。

（6）教师语言要准确生动，简明扼要。语言准确简明是教学基本功的一个重要方面，在微型课中由于受时间限制，语言准确简明显得尤为重要。在备课的过程中，结合要讲述的内容，将自己要说的话语，要采用的表达方式、手势、表情，以及关键字、关键词等提前设计、演练到看不出"表演痕迹"，这也是很有必要的。

本次微型课比赛中较为成功的课题还有“卤族元素的性质变化规律”“乙醇与钠的反应”“氢氧燃料电池”“制备稳定漂白剂的工艺”“离子反应”“烷烃的化学性质”等，均取得了不错的教学效果。总的来说，微型课的课题不应拘泥于教材的编排和逻辑顺序，可以打破知识间的壁垒，将学生的已有知识融会贯通，既可以围绕着中心问题设置项目式教学活动，也可以围绕着教材上的一句话进行深度解读，通过小而精的微型课增进学科理解，达成核心素养的培育目标。

参考文献

[1] 陶亚奇，朱映光，李国华 .HPS 模式在农业大学物理化学课程思政教学中的实践 [J]. 大学化学，2021，36（3）：229-233.

[2] 人民教育出版社，课程教材研究所，化学课程教材研究开发中心 . 普通高中教科书　化学　选择性必修1[M]. 北京：人民教育出版社，2019.

[3] 滕明俊 . 基于4MAT 模式以“核心问题”为驱动的深度学习设计：以“盖斯定律”为例 [J]. 中学化学，2021（10）：4-7.

[4] 陈秀娟 . 基于发展高中生化学学科核心素养的教学：以“盖斯定律”为例 [J]. 化学教育（中英文），2019，40（19）：18-21.

[5] 杨琼，李雄凡 . 基于化学学科核心素养的“盖斯定律”教学 [J]. 中学化学教学参考，2018（17）：13-15.

[6] 普通高中化学课程标准（2017年版）[S]. 北京：人民教育出版社，2018.

案例思考题

（1）请分析“盖斯定律”这一节教学内容中的 HPS 理念素材。

（2）基于 HPS 理念的教学有哪些原则？ C 老师在设计和实施教学时有没有体现这些原则？如果有，在哪些方面有所体现？和常规教学方式相比，C 老师的教学模式有何新意？

（3）如何选取 HPS 理念素材？将其融入教学设计时，需要考虑哪些问题？

（4）一节微型课的设计有哪些注意事项？如何选取合适的课题进行片段教学？

问题情境式教学在化学课堂上的应用

——以 W 老师对氯气的教学为例

蔡　晴[①]　黄昊文[②]

摘　要：“学起于思，思起于疑”，真实、具体的问题情境为学生化学学科核心素养提供了真实的表现机会。在课堂上创设一定的问题情境，将知识从整体进行糅合以大单元的形式进行设计，能充分体现学生的主体地位，激发学生探索的激情，让学生真正认识到知识的价值。本案例中，W 老师以84消毒水能够用来杀菌消毒，其主要成分是次氯酸钠，自来水厂用氯气来杀菌应用于教学情境中，由生活引发的问题情境驱动课堂，生成系列探究问题，利用实验探索“氯及其化合物”的性质。本教学设计旨在创设真实教学情境，使学生从一个生活化的、完整的、真实的、复杂但又符合学生最近发展区的问题开始，“一‘境’到底”；以“消毒水一探究竟—消毒水原料氯气的认识—消毒原理的探究—消毒水的制备—消毒水原料氯气的来源”的过程，帮助学生形成对知识的理解以及形成研究非金属元素的一般思路。

关键词：高中化学教学；情境式教学；氯气

背景信息

《普通高中化学课程标准（2017年版）》中，倡导真实问题情境的创设，开展以化学实验为主的多种探究活动，重视教学内容的结构化设计，激发学生学习化学的兴趣，促进学生学习方式的转变，培养他们的创新精神和实践能力[1]。真实、具体的问题情境是学生化学学科核心素养形成和发展的重要平台，为学生化学学科核心素养形成和发展提供了真实的表现机会。因此，教师在教学中应重视创设真实且富有价值的问题情境，促进学生化学学科核心素养的形成和发展[1]。以情境为背景的化学教学设计正在不断地被运用。我们的生活经验、化学现象、化学

① 蔡晴，女，湖南衡阳人，湖南科技大学化学化工学院在读硕士研究生。

② 黄昊文，男，湖南邵阳人，湖南科技大学化学化工学院教授。

实验、化学史实、社会事件、化学问题等均可作为化学教学设计中的背景信息。

什么是问题[2]？问题是指给定信息和目标之间有某些障碍需要被克服的刺激情境，是困难、障碍在特定主题头脑中的反映。简单来说，问题是我们不会的，不会的就是问题。问题的构成要素：（1）给定状态（信息），也称为初始条件、已知条件。（2）目标状态，即想要得到的最终状态或问题解决后的状态，也就是通常所说的求出内容、解答出内容或完成某个内容。（3）障碍，即给定状态和目标状态之间的距离。（4）转化目标状态的策略和方法。

什么是情境（此处专指教学情境）？情境是指教师在教学过程中创设的情感氛围。“境”是教学环境，它既包括学生所处的物理环境，如学校的各种硬件设施，也包括学校的各种软件设施，如教室的陈设与布置，学校的卫生、绿化，以及教师的技能技巧和责任心等。情境不仅仅是学习的工具和手段，情境本身就是学习的一部分。

情境学习旨在为学生提供一个相对真实而又丰富的学习场域，建立学科世界与学生生活世界的实质关联，将学生的学习置于一个更为复杂的、多元的、具有互动性的实践情境和问题情境中，以实践参与为价值追求，经历真实的思维活动和情感体验，建立学科世界与学生生活世界的实质关联，获得对客观事物的深度理解和自身高阶发展，从而实现“知识与知识、知识与行动、知识与事物、知识与自我”相融合的一种学习方式[3]。化学问题来源于真实的情境，知识结论应来源于实际问题任务[4]。

以问题为主题的“一‘境’到底”主题式情境教学模式是指以一个真实的化学情境为背景统领一节课的教学，所有的问题探讨都围绕该主题进行，最终使学生获得化学核心知识、发展化学学科核心素养[5]。

本案例来源于一所国家级示范性高中的课堂教学实录，选取它作为案例，主要原因是在疫情暴发的情况下，消毒水几乎成为家庭“必需物”，以及自来水厂常用氯气来杀菌，大部分学生对此都有基本的了解，并且学生通过知识的查阅可以发现氯的许多化合物也是高效的灭菌消毒剂，由此引出本节课的主题——氯及其化合物，学生在之前的学习中并未接触过氯，只是接触了很多氯酸盐。由84消毒水和自来水厂用氯气杀菌作为问题情境，引出本节课内容的学习，紧跟实际情况，根据现实中的实际问题为背景，通过学生学习完此次课程的内容，学生能知道甚至能够独立动手解决现实中的问题，而不仅仅是停留在课本上。

案例正文

案例中的 W 老师是一位从教不到5年的老师，硕士研究生学历毕业。在读书期间，曾先后几次在各级各类的教学竞赛中获奖，毕业以来，也多次参与多种比赛，并获得十分耀眼的成绩。已承担过一轮高中化学学科的循环教学工作，在上一届所教班级中，学生化学成绩突出。他曾被学生问过一个问题："老师，未来我也不会从事化学行业，那化学学了有什么用？"这个问题一直萦绕在 W 老师的耳边。

又是一年新生到来时，W 老师接手了三个班级的高一化学教学任务。经过一轮高中化学学科教学，W 老师的教学经验也逐渐丰富起来，但 W 老师一直在反思自己，是什么原因造成学生会有上面的疑问？ W 老师一直在冥思苦想。恰逢高一年级让 W 老师准备一节示范课，W 老师希望这节课能让更多的学生和老师（不局限于化学老师）了解化学，逐渐明白化学科学发展的目标是认识、改造和保护世界。

1 课前准备

接到授课任务后，W 老师既兴奋又有些紧张，兴奋的是又多了一次参与公开教学和提升自我能力的机会，同时也明确了自己在这次课堂的一个主要目的；紧张的是面对这么多教学经验丰富并取得不少成就的老师，自己能上好这节课吗？能让更多的人了解化学吗？ W 老师内心压力巨大，却又信心满满，十分兴奋。

为了上好此次示范课，W 老师做了如下几方面的准备。

1.1 确立教学内容

W 老师本学期担任普通高中教科书化学必修一的教学工作。学生刚入校一个月，正对高中生活充满激情，同时也希望在高中的各科学习中大展身手。因此，W 老师希望在这堂课中，能够让更多的学生喜欢上这门课，让学生了解化学对人们日常生活的影响。正值 W 老师所教班级的学生学到了第二章"海水中的重要元素——钠和氯"的第二节"氯及其化合物"，氯元素是高中化学无机元素化合物中的一部分，这节课主要学习其单质以及重要化合物的物理性质、化学性质（氧化性、还原性等）以及化合物类别通性。教材中氯及其化合物的有关内容是从氯气的用途到氯气的性质，再到氯气的实验室制法，最后是氯离子的检验。鉴于一堂课的时间是45分钟，以及通过本节课想要传达的思想，W 老师决定先对"氯及其化合物”这节内容进行分析，设计整节课内容，再从中选取部分知识点在示范课中进行讲解。

1.2 分析教材

教材中氯及其化合物选自人教版高中化学教材必修第一册第二章第二节，从教材内容体系中看，氯及其化合物中的内容分为三部分：氯气的性质、氯气的实验室制法、氯离子的检验。氯气的性质包括物理性质和化学性质，氯气性质的学习除了部分知识点需要学生记忆外，更多的是希望学生能够掌握通过氯原子的结构示意图预测氯原子具备的性质，甚至是学生能够归纳总结出研究单质的方法。氯气的实验室制法实际上就是多学习一种气体的实验室制法，在初中阶段，学生已经学习了氧气、二氧化碳气体的制备，这两种气体均为空气中的成分。气体制备方法简单，主要分为发生装置和收集装置，但氯气作为一种有毒气体，需要尾气处理装置，因此在学生原有制备气体模型的基础上进行了拓展和延伸。氯离子的检验在工业生产上经常被运用，知识不仅要会学，更要会用，如水质检验员对自来水厂出产的水进行检验，让学生具体知道学习化学知识的用途，增强学生具备知识的自豪感，感受到化学无处不在。

1.3 确定教学目标

《普通高中化学课程标准（2017年版）》中对氯及其化合物的内容要求有[1]：认识氯元素可以组成不同种类的物质，根据物质的组成和性质可以对物质进行分类；认识氯元素在物质中可以具有不同价态，可通过氧化还原反应实现含有不同价态同种元素的物质的相互转化，结合真实情境中的应用实例或通过实验探究，了解氯及其重要化合物的主要性质，认识这些物质在生产中的应用和对生态环境的影响。W老师结合学生对相关知识的了解，班级学生特点，以及对课标、教材等内容的了解和选择，确定如下的教学目标。

（1）通过让学生对氯气性质进行预测，掌握氯气与变价金属反应的特点以及氯气溶于水的变化过程。

（2）结合84消毒水和自来水厂用氯气杀菌消毒的实例，预测并解释氯气、次氯酸盐的化学性质，并能用方程式正确表达出来。

（3）通过含氯元素物质间的转化的学习，引导学生建构不同价态物质间的转化关系，形成非金属及其化合物的研究思路和方法。

W老师希望通过这节课的学习，学生们能够逐渐了解化学在人们日常生活中的作用，能够发现生活中的化学，从生活中认识化学学科的核心价值，并逐渐爱上化学学科。化学来源于生活，但又高于生活，关注日常生活中的化学，注重日常生活中的化学现象，帮助学生形成化学意识不仅仅是简单的课本知识，更多的是能够对化学知识进行理解与应用的意识。

1.4 接踵而至的问题

W 老师确定教学内容后，选定了以消毒水作为贯穿整个课堂的线索，虽然本次示范课只有45分钟的时间，在“氯及其化合物”的内容中取舍出45分钟的知识点是比较简单的，可是后面 W 老师还要继续给学生讲完剩下的内容，如果仅仅只关注了这节示范课中的内容，只为了在示范课中表现突出，W 老师觉得这种做法会不利于学生的学习，应该将氯及其化合物的知识点能够有逻辑地进行串联。W 老师一直在思考：如何选取出这节示范课的内容并且能将“氯及其化合物”这一节知识点都贯穿起来呢?

最开始，W 老师想的办法是挖掘与教学内容相关的教学素材。W 老师通过仔细阅读教材上的内容，发现可以站在巨人的肩膀上，即按照从舍勒首次发现氯气，并探究氯气的物理性质，到吕萨克用氯气制得盐酸，进而开始探究氯气与单质反应的化学性质，再到贝托雷证实氯水有漂白作用，进而探究氯气与水反应的化学性质，最后到台耐特用氯气制得漂白粉，探究了氯气与氢氧化钙反应的化学性质。W 老师按照化学史的进程，稍微调整了下顺序，发现这个思路很不错，可是，W 老师开始反问自己，学生对于这种教学方法是否会喜欢呢? 还有没有更好的素材，能够让这节课更加生动呢?

后来，W 老师通过仔细研读课标，发现可以在课堂导入中给学生展示一段氯气泄漏的新闻，询问学生：假如你是科学家，你会如何处理此次泄漏，把危害降低到最小? 学生在没有学习这节课之前，对氯气这种气体是比较陌生的，更不用说如何解决此次泄漏，对一些学生来说，会激发他们的好奇心、求知欲，想要知道如何解决这个问题。但也有部分学生会想，又不是我们这里泄漏，我又不是科学家，我能怎么办? 这样反而击退了部分学生对本节课的学习热情，不佳的第一印象在学生头脑中“先入为主”：氯气、毒气、死亡。造成的后果就是学生“谈氯色变”，还没接触氯气，就条件反射用袖口捂住了鼻子，尽可能“避而远之”。而且氯气泄漏会让学生产生一种错觉，即化学只会危害社会，对人类的生活没有任何改善，可事实却是，化学对人类文明做出了巨大贡献。

课标常读常新，W 老师发现可以用含氯的消毒水如84消毒水来导入课堂。疫情时代下，大部分学生都会接触到消毒水，对于这个内容，学生并不陌生，这样一来还能培养学生的社会责任感，以及感受化学造福人类生活；自来水厂用氯气来杀菌消毒，看似离学生很遥远，然而，事实上我们早上漱口总能够闻到一股余氯的味道便与此有关。最后W老师还是决定用84消毒水和自来水厂用氯气杀菌消毒作为本节课的情境引入。可是，W老师又陷入了新的问题，这一情境只涉及了氯气与水反应，以及氯气与碱的反应。那其他内容是直接讲授呢，还是重新设置新的情境呢？W老师思来想去，新课标强调倡导真实问题的情境创设，W老师最终还是决定设置情境，可是再设置一个新的情境，会不会导致学生本末倒置，重点关注了情境中的内容，而对真正的“主角”不太关心？W老师想，能不能把这一情境贯穿于整个内容的学习呢？经过与备课组反复讨论，W老师最终建立起“从消毒水一探究竟—消毒水原料氯气的认识—消毒原理的探究—消毒水的制备—消毒水原料氯气的来源”的教学思路。

1.5 熟悉学情，确定教法

学生在上这次示范课前，已经在初中阶段学习了自来水的净化，知道氯气可以用于自来水杀菌消毒；学习了氧化还原反应，能够对物质反应产物进行预测；学习了钠及其化合物，初步了解了研究金属元素及其化合物的一般方法。

W老师提前将84消毒水消毒的有效成分、消毒原理以及自来水厂用氯气杀菌的探究布置给了学生，让学生们了解下节课的相关内容，在一定程度上减轻了大部分学生在课堂上迅速获得相关知识的压力。因为所教内容与学生们的日常生活十分密切，有些问题学生们结合日常生活，经过仔细观察，运用基础知识就能解决，但对原理的探究，大部分学生都不会，一部分学生可能处于一知半解的状态，对于相关内容的解决有十足的内驱力，这样一来能极大地调动学生学习的积极性，同时学生在课堂中能解决日常中的问题，也会提高对化学科目的学习热情。

2 课堂实录

上课铃声敲响，同学们端正地坐在位置上，W老师提着实验仪器从容地走进教室。

W老师：大家都知道，自2020年新冠疫情暴发，消毒水（见图1）成了家庭必备物资，相信大家对消毒水并不陌生，那大家知道84消毒水的有效成分是什么吗（见图2）？

学生：次氯酸钠。

图1 家用84消毒水

图2 家用消毒水成分表

W老师：大家回答得非常好，那大家知道次氯酸钠是什么吗？为什么次氯酸钠具有杀菌消毒的功能呢？

大部分学生都摇了摇头，有学生提到次氯酸钠是一种盐。

W老师：我们的家用自来水总有一股余氯的味道，那你们知道自来水厂用什么来杀菌消毒吗？

学生：氯气（见图3）。

图3 自来水用氯气消毒

W老师：你们从中发现了什么？

学生：次氯酸钠和氯气好像都能用来杀菌消毒。

W老师：真的是这样吗？次氯酸钠中有氯元素，氯气中也有氯元素，莫非与氯元素有关？今天我们就来学习一下氯元素。我们先从氯的单质——氯气学起。

创设真实、熟悉的情境——84消毒水以及自来水厂用氯气来杀菌消毒，学生对这些是比较了解的，但很多学生却不知道、不清楚消毒水的杀菌原理，以及为什么自来水厂用氯气来杀菌消毒，知其然而不知其所以然，从而引起学生认知冲突，生成一系列问题，引出W老师的上课内容。由熟悉的内容设置情境，引出问题，让学生感觉到既熟悉又好像不熟悉，熟悉的是内容，不熟悉的是原理。自来水厂用氯气来杀菌消毒，看似很陌生，可是又与学生的日常生活密切相关，如自来水中总是会有一股余氯的味道，相信学生们学完今天的内容，对这一现象有了解释，甚至还能跟家长分享、讲解原因。引导学生由生活中比较常见的事情或者物品转向相关化学知识，并能从高中化学课本的学习中领悟原理，能够对这些原理做出解释，关注生活中的化学。这能够极大地提高学生学习化学的兴趣，拉近化学与生活的距离，体会化学学科的社会价值。对于在课堂最开始就引进次氯酸钠这一点，也是因为氯酸根离子的学习是本节课的重难点，降低了学生的陌生感。

W老师：（展示一瓶装有氯气的集气瓶）请大家总结氯气的物理性质。

学生：黄绿色，有刺激性气味的气体。

W老师：（展示氯原子的结构示意图）你能预测氯原子的化学性质吗？

学生：氯原子容易得到一个电子变成负一价的氯离子，具有氧化性，被还原。

W老师：请同学们预测一下，氢气、钠、铜、铁在氯气中会燃烧吗？如果燃烧，产物会是什么呢？

学生：会/不会，预测产物为氯化氢/氯化钠/氯化铜/氯化铁。

W老师：[分别播放钠、铁、铜、氢气在氯气中燃烧的实验视频（见图4）]请同学们观察实验现象，进行记录，尝试写出化学反应方程式。

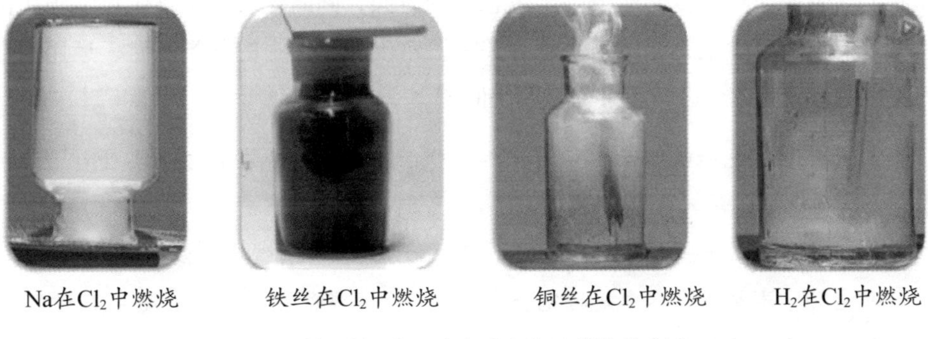

图4　钠、铁、铜、氢气在氯气中燃烧的实验

学生记录实验现象，书写化学反应方程式，通过实验现象、化学反应方程式对推测进行验证。

W老师：大家对燃烧的条件以及本质有什么新的认识吗？燃烧一定需要氧气的参与吗？

学生：任何发光放热剧烈的氧化还原反应都称为燃烧，不一定。

有关氯气的物理性质，W 老师并未直接给出，而是展示真实物质，让学生真实地去感受，在学生头脑中留下深刻印象，学生无须机械记忆，也不用觉得化学主要是靠记背，减轻了学生的记忆压力。对氯原子的化学性质进行预测，学生并不陌生，因为在第一节内容中，学生已经学习了对钠原子的性质进行预测，虽然学生之前对氯气接触得并不多，对于氯气与氢气、钠、铁、铜是否会反应，学生可能不太确定，甚至可能觉得有点难，但有关含有氯离子的化合物——氯化氢、氯化钠、氯化铁、氯化铜，学生并不陌生，符合学生的最近发展区。按照对钠元素学习的流程，即根据原子结构示意图对原子进行预测性质，并通过实验来验证，氯原子的学习同样是根据这一方法，只是由金属变成了非金属，在学生之前的基础上进行了提升和应用。教师能从中诊断出学生认识物质的水平，以及对预测这一方法的掌握程度，有助于教师帮助学生加深对元素学习模型的理解。

W 老师：自来水厂的水能够用氯气来杀菌消毒，那大家觉得氯气能不能溶于水？如果能溶于水，在水中的溶解度大吗？

学生：能溶于水，溶解度不大 / 极易溶于水。

在关于氯气是否溶于水的问题中，W 老师开门见山地告诉学生自来水厂用氯气来杀菌消毒，由一个工业上的但大部分人并不陌生的情境引出一个化学问题，降低了学生的理解难度，给予了学生思考的方向，同时也告诉了学生化学与生活息息相关，引导学生关注日常生活，关注日常生活中投射的化学问题，运用自己的所学知识，或通过进一步学习来解决问题。

W 老师：氯气能够溶于水，大家都清楚了，那我们现在来做个实验看看（把装有氯气的试管倒放入水槽中）。

学生：液面上升，水有点黄绿色，试管上方的气体黄绿色变浅。

W 老师：那氯气在水中是否完全溶解呢？大家觉得氯气的溶解度大不大呢？

学生：没有完全溶解，上方还有氯气未溶解，在水中氯气的溶解度应该不大。

W 老师：氯气溶于水得到氯水，那大家觉得氯水中的哪种物质对自来水厂的水进行了杀菌消毒呢？是氯气还是氯气与水发生了某种反应呢？氯气溶于水是物理变化还是化学变化？

学生：物理变化 / 化学变化和物理变化都有。

W 老师：我们如何确定到底是物理变化，还是化学变化？假如存在化学变化，试着从氧化还原反应的角度预测产物会有哪些?

学生：应该有 HCl。

W老师引导学生从氧化还原反应的角度预测氯气与水反应的产物，学生结合前面学习的氯气的性质，能够迅速反应出应该有氯化氢，这是对前面知识的应用，知识的学习不仅仅在于知识本身，更多的是学生能够运用知识来解决问题。

W老师：请同学们继续预测氧化产物是什么。

学生：氧气/次氯酸。

W老师：大家还记得刚刚在氯气溶于水的实验中，有看到气泡冒出吗?

学生：没有，因此氧化产物不是氧气，应该是次氯酸。

对于物质溶于水，学生之前接触过，如二氧化碳溶于水有物理变化和化学变化两种，钠溶于水主要发生化学反应，但像氧气虽极少数溶于水，却不是化学变化，而是物理变化。因此，不能直接给出到底是哪种变化，而是让学生来进行预测，根据现有知识预测产物可能出现的情况，有助于学生理解、应用氧化还原反应。

W老师：现在请同学们根据老师提供给大家的试剂对预测进行验证，并填写实验设计方案（见表1）。

试剂有：pH试纸，紫色石蕊溶液，碳酸氢钠溶液，打磨的铝条，稀硝酸，硝酸银溶液。

表1　实验设计方案

加入试剂	实验现象	结论

学生进行实验验证。

新课标中要求学生能从物质类别、元素价态的角度，依据复分解反应和氧化还原反应原理，预测物质的化学性质和变化，设计实验进行初步验证，并能分析、解释有关实验现象。W老师这一设计十分贴合新课标的学业要求。首先，W老师引导学生从氧化还原反应的角度对反应结果进行全面预测，然后通过氯气与水反应的实验现象推翻部分预测结果，给予实验试剂，让学生以小组形式设计实验方案，一是培养学生的团结协作能力，二是让学生逐步建立模型，即研究物质性质的思路模型，三是培养学生的科学探究能力，发挥学生的主体地位。

W 老师：现在请同学们画出氯气溶于水后在溶液中的微观示意图。

大部分学生画出了溶液中有氯气、水、氢离子、氯离子、次氯酸（见图5）。

W 老师：大家还记得溶液的特征吗?

学生：均一的、稳定的。

W 老师：大家看看自己画的是否符合溶液的特征。

学生：进行修改（见图6）。

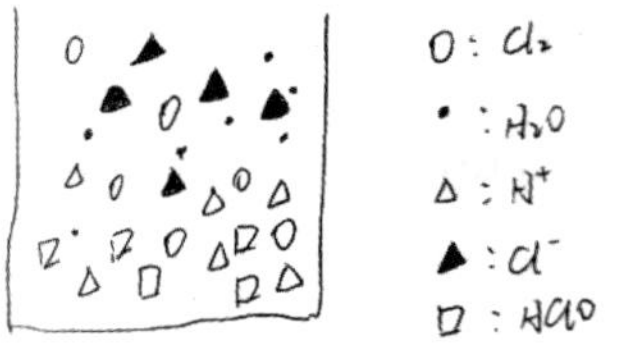

图5 微观示意图（一）

图6 微观示意图（二）

W 老师展示氯水中存在的微粒（见图7）。

① 新制氯水

Cl_2、H_2O、HCl

H^+、Cl^-、ClO^-、OH^-（极少量）

图7 氯水中存在的微粒

从宏观辨识到微观探析，思考溶液中存在的微观粒子，以绘画微观示意图的形式进一步用符号具体表征，能让学生切身体会溶液中的微粒状态。在绘画过程中，学生需要注意考虑问题的全面性，如溶液的特征、微观粒子的大小等。宏观现象是微观粒子呈现的结果。这一过程培养了学生宏观—微观—符号三者相结合地看待问题的思维。对于溶液中还存在氢氧根离子，W 老师并未做过多的讲解，而是以 PPT 的形式呈现了出来。一是这部分内容较难，是课堂上的重难点，教师重点讲解，学生消化需要时间；二是大部分学生认为有氢离子的溶液中就不会有氢氧根离子，学生理解起来比较困难，需要到后面的知识学习中去理解。

W 老师：根据大家的实验结果，能确认氯气溶于水发生了化学反应，氯水中存在氯气、水、氢离子、氯离子和次氯酸，那如何解释紫色石蕊试液遇到氯水先变红后褪色呢?

学生：变红是因为氯水中有氢离子，褪色可能是因为漂白。

W 老师：盐酸我们都很熟悉，它能使紫色石蕊试液变红，但不能褪色。所以使之褪色的可能是氯气，也有可能是次氯酸。

W 老师：怎样判断是氯气还是次氯酸具有漂白性呢？实验应该注意哪些问题？

学生：氯气与水能反应，需要注意通入干燥的氯气；氯气有毒，应该注意通风和实验装置的气密性，减少氯气对环境的污染；实验现象要明显。（进行实验得出结论）干燥的氯气没有漂白性，所以具有漂白性的物质是氯气与水反应生成的次氯酸（见图8、图9）。

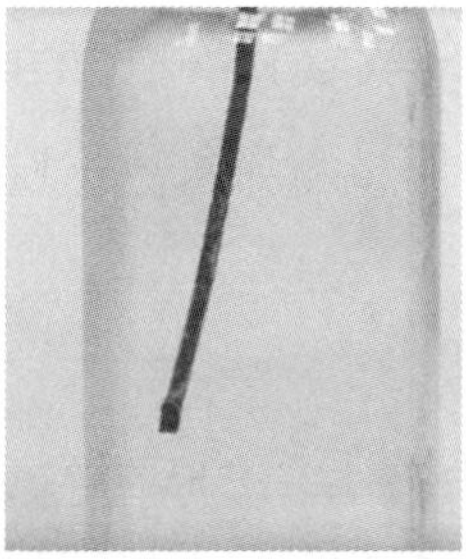

图8　湿润有色试纸与氯气

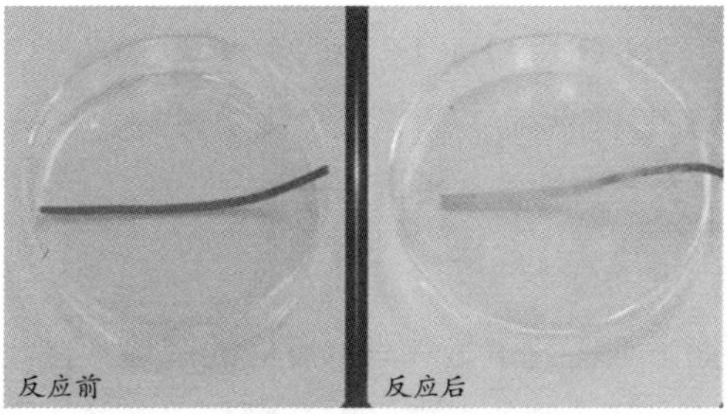

图9　湿润有色试纸与氯气反应前后

W 老师：大家的实验验证了这种具有漂白性的物质确实是次氯酸，请大家阅读教材，总结次氯酸的性质。

学生：次氯酸具有强氧化性，不稳定，是一种弱酸，能解离出氢离子和次氯酸根离子，所以氯水当中还具有氯酸根离子。次氯酸具有强氧化性，所以氯水具有杀菌消毒、漂白的作用。

W 老师：那大家能解释为什么84消毒液具有杀菌消毒的功能吗？为什么自来水厂用氯气来杀菌消毒？

学生：因为二者都具有次氯酸根离子。

W 老师播放氯气与水反应的微观动画。

对于具有漂白性物质的思考，W 老师在课堂导课中就做了铺垫，84消毒水的有效成分是次氯酸钠，在金属钠的学习中，没有讲述钠离子具有杀菌消毒的功能，而次氯酸根离子没有学过，极有可能就是次氯酸根离子发挥了作用；氯气与水反应经过预测和实验证实得出会生成次氯酸的结论，其中含有次氯酸根离子，氯气能用于自来水厂给水杀菌消毒，那能杀菌消毒的可能就是次氯酸根离子。由84消毒液和自来水厂用氯气杀菌消毒这两个与生活息息相关的情境，到问题“为什么它们两个能够杀菌消毒”，通过学生的预测、实验验证、对共同点的发现，既解决了化学学习中的重难点，同时也帮助学生将化学知识与日常生活挂钩，有助于学生加深对生活中的化学的好奇和探究欲望。

W老师：氯水确实具有杀菌消毒的用途，但氯水不稳定，生活中我们更多是用84消毒水，从次氯酸钠所属类别角度考虑，可以怎样制备呢？

学生：可以通过酸碱中和反应制得。

W老师：试写出氯气与氢氧化钠、氢氧化钙反应的化学方程式。

学生书写化学方程式：

$Cl_2+2NaOH=NaCl+NaClO+H_2O$　$Cl_2+Ca(OH)_2=CaCl_2+Ca(ClO)_2+H_2O$

W老师：（展示工业生产中更多用氢氧化钙来制备消毒粉）请同学们分析一下，为什么我们更多是用消毒粉？

学生：便宜，经济效益高。

前面详细探究了氯气与水反应的铺垫，在此基础上再让学生来理解氯气与氢氧化钠或氢氧化钙的反应，以及制备消毒液、消毒粉，学生就能很好理解了。对于最后一个问题，让学生从工业角度分析为什么更多地选择用氢氧化钙，让学生明白分析问题要考虑分析的角度，发展了学生的知识迁移能力，同时让学生能够对课堂所学进行应用。

W老师：自来水厂杀菌消毒需要氯气，制作84消毒液看似也需要氯气作为原料，那氯气是如何制备的呢？试说出氯气的制备原理。阅读老师发给大家的资料（氯气的发现史）。

学生进行阅读，大致知道了制取氯气所需的原料、条件、步骤等。

W老师：知道了制备原理，该如何操作呢？（引导学生回忆初中学过的制备气体的方法，再逐层引导学生进行气体发生装置、除杂装置、干燥装置、尾气处理装置的选择，最后总结气体制备的一般流程）

学生进行操作。

有关气体的制备，学生在初中阶段学习了氧气的制备、二氧化碳的制备，并进行了实验操作，但是很多学生对气体制备的方法、实验仪器的选择等都是陌生的，氯气的制备是学生在高中阶段最早学习的气体制备，对该内容的学习，W老师并未仅仅局限于教材中氯气的制备，而是对相关内容进行了提升，即气体的制备，从装置的搭建到发生装置、除杂装置、干燥装置、尾气装置等的选择都进行了总结，对这部分内容的学习，学生会感觉有难度，但也会有熟悉感，从而培养学生知识的迁移能力，诊断并发展学生的实验水平，培养学生绿色化学的理念，帮助学生建构起实验室制备气体的一般思路，为以后学习更多物质的制备方法奠定基础，同时减轻了学生的记忆压力，让学生能更好地理解内容。

W 老师：请大家梳理氯及其化合物的研究思路。

学生回忆、讨论。

这个问题就整体而言还是比较难的，但却是本节内容学习的一个十分重要的地方，即能够使学生获得研究非金属元素的一般思路。新课标中减少了对非金属元素内容的学习，但在某种程度上增加了元素内容学习的难度，让学生能够形成非金属元素研究的一般思路，能够让学生课下自学非金属元素，因此对于我们重点学习的非金属元素——氯及其化合物，这一个步骤就十分重要了，不仅要让学生获得氯及其化合物知识，还要让学生明白研究非金属元素的一般思路。

3 教学反思

化学核心素养的培养是“随风潜入夜，润物细无声”的过程，需要仔细研读课程标准，深度挖掘教材，将核心素养的期望化为具体的教学目标，再采取合乎核心素养培养的教学方式，在真实的教学情境中，生成系列探究问题，利用实验探索“氯及其化合物”的性质。本教学设计创设真实教学情境，“一‘境’到底”。将氯及其化合物的知识高度融合其中，知识脉络分明。此设计将核心素养的要求融入单元整体教学当中，“教”“学”“评”一体化，用一系列探究活动引导学生将被动接受知识转为自主探究获取知识，突破氯水成分的难点；在活动中，学生宏微结合进行逻辑分析，不断进行证据推理与模型建构，形成氯及其化合物的研究思路和方法。

4 教学点评

科学研究是一个漫长而艰苦的过程，作为学校教育一部分的化学学科，不可能完全沿袭化学实验中的过程来进行知识探究，但可以模拟其过程[6]。知识只有与学生的实际生活相联系，才是有活力的知识、有用的知识，才能激发学生探索的激情，培养学生的主体意识，使学生真正认识到知识的价值[6]。在教学过程中，W 老师对氯及其化合物的内容从整体进行糅合，以大单元形式[7]进行设计，从设计一个课时转变为先设计一个整体内容，再从中进行选取内容，关注了知识的衔接，便于学生学习理解。W 老师将真实的自来水厂是如何净水的以及疫情时代下84消毒液的使用应用于教学情境中，以生活引发的问题情境驱动课堂，生成系列探究问题，利用实验探索氯及其化合物的性质，让学生以研究者的角度进入学习，主动发现问题——氯气的杀菌消毒功能是哪种物质在起作用，通过一步步的实验验证，对形成的溶液中的微粒进行不断更改，从而掌握了相关知识；在活动中，学生宏微结合进行逻辑分析，不断进行证据推理与模型建构，形成氯及其化合物的研究思路和方法。此设计将核心素养的要求融入单元整体教学当中，“教”“学”“评”一体化，用一系列探究活动引导学生将被动接受知识转为自主探究获取知识，学生经历了对化学知识进行探究的过程，也学到了科学探究的基本方法，进一步理解了科学探究的意义，提高了科学探究的能力。将氯气的情境设计为不同于过去的气体泄漏对人的伤害，而是对人类的帮助，很有创新精神。问题情境式教学能够促进知识的迁移与应用，在整个问题情境式的教学过程中，学生掌握了如何去解构一个现实问题，并进行解剖和实验探究，从中得出结论。学生掌握学习方法后，将类似的学习方法应用到现实问题的解决，如二氧化氯在自来水厂中是如何进行杀菌消毒的，进行了知识的迁移与应用。

5 结语

案例中有关 W 老师的全部教学设计在45分钟内是讲不完的，但为了突出 W 老师的教学理念和思想，笔者将 W 老师有关氯及其化合物内容的教学过程、设计思路想法等都进行了描述。从案例中，首先，我们可以看出 W 老师新教材新教法，已在课堂中使化学学科核心素养落地，侧重发挥学生的主体地位，注重学生科学探究能力的培养，注重问题情境的设计与连贯性，激发学生通过实验发现问题、探索问题、解决问题，外显学生思维；其次，W 老师重视教学设计的整体性，突出大单元教学；最后，W 老师积极弘扬化学知识的价值，帮助学生建立化学对人类生活十分重要的理念。

参考文献

[1] 普通高中化学课程标准（2017年版）[S]. 北京：人民教育出版社，2018.

[2] 冯洁. 化学问题呈现方式对高中生化学问题解决影响的研究 [D]. 扬州：扬

州大学，2018.

[3] 喻昌学.核心素养导向的情境学习活动设计[J].教育科学论坛，2022（2）：55-59.

[4] 杨桂霞.基于实验探究和证据推理的主题式情境教学：以“氮氧化物的产生及转化”实验教学为例[J].中学教学参考，2019（17）：78-79.

[5] 孙永辉，周国军，龚仁宗，等.“一‘境’到底”主题式情境教学模式及其应用：以“氯及其化合物”（第2课时）为例[J].化学教与学：下半月，2021,（14）：2-4，14.

[6] 杨承印，张宁.化学课堂教学中问题情境的有效创设[J].教育理论与实践，2007（20）：42-44.

[7] 崔允漷.学科核心素养呼唤大单元教学设计[J].上海教育科研,2019,（4）：1.

案例思考题

（1）你对问题情境式教学有何理解？

（2）案例中W老师对氯及其化合物的教学思路有几种？分别为哪几种？你对这几种教学思路有怎样的看法？

（3）W老师让学生具体画出氯气与水反应后溶液中存在的微粒，你认为这有助于学生哪些能力的培养？

（4）W老师是如何帮助学生形成研究非金属元素的一般思路的？

第三篇　优课打磨

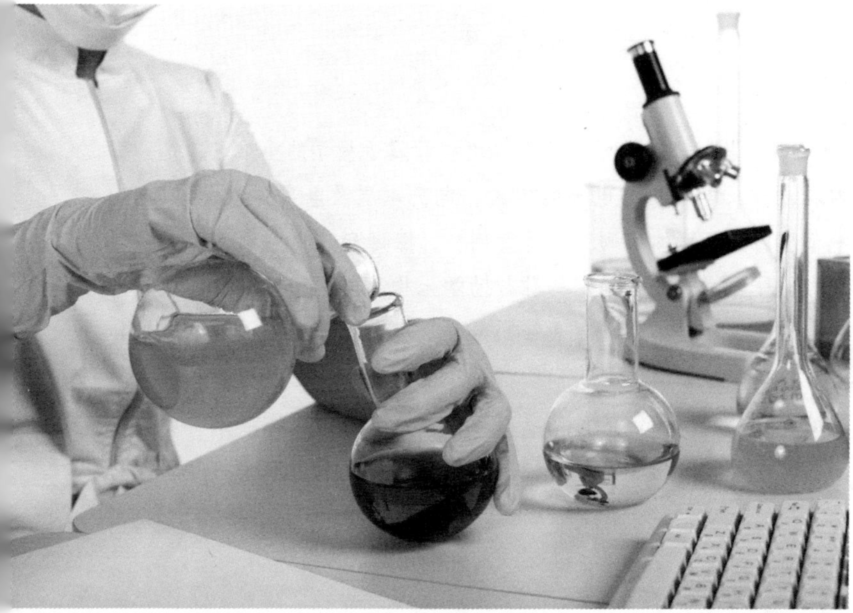

◎“电离”概念模型构建的教学优化

◎ 高中化学“燃料电池”教学改进过程

“电离”概念模型构建的教学优化

丁　琳①　龙云飞②

摘　要：“电解质的电离”是高中化学基本概念之一，属于教学的重难点，是“离子反应”中的重要内容，涉及电解质和电离的定义、电离本质及电离方程式等知识。本案例对D老师的一节校内竞赛课的磨砺过程进行剖析，探讨D老师在帮助学生构建电离概念模型上做出的各种尝试，最终确定一种帮助学生构建电离模型的最优教学思路：首先明确模型建构的一般过程，即问题表征、科学探究、符号表征、归纳模型和解释应用五个过程[1]，其次结合学生已有认知结构，从电离的本质出发选择教学素材和教学资源，最后经过多次修改调整，设计“电解质的电离”教学案例。本节课的磨砺过程充分体现了一名教师对学科内容本质的理解，体现了一名教师对学科知识与新技术的整合能力。

关键词：电离；模型构建；教学优化

背景信息

化学概念是将化学现象、化学事实经过比较、综合、分析、归纳、类比等方法抽象出来的理性知识，它是已经剥离了现象的一种更高级的思维形态，反映了化学现象及事实的本质，是化学学科知识体系的基础[1]。因此，化学概念教学是化学教学中至关重要的一项内容，化学概念的学习也是学生形成良好化学观念的必由之路[2]。

然而，高中阶段的化学概念一般都较为抽象难懂，学生的思维还处于从形象思维到抽象思维的过渡时期，甚至还可能存在化学前概念[3]的影响，这些因素会导致学生在学习过程中存在概念不清、只停留在概念表面不能深入理解概念和运

---

① 丁琳，女，湖南邵阳人，湖南科技大学化学化工学院在读硕士研究生。
② 龙云飞，男，湖南安仁县人，湖南科技大学化学化工学院教授

用概念解决真实问题等状况。若要帮助学生深入理解分析概念，则需要教师精心组织抽象原理概念的教学，对概念拆解化、重组化、具象化和模型化，帮助学生树立化学模型意识。

化学模型是物质的结构、组成、变化、性质等相关的实际问题或实际情境的抽象和概括，是对化学问题和现象的假设与解释[4]。建模是指对模型的建构，即从复杂的化学问题情境中抽取出关键要素，并找出要素之间的联系，建构一个能正确描述、解释问题情境的模型的过程。化学概念模型作为一种认识手段和思维方式，是实现“宏观—微观—符号”相结合的化学表征基础[4]，能帮助学生准确辨析掌握各种概念，并利用概念解决化学实际问题。概念模型教学的一般思路有以下五点：（1）创设问题情境，聚焦宏观表现；（2）科学探究，分析微观本质；（3）符号表征，探析反应实质；（4）归纳概念模型；（5）应用概念模型，形成概念与规律，解决实际问题。使用模型和建构模型促使学生对抽象的概念具有感性认识，减少对前概念的影响，引导学生建立正常的认知结构，对学生概念的转变和加深对概念的理解应用至关重要，这能够使其科学知识的结构和连贯性更加清晰，从而使学生更容易理解科学知识。

《普通高中化学课程标准（2017年版2020年修订）》[5]在化学学科核心素养之一“证据推理与模型认知”中提出：“知道可以通过分析、推理等方法认识研究对象的本质特征、构成要素及其相互关系，建立认知模型，并能运用模型解释化学现象，揭示现象的本质和规律。”在对应的课程目标中提出：“能认识化学现象与模型之间的联系，能运用多种认知模型来描述和解释物质的结构、性质和变化，预测物质及其变化的可能结果；能依据物质及其变化的信息建构模型，建立解决复杂化学问题的思维框架。”因此，教师在化学教学中使用建模教学方法，帮助学生认识、发展和掌握模型建构的方法，是贯彻新时期“中国学生发展核心素养”、落实化学学科核心素养的基本要求。

电离概念[6]是高中化学课程的核心概念之一[7]，它是建立学生微粒观、分类观的重要途径，极大地影响后续关于离子反应、盐类水解等知识的深入学习。因此电离概念教学需要学生形成多元化内部表征，构建电离模型，从而厘清概念本质。本文在概念模型及模型构建过程等理论分析的基础上，尝试以“电解质的电离——概念教学”为例，梳理“电离概念模型构建”的教学流程，探讨构建电离概念模型的教学思路，真实呈现教学思路的优化过程，以期为新教师开展概念教学提供参考实例。

案例正文

D老师是湖南省某学校的高一化学教师，从事高中化学教学2年。D老师本科就读于化学师范专业，学科知识扎实，教学思路清晰。2021年9月中旬，D老师应学校要求参加学校组织的青年教师教学能力竞赛，于11月底进行比赛，总历时近2个月。D老师根据比赛要求、教学经验以及《普通高中化学课程标准（2017年版）》对化学课程内容的要求，确定了赛课的教学内容为“电解质的电离”。

选定题目后，D老师首先综合多个版本的教育类书籍，确定了教学理念：一是化学教学要面向全体学生，以培养全面发展的人为主旨；二是化学教学要培养学生的学科核心素养，促进学生的全面发展；三是化学教学应立足实际，紧跟时事，并注重跨学科融合；四是要转变学生学习方式，落实由应试教育到素质教育的转变，并实现“教—学—评”一体化。再根据《普通高中化学课程标准（2017年版）》以及刘知新主编的《化学教学论》，确定了“电解质的电离”课程的教学方法和策略。最后，结合教学理念、教学方法与策略，进行教学设计。

由于D老师教学经验不足，在教学方面还存在部分问题，思考具体教学过程时不够周到，不能完全实现事先设定的教学目标，因此“电解质的电离”课程需依据已经确定的教学思想和目标，不断进行“备课—试讲—修改”这一循环往复的教学优化过程。经过多次的教学优化，在错误中总结经验，D老师最终设计了一堂能促进学生素养培养、能力发展的高效教学课，并形成了切合湖南省学情的高效教学模式和策略。以下以D老师实施的教学优化具体过程为线索，展示一节优质竞赛课的磨砺过程。

1 教学设计的初步形成

1.1 中学阶段“电解质的电离”教学内容分析

电解质和电离是中学化学重要的基础概念之一。中学阶段，与“电解质的电离”相关的教学内容在初中化学、高中化学必修第 册和选择性必修“化学反应原理”中均有所涉及。初中化学课程标准要求学生掌握酸和碱能在水溶液中解离出氢离子或氢氧根离子，高中必修第一册中与“电离”相关的内容位于人教版化学必修第一册第一章第二节第一课时的内容，《普通高中化学课程标准（2017年版）》中对本节内容的要求：认识酸、碱、盐等电解质在水溶液中或熔融状态下能发生电离，能用电离方程式表示某些酸、碱、盐的电离。而选择性必修2“化学反应原理”中“电离”的课标要求为从电离、离子反应、化学平衡的角度认识电解质水溶液的组成、性质和反应等。

必修教材“电解质的电离”在中学化学“电离”知识体系中起着承上启下的作用，既是初中阶段对酸、碱、盐知识学习的延续，同时也为选择性必修模块中深入认识电解质、电离奠定了基础[7]。本节内容由宏观到微观，揭示了酸、碱、盐在水溶液中的变化本质——电离，从微观粒子作用观的角度剖析了电解质在水溶液或熔融状态下的微观实质，明确了电解质电离的价值，建立了研究水溶液或熔融状态中物质反应的新思路和新视角，但由于微观视角的构建较为抽象，属于教学的重点和难点，故构建电离的概念模型和实现“宏观—微观—符号”三重表征将是本节课学生需要掌握的重要内容。

1.2 “电解质的电离”中素养落实的思考

D老师对“电解质的电离”内容颇为熟悉，曾多次开展该内容的课堂教学，但对于如何实现本堂课的教学目标，落实化学学科核心素养发展，仍是D老师需要仔细考量的地方。D老师认为，“电解质的电离”最重要的内容在于建构电离的概念模型，而一个概念的形成总有一个基本的过程，在该过程中，通过多种策略的应用，可以实现素养与能力的培养。

D老师在概念教学中的基本思路与模型建构的思路基本一致，并将思路总结为问题表征、科学探究、符号表征、归纳模型和解释应用五个过程。本案例“电解质的电离”教学流程便据此展开。借助典型问题情境让学生获取感性认识，培养“宏观辨识”素养；再从情境中提取典型例证，在对例证进行探究、分析、比较、辨别的基础上提取共同特征形成化学概念，构建概念模型，落实科学探究、微观探析、证据推理与模型认知素养的培养；最后是概念的应用和练习，加强对概念的理解。在教学实施过程中，D老师注重落实目标实现和素养发展，并采用过程性评价检测其落实效果。本案例采用概念模型建构的基本过程为本案例的逻辑主线，分析D老师对教学设计的调整与优化历程。

1.3 教学思路的最初版

基于学生的学情、教材内容和课程标准，D老师对“电解质的电离”进行了初步设计，教学思路设计如图1所示。导入环节以电的重要性为背景，引出电对人们生产生活的重要性，再提供多种物质的水溶液，要求学生判断该物质水溶液的导电性；学生判断完后，通过播放视频的形式，让学生从宏观上了解上述物质的导电性实验，并对物质导电性进行比较、分析和归纳，得出电解质与非电解质的概念，明确两者的区别，通过金属导电原理，掌握电解质导电的原因是电解质在水溶液或熔融状态下能发生电离，产生能自由移动的离子，构建电离模型；最后，对电离模型应用与理解，重新构建常见的酸、碱、盐的概念。

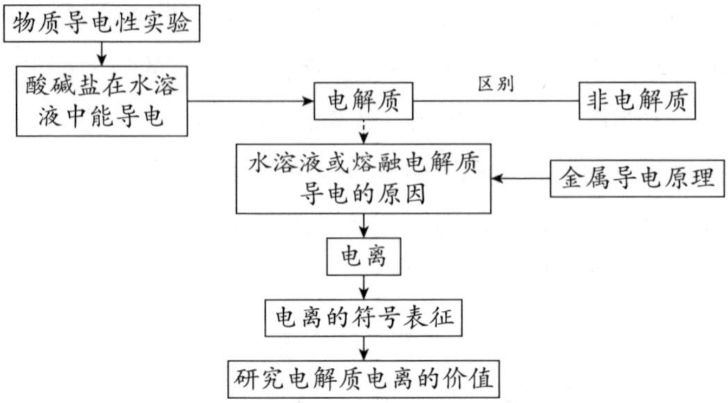

图1 “电解质的电离”教学思路设计初稿

2 教学设计的优化思考

2.1 问题表征：教学情境与学科知识融合，引出概念

导入环节是课堂教学的重要组成部分，与其他环节相辅相成，课堂教学能否成功很大程度上取决于课堂导入的效果。D老师以电为导入点，引导学生从生活常识及初中所学知识出发，思考物质的导电性。该环节旨在激发学生兴趣，引导学生思考问题，建立认知冲突。但是在实际的试讲过程中，D老师发现这一问题情境的导入存在以下问题：

以电的重要性为情境背景与所学知识点存在脱节情况，并不能引起学生对电离的思考；

判断多种物质的导电性中涉及的素材过多，容易分散学生的注意力，学生难以简便地提取有效信息思考和解决问题。

为此D老师将导入环节进行修改，首先改变情境，情境整体上要与“导电”或“电离”相关，能引发学生对电离本质的思考；其次，减少问题素材，从初始的十多种物质删减为五种以下。基于此，D老师将情境设置为海水导电，以此探究海水中存在的两种主要的盐类——氯化钠和硝酸钾——分别在水溶液和固体两种状态下的导电性以及水的导电性，但经过实践发现还是存在一些问题。

（1）素材仍然过多，氯化钠和硝酸钾属于相似物质，重复设置略显多余；

（2）海水的成分过于复杂，其导电本质无法完全认定为盐类的电离；

（3）利用海水作为情境素材，与学生的实际生活距离较远，并不能真正激发学生思维和学习兴趣。

素材设置要具有独特性，相同性质的素材应选择学生兴趣更大、了解程度更深的素材。因此，D老师对导入环节进行了第三次设计，具体如图2所示，将情境设置为"湿手导电"，情境简单，但富有内涵且具有全程性；将问题设置为造成湿手导电的原因，引导学生探究导电的本质。

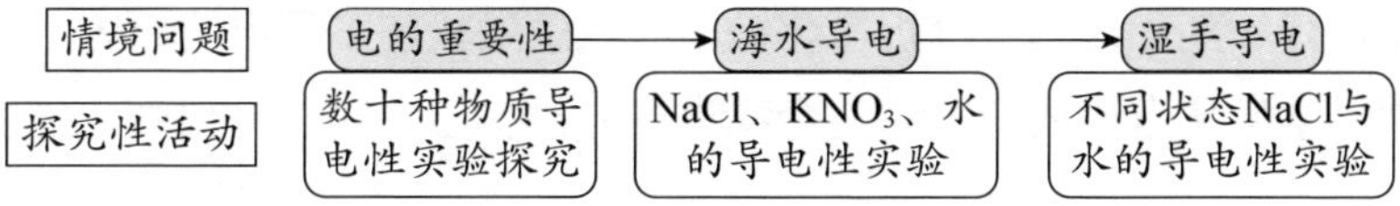

图2 "问题表征"环节教学优化思路

教学情境应来源于学生的生活实际。好的课堂导入应具有全程性，学生在同一问题情境线中进行学习，能增强课堂知识的逻辑性，降低知识学习的难度，提高教学质量。课堂导入应能激发学生的兴趣，吸引学生的注意力，引导学生进行思考。D老师从最初的以激发学习兴趣为导向设计"电的重要性"的情境，到探究海水中主要盐类的导电原因，再到以设置真实情境解决问题为导向设计探究湿手导电原因的导入问题，经过三次从设计到教学实践到调整的过程，最终将问题表征定格于分析实际生活导电现象，探究导电原因。而这个教学任务贯穿整节课，能激发学生的求知欲，引领学生去深入思考。这一教学设计上的转变，表现出D老师对学科知识深刻的领悟能力，以及灵活机智的教学设计能力。

2.2 科学探究：知识逻辑与心理逻辑完善认知结构，分析概念

科学探究指的是科学家用以研究自然界并基于此种研究获得的证据提出种种解释的多种不同途径。科学探究的开展有利于学生的全面发展和转变学生的学习方式。D老师设计的科学探究过程包括三个方面：一是探究湿手导电的原因，二是探究氯化钠溶液导电的本质，三是探究熔融态物质的导电性。

在进行初次设计时，D老师先基于问题表征环节，提出了电解质和非电解质的概念，并对概念进行了解剖和练习；再分析电解质导电的原因，引出电离概念，引导学生从电离的角度对化合物进行分类。从字面上看，逻辑顺序不存在问题，但是D老师在试讲中，发现了以下问题：

未涉及熔融状态下物质导电性的讲解，学生对电解质概念中的部分内容不理

解，概念讲述存在漏洞；

《普通高中化学课程标准（2017年版）》对高中化学必修第一册“电解质的电离”内容只要求学习电解质，不要求掌握非电解质。

鉴于此，D老师进行了第二次设计，首先是增加了有关熔融状态下氯化钠的导电性实验与结果分析，补全了电解质概念在教学设计中的漏洞；其次，删除了非电解质的概念，专注于帮助学生掌握电解质和电离的概念。具体的教学设计为基于湿手导电的问题情境，直接验证湿手导电的原因是氯化钠溶液，再展开实验探究，分析氯化钠在其他状态下能否导电，根据两个实验，归纳出电解质概念，并对概念进行解剖和练习；分析氯化钠溶液或熔融状态下导电的原因，引出电离概念，引导学生从电离的角度对化合物进行分类。但在实施过程中，仍存在部分问题：

直接验证氯化钠溶液的导电性，未进行对比实验，容易导致学生出现概念不清、知识点掌握不牢固的情况。

为此，D老师在原先设计的基础上，增添了对湿手导电原因的推测，开展了对水、氯化钠固体和氯化钠溶液三种物质的导电性研究。

师：造成湿手导电的原因可能有哪些？

生：氯化钠，水，氯化钠和水共同作用……

实验探究 连接装置，分别将电极插入蒸馏水、NaCl固体、NaCl溶液，观察实验现象。

在科学探究环节的教学优化过程中，第一次的教学设计由于未紧密结合教材内容和课程标准，导致改动幅度较大；第二次改动只考虑到部分同学可能由于缺少对水与氯化钠固体导电现象的直观印象，使得概念知识点存在混淆。在实际教学中，教师应根据教材内容，把握知识点的逻辑顺序；根据课程标准，确定教学目标、策略与方法；最后根据教学时间等次要因素，有机调节课堂的组织形式等。

2.3 归纳模型：“宏观—微观—符号”三重表征，构建概念模型

归纳出概念模型是一节课的重中之重。在教学过程中，通常采用“宏观—微观—符号”相结合的方式归纳概念模型。本节课中，通过对宏观现象——湿手导电的研究，以及对氯化钠在水溶液或熔融状态下的实际变化进行微观探析，并将过程用符号进行表征，从而较为完整地构建出电离的概念模型。在该环节中，D老师引用了氯化钠的立体晶胞结构图，并利用已知的金属导电本质对电解质导电

的原因进行了分析。可是在实践过程中，D 老师又发现了如下问题：

氯化钠的晶胞结构图使用不仅没有达到帮助学生厘清电离原因的目的，反而加大了知识学习的难度，学生对晶体结构存在很大的困惑。

基于此，D 老师删除了氯化钠的立体晶胞结构，取而代之的是氯化钠固体中钠和氯的二维结构排布，用类比和图示的方法很好地突破了学生认知上的盲点，帮助学生建立起电离概念模型。在课堂教学中，教师应关注学生的发展进阶，在恰当的时机传授恰当的知识点，教学内容不应超出学生的“最近发展区”。

2.4 模型应用：解决实际问题，形成概念与规律

认识一个物质或是一个原理，其应用是不可忽视的。只有将物质的性质或原理与应用有机地结合起来，才能是一个完善的概念模型。首次教学设计，D 老师利用教材课后习题对电离模型进行练习应用，在解题过程中描述概念，如图3所示。但综合多方面因素考量，仍存在如下问题：

设计未紧密结合设定的教学理念，应试教育痕迹较重；

教学过程没有体现对学生化学学科核心素养培养和能力发展两方面的落实。

9. 某兴趣小组的同学向一定体积的 $Ba(OH)_2$ 溶液中逐滴加入稀硫酸，并测得混合溶液的导电能力随时间变化的曲线如右图所示。

（1）写出 $Ba(OH)_2$ 溶液与稀硫酸反应的离子方程式。

（2）该小组的同学关于右图的下列说法中，正确的是 ________（填序号）。

① AB 段溶液的导电能力不断减弱，说明生成的 $BaSO_4$ 不是电解质

② B 处溶液的导电能力约为0，说明溶液中几乎没有自由移动的离子

③ BC 段溶液的导电能力不断增大，主要是由于过量的 $Ba(OH)_2$ 电离出的离子导电

④ a 时刻 $Ba(OH)_2$ 溶液与稀硫酸恰好完全中和

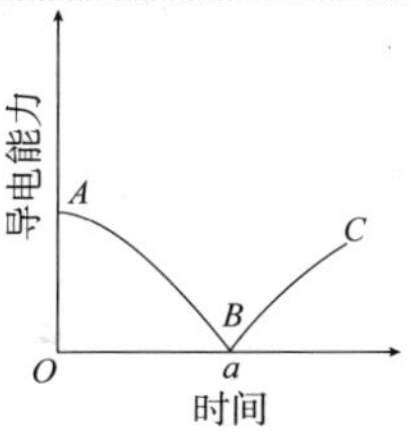

图3 “模型应用”环节教材习题

鉴于此，D 老师再次优化教学设计，将课后习题改为探索电解质对工业生产和社会生活的作用，以此达到教学联系生活实际以及落实学科核心素养培养的目的。在具体应用中，D 老师发现学生了解了电离的本质是产生了自由移动的离子，但仍存在如下问题：

学生不能将一类相似的物质的电离进行归纳理解；

教学应密切联系已学知识，将新的认知结构同化到已有的认知结构中。

D 老师采用引导学生重新建构酸、碱、盐概念的方式，帮助学生巩固和掌握电离概念模型。该处设计较为巧妙，通过辨识记忆、概括关联等学习理解型活动完成新知识的意义建构和新认识角度的建立，从而使学生对酸、碱、盐概念的理

解较初中学段实现了认识进阶。

3 教学设计的最终版本

3.1 教学设计理念

结合奥苏贝尔的认知同化理论、皮亚杰的认知发展理论等多个教育思想，本节课开展有意义学习，将电离方程式所表述的新知识与学生认知结构中已有的知识建立一种实质的和非人为的联系，从宏观、微观和符号三种表征水平认识和理解化学知识，并建立三者之间的联系，建构化学学习中的三重表征。

依据《普通高中化学课程标准（2017年版）》的要求，以发展化学学科核心素养为主旨，将课程设置为满足学生多元发展需求的普通高中化学课程，并选择体现基础性与时代性的化学课程内容。在具体教学过程中，重视开展“素养为本”的教学，灵活运用概念形成策略与多重联系策略，以及利用动态模拟物质溶解的微观过程，培养学生的“宏观辨识与微观探析”素养；针对驱动性问题，进行预测分析和实验验证，构建电离模型，培养学生的“证据推理与模型认知”素养。

3.2 教材分析

电解质的电离是高中化学必修第一册第一章第二节的内容，本节内容是对初中所学的酸碱盐知识的深入探究，是在学习物质的分类之后对化合物分类的进一步探索，也为接下来学习离子反应以及化学键作铺垫，同时也是学习沉淀溶解平衡等内容的前提。主要内容包括：电解质的概念、电离、电离方程式的概念与书写、从电离角度认识酸碱盐的本质。本节内容有助于宏观辨识与微观探析、变化观念与平衡思想、证据推理与模型认知以及科学探究等核心素养的渗透。

3.3 学情分析

知识与能力基础：在初中化学学习过程中，学生已经学习了溶液、溶解度、置换反应、复分解反应、常见酸碱盐的组成和性质、导电性实验等，对水溶液及水溶液中的反应有一定程度的了解。

学生存在的问题：学生的能力仅停留在从宏观的角度去学习一些典型物质的性质及用途上，没有从微观的角度理解其本质。

本节课的教学可以依据学生已有的生活常识，通过宏观导电现象过渡到从微观的角度认识导电的本质原因，有效培养学生的思维，帮助学生认识化学现象的本质，发展学生的化学核心素养。

3.4 教学目标

从教学内容和教学现状分析，结合《普通高中化学课程标准（2017年版）》，本节课的教学目标为：

（1）通过实验探究溶液导电性，从宏观角度认识生活和化学中的导电现象；

（2）通过对氯化钠晶体溶于水导电现象的微观本质进行探析，初步建立电离和电解质的概念；

（3）能结合电离和电解质的概念对物质进行重新分类，掌握判断电解质的一般方法；

（4）通过对氯化钠溶液导电的微观认识，初步构建电离过程的认识模型，学会运用电离方程式表征某些酸、碱、盐的电离；

（5）通过对酸碱盐的电离过程的认识，重新构建酸、碱、盐的概念。

3.5 教学重难点

教学重点：建立电离的概念；理解导电现象的微观本质；电离方程式的书写；从电离角度认识酸、碱、盐的本质。

教学难点：理解导电现象的微观本质。

3.6 教学方法

讲授法、实验探究法、多媒体辅助教学法。

3.7 教学思路

在设计本节课的教学时，着眼于化学学科核心素养的发展，贯穿真实的问题情境，通过“创设情境，引发思考”“探析本质，解读电离”“三重表征，构建电离模型”“归纳总结，应用电离”四个教学环节浓墨重彩地剖析电离，聚焦大概念，设计知识进阶。立足于化学学科核心素养的发展，问题线索与真实情境相交融，培养学生的认识记忆、理解掌握、模仿应用、分析评价、拓展创新等关键能力，使其学会透过现象看本质，实现关键能力和核心素养的共同发展。本节课的设计思路如图1所示。

3.8 教学设计

环节一：创设情境，引发思考

激趣设疑 生活常识告诉我们，给电器通电时，湿手触电容易发生触电事故，如图4所示。

资料卡片 汗渍的主要成分

师：造成“湿手导电”的原因，可能有哪些呢？

生：氯化钠，水……

设计意图 从真实生活情境出发，拉近化学与生活之间的联系，建立直观印象，有利于激发学生学习兴趣。

环节二：探析本质，解读电离

学习任务一 探究物质的导电现象

引导学生提出猜想 ①水导电；② NaCl 导电；③水和 NaCl 共同作用能导电

实验探究 连接装置，分别将电极插入蒸馏水、NaCl 固体、NaCl 溶液，观察实验现象。

实验结论 测试蒸馏水和 NaCl 固体时小灯泡不亮，测试 NaCl 溶液时小灯泡发亮，如图5所示。

图4 湿手导电示意图

图5 氯化钠溶液电解图

教师提问 为什么只有氯化钠溶液才导电呢？NaCl 固体在水中到底发生了什么行为？水分子的作用是什么？请大家绘制体现 NaCl 固体在水中行为的微观示意图，并说明绘图理由。

动画播放 氯化钠固体和水分子的结构，NaCl 固体在水中行为的微观示意图。

得出结论 只有 NaCl 溶液才导电，像 NaCl 这样的物质能溶于水，且能导电，该物质就为电解质。湿手导电是因为汗液是电解质溶液。

师：NaCl 除了在溶液中可以导电，还可在其他状态下导电吗？

生：还可在熔融状态下。

实验探究 观看将电极插入熔融状态下的 NaCl 中的视频，观察实验现象。

得出结论 NaCl 在熔融状态下可导电。

归纳定义 电解质是在水溶液里或熔融状态下能够导电的化合物。

设计意图 开展“微探究”，引导学生大胆猜想、设计实验、观察现象、分析论证。对 NaCl 在水中的行为，学生先绘制草图，教师再给出彩图和 Flash 动画。从生活出发，探寻宏观现象背后的微观本质，从而初步理解电离。接着验证一系列物质的导电性，从微观角度讨论蔗糖溶液不导电的原因，为后续环节实现知识进阶和方法进阶埋下伏笔。

学习任务二 探析电解质导电本质

设疑 为什么 NaCl 在干燥时不导电，而在溶于水或熔融状态下却能导电呢？

引导分析 电流是由带电荷的粒子按一定方向移动而形成的。物质能够导电，必须具有能自由移动的带电荷的粒子，比如金属导电，是有自由电子的定向移动。

微观探析 展示金属中电子定向移动的示意图，如图6所示。

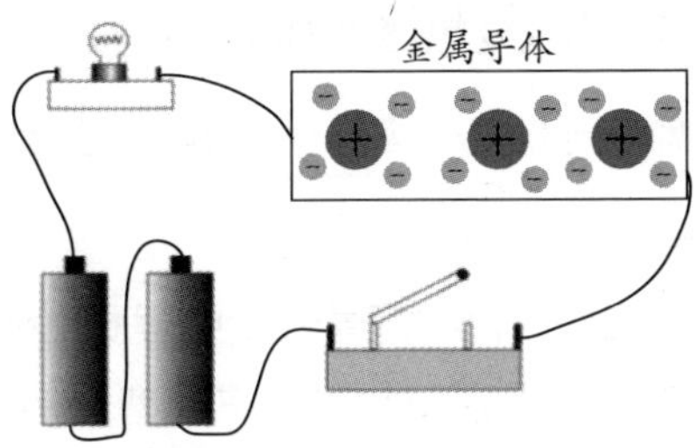

图6 金属导电示意图

得出结论 NaCl 溶液和熔融态 NaCl 能够导电，说明存在自由移动的带电荷的粒子。

微观探析 动态模拟 NaCl 固体在水中的溶解和形成水合离子的过程以及溶液中“离子定向移动”的过程，见图7和图8。

引导分析 NaCl 溶液可产生了自由移动的水合钠离子和水合氯离子，可导电。

微观探析 动态模拟熔融态 NaCl 导电的过程。

引导分析 熔融态 NaCl 可产生能自由移动的钠离子和氯离子，可导电。

设计意图 利用金属导电原理，理解物质导电本质是自由移动的带电微粒做定向移动，促进向微观表征转化。以动态模拟过程展现微观变化，实现宏观与微观融合，理解 NaCl 溶液导电的本质。

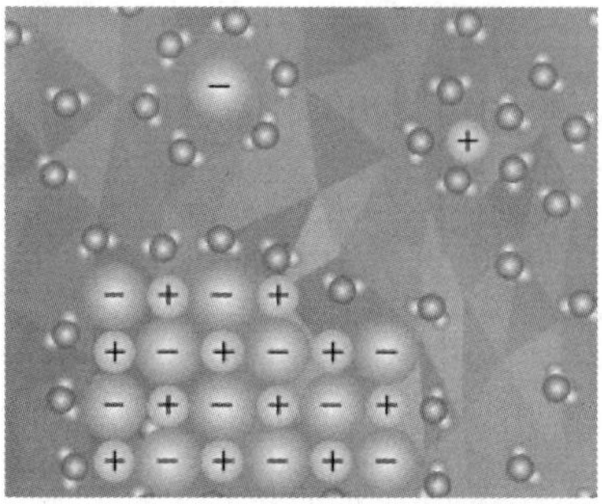

图7 NaCl 固体在水中的溶解和形成水合离子的过程

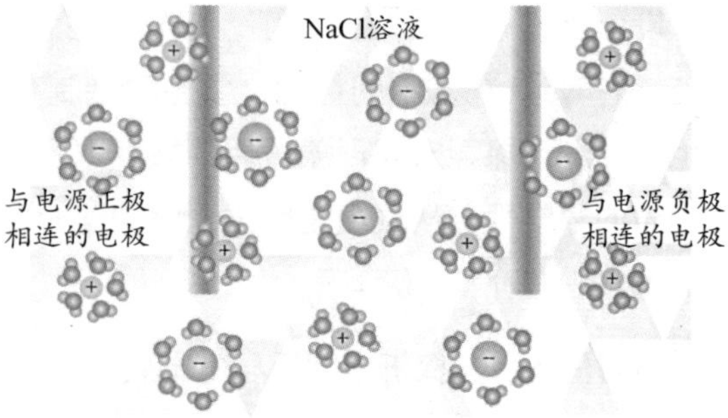

图8 溶液中离子定向移动的过程

环节三：三重表征，构建电离模型

引导分析 电解质溶于水或受热熔化形成自由移动的离子的过程叫作电离。

提问 电解质的电离如何用符号表征？以 NaCl 在水溶液中的电离为例。

引导分析 $NaCl = Na^+ + Cl^-$

引出概念 电离方程式：用化学符号表示电解质电离的式子。

引导分析 模型的概念、类别，并以电离模型为例说明模型的建构对知识学习的意义。

设计意图 通过符号表征，建立电离方程式的概念，初步构建电离的认知模型，实现“宏观—微观—符号”三重表征。承接上一环节对电离行为的微观分析，本环节用符号语言表征电离过程，构建电离概念模型，树立学生模型意识，促使学生明确模型的构建对知识学习的意义。利用模型帮助学生对电解质和电离概念的理解与掌握，对概念进行升华。

环节四：归纳总结，应用电离

巩固练习 写出 HNO_3、HCl、H_2SO_4、$Ba(OH)_2$、NaOH、$Ca(OH)_2$、NH_4NO_3、K_2CO_3、Na_2SO_4 的电离方程式。

提问 能否从电离的角度给酸、碱、盐下定义呢？

引导分析

（1）酸：电离时生成的阳离子全部是 H^+ 的化合物。

（2）碱：电离时生成的阴离子全部是 OH^- 的化合物。

（3）盐：电离时生成金属离子（或 NH_4^+）和酸根离子的化合物。

小结 回顾电解质、电离、电离方程式的概念，以及酸碱盐的定义。

巩固练习 课后了解生活中的电解质。

设计意图 学生对比各组物质的电离方程式后，对酸、碱、盐的定义呼之欲出。通过辨识记忆、概括关联等学习理解型活动完成新知识的意义建构和新认识角度的建立，对酸、碱、盐概念的理解较初中学段实现了认识进阶。

3.9 教学总结与反思

通过对D老师“电解质的电离”课程案例的分析，笔者认为可以从两个方面出发，阐述从案例中得到的体会。

3.9.1 课堂教学应融合STSE教育理念，培养学生解决实际问题的能力

本次课程内容紧密联系生活实际，从问题情境的“湿手导电”到模型应用的“电解质对生活的作用”，都体现了D老师对课程内容生活化的重视。STSE教育是国际科学教育改革的新理念，也是科学教育改革的未来趋势。《普通高中化学课程标准（2017年版）》主张开展“素养为本”的教育，要求教师以发展化学学科核心素养为主旨，设计满足学生多元发展的课程结构，课程内容应力求体现基础性与时代性，积极开发和利用真实问题情境，并在必修和选择性必修模块都提供了相应的“学习活动建议”和“情境素材建议”。真实的STSE问题和化学史实等，都可作为课堂教学的情境素材。在教学中，教师应重视STSE内容主题的选择和组织，紧密联系生产、生活实际，使学生认识到化学能够创造更多物质财富满足人们日益增长的美好生活需要，能综合运用所学知识解释和解决生活、社会实际问题。

3.9.2 概念教学应注重模型构建，外显思维方式

本节课着眼于化学学科核心素养的发展，贯穿真实的问题情境，通过“创设情境，引发思考”“探析本质，解读电离”“三重表征，构建电离模型”“归纳总结，应用电离”四个教学环节浓墨重彩地剖析电离相关知识，聚焦大概念，设计知识进阶，帮助学生构建完整的电离认知模型。而模型的构建，则经历了问题表征、科学探究、符号表征、归纳模型和解释应用五个过程，让学生体验了模型构建的一般过程。为了激活学生的思维，促使其深度思考，D老师将“宏观表现—微观探析—符号表征”这一思路贯穿各个教学环节，从宏观表现上体现概念的内涵，再从微观角度进行分析，解释宏观现象，最后抽象概括引出概念，构建概念模型。概念模型的运用有助于帮助学生厘清抽象的概念，帮助学生从不同的角度理解和升华概念，有助于学生在面对陌生情境、陌生问题时迅速进行情境关联、问题归

类，从而实现自主迁移，能利用已有的化学学科知识和认识思路与方法解决问题。所以在教学中，教师应采取多种手段开展概念教学，重视概念在不同视角下的解读，注重模型建构，外显思维过程与方法。

4 结语

如何进行化学概念的教学？ D老师的这堂课对此进行了深刻诠释，从中我们可获得一些有益启示：(1) 教师应提高自身能力与素养，落实终身学习理念；(2) 概念教学应注重模型建构，外显思维方式；(3) 明确模型建构的一般过程，即问题表征、科学探究、符号表征、归纳模型和解释应用五个过程；(4) 运用多种教学策略，充分发挥学生主体性，以提高教学质量。

当然，D老师的课堂也存在一些问题，如课堂设置了较多的探究性活动，部分学生能力较弱，对活动的处理不到位；基础较薄弱的学生跟不上班级教学进度，长久下去，会影响该部分学生的发展等。这些问题都需要D老师进行自我反思，以及在之后的教学中不断完善。虽然教学存在缺点，但D老师这堂课仍值得一线教师及教育工作者学习与思考！

参考文献

[1] 谢泽琛，钱扬义. 国内“化学概念教学”研究新进展 [J]. 化学教育，2004（10）：58-61.

[2] 吴晗清，韩蓉. 中学化学概念教学的症结与策略探析：基于“电解质”概念教学的实证研究 [J]. 化学教育（中英文），2019，40（3）：70-74.

[3] 刘瑞东，祁雪莉. 中学化学概念教学新探 [J]. 化学教学，2004（11）：13-15.

[4] 陈进前. “模型认知”是重要思维方式 [J]. 化学教学，2020（5）：9-15.

[5] 普通高中化学课程标准（2017年版）[S]. 北京：人民教育出版社，2018.

[6] 王晶. 普通高中教科书化学必修第一册 [M]. 北京：人民教育出版社，2019：1-122.

[7] 解慕宗. “素养为本”视域下的化学概念教学初探：以“电解质的电离”为例 [J]. 中学化学教学参考，2020（19）：16-19.

案例思考题

（1）在中学化学教学中，如何贯彻落实核心素养？

（2）D老师在教学中设置了多样的教学任务，是否有足够的时间完成教学？

（3）D老师的课堂教学模式是否适用于基础相对较薄弱的学生？

（4）D老师这节课在帮助学生构建电离的认知模型中，经历了哪几个过程？这些过程分别在概念模型构建中起到了什么作用？

高中化学“燃料电池”教学改进过程

陈 澳[①] 彭祎昀[②]

摘 要：燃料电池是高中化学电化学部分的重要内容。A老师基于历史起源、知识学习、拓展延伸和实践应用四部分开展教学，并经过多次教学设计修改与课堂实践，最终设计成一节基于燃料电池发展史，通过理论推理、史料还原和实验验证展开教学的课。本案例依据该教学内容的改进过程整理而成，在不断地改进与实施的过程中，A老师的课程设计更加完善，教姿教态等基本功得到提升。展现了打磨教学内容对教学技能提升的作用，以期为开展课堂教学提供参考。

关键词：高中化学；燃料电池；教学改进

背景信息

“燃料电池”是高中化学选择性必修1第四章第一节的内容，本节内容主要学习原电池和化学电源两部分内容，其中化学电源部分主要介绍一次电池、二次电池和燃料电池三种常见的化学电源。要求学生掌握燃料电池的定义以及典型燃料电池——氢氧燃料电池的工作原理，同时介绍燃料电池相对于其他化学电源的优势与不足。

在必修教材中，学生对于电化学相关知识有简单的了解，学习了化学能与电能的相互转化，因此对于该部分内容的学习具有一定的学习基础和化学思维。因此在讲解时，应深入分析反应原理，引导学生从微观粒子变化的角度理解反应过程。从而掌握电池原理，能够书写出电极反应，并且可以尝试书写其他类型的燃料电池化学方程式。

本课例选自一次教学活动中“燃料电池”教学内容的改进过程。综合各位老师的意见，对于本内容进行多次修改与实践，并将修改过程记录下来，以供教学参考。

---

① 陈澳，男，湖南宁乡人，湖南科技大学化学化工学院在读硕士研究生。

② 彭祎昀，男，湖南宁乡人，湖南省长沙市明德中学教师。

案例正文

1 课前准备

1.1 精选教学主题，分析教学内容

综合教材内容，选取人教版《普通高中教科书 化学 选择性必修1 化学反应原理》第四章第一节“燃料电池”内容。在此之前，学生们已经在必修第二册学习了“化学反应与能量变化”，该部分内容要求学生掌握化学能与电能的转化关系、铜锌原电池基本原理。简单介绍了常见的一次电池、二次电池和燃料电池，同时要求学生能够自主设计简单的原电池。除此之外，学生们在选择性必修1第四章还深入地学习了原电池的工作原理，常见的一次电池和二次电池的工作原理。能够依据反应原理分析电池正负极及电极反应，对于原电池的学习有一定的思维逻辑。

该部分内容要求学生掌握燃料电池的定义以及典型燃料电池——氢氧燃料电池的工作原理，同时介绍燃料电池相对于其他化学电源的优势与不足。燃料电池与一次电池、二次电池是目前常见的化学电源最主要的三种形式，该部分内容是本小节“化学电源”的重要组成部分，是学生必须掌握的化学电源类型。同时该内容结构简单，教学思路明晰。因此选择“燃料电池”这一内容开展教学。

1.2 开展学情分析，制定教学目标

在学习本节内容之前，学生在必修第二册已经对原电池和化学电源有了初步了解，掌握了单液原电池的工作原理，能够设计简单的原电池，同时对不同化学电源的类型、结构、性能也有了初步认识。在学习选择性必修1时，学习燃料电池之前也已经深入学习了双液原电池的基本原理，了解了一次电池和二次电池的基本结构，基本构建了原电池模型。同时学生也能从氧化还原反应的角度分析电池反应，能够书写简单的化学反应方程式。

经过燃料电池内容的学习，学生区分三种不同类型的化学电源，可以书写不同燃料电池的电极反应方程式，并且能根据燃料电池反应原理图或电池总反应方程式设计燃料电池，掌握陌生电池电极方程式书写的方法。对于生活中常见的燃料电池能从结构、原理和性能等多方面进行分析。

学习本节内容，学生最大的障碍是如何依据化学反应方程式或电池结构原理图书写燃料电池的电极反应方程式，以及对原电池模型的灵活运用。学生需要建

立模型与实际产品之间的联系，运用原电池的分析方法，尝试分析不同电解质溶液或不同燃料设计的燃料电池的工作原理，并尝试书写电极反应方程式。

《普通高中化学课程标准（2017年版）》中对燃料电池部分的学业要求：能列举常见的化学电源，并能利用相关信息分析化学电源的工作原理。教材主要介绍了氢氧燃料电池的反应原理以及燃料电池的定义、优缺点等。依据课程标准以及教材内容，结合学科核心素养和学科育人价值要求，本节课的教学目标与评价目标如表1所示。

表1　教学目标与评价目标

教学目标	评价目标
（1）能够列举常见的燃料电池 （2）通过学习氢氧燃料电池的工作原理，能够简单描述氢氧燃料电池结构、正负极材料，并写出不同电解质溶液中的电极反应方程式 （3）通过了解燃料电池的优缺点，能够认识到燃料电池发展对于能源发展的重要意义 （4）通过了解我国燃料电池发展现状以及最新科研成果，感受我国在燃料电池领域取得的卓越成就，激发学生的民族自豪感	（1）通过书写不同电解质溶液中的电极反应方程式，诊断学生对氢氧燃料电池的理解 （2）通过对陌生燃料电池的电极反应方程式的书写，诊断并发展学生电极反应方程式书写方法 （3）通过燃料电池正负极的理论推断以及史实验证、实验验证过程，诊断并发展学生证据推理核心素养

1.3　把握教学重点，选择教学方法

依据《普通高中化学课程标准（2017年版）》，在理解教材的基础上，A 老师确定了以下教学重点和难点。

教学重点：燃料电池的定义，氢氧燃料电池的工作原理、性能、优缺点及应用。

教学难点：氢氧燃料电池的工作原理及不同电解质溶液中电极方程式的书写。

考虑到学生学习情况和教学内容特点，本节课主要采取以下教学策略与方法：

（1）情境教学法：以燃料电池发展历程为线索，掌握不同类型电池的反应原理，同时介绍各类电池目前最新科研成果和发展现状，引导学生将课堂教学和自己的经验结合起来，主动去发现周边的相关事物。

（2）直观演示法：利用实验、图片等手段进行演示，让学生能直观了解电池结构及反应过程，激发学生的学习兴趣，活跃课堂教学气氛，加深学生对知识的掌握。

1.4　明确教学思路，梳理教学流程

综合教学内容特点及学生情况，本节课程主要教学思路如图1所示。

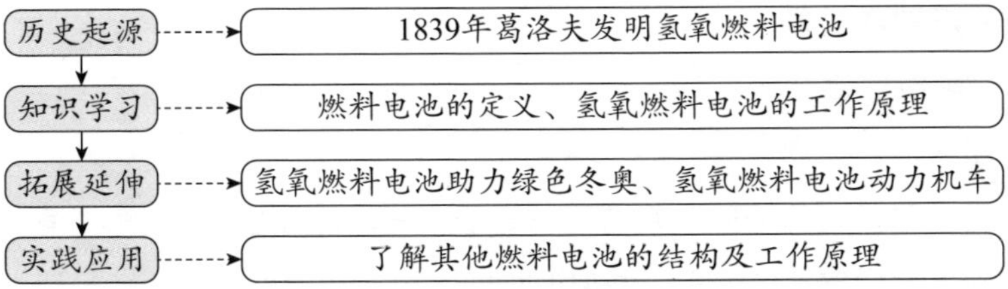

图1 教学思路

本节内容围绕教学目标，将整个教学过程分为历史起源、知识学习、拓展延伸以及实践应用四部分。课程开始以1839年英国科学家葛洛夫发明氢氧燃料电池为背景引入，然后学习燃料电池的定义，分析氢氧燃料电池的工作原理，之后拓展目前氢氧燃料电池的最新应用，并让学生在课后自主学习其他燃料电池的工作原理，培养学生的自主学习能力和联系推测能力。依据此教学思路，梳理出具体教学流程如表2所示。

表2 教学流程

教学环节	教师活动	学生活动	设计意图
课程引入：历史起源	介绍葛洛夫发明氢氧燃料电池的过程	了解燃料电池的起源	通过故事讲解让学生了解电池发展历程
新课讲授：知识学习	（1）讲解燃料电池的定义 （2）分析氢氧燃料电池的工作原理	（1）自主阅读教材，理解燃料电池的定义 （2）小组讨论分析燃料电池的结构及工作原理 （3）尝试书写氢氧燃料电池电极方程式	通过教师讲授以及小组活动让学生能够理解燃料电池及其工作原理，掌握电极方程式书写方法
新课讲授：拓展延伸	介绍氢氧燃料电池在北京冬奥会以及混合动力机车方面的突出贡献和卓越成就	（1）了解我国在氢氧燃料电池方面取得的成就 （2）了解燃料电池相较于其他化学电源的优势与不足	通过介绍最新的发展成果，让学生感受到我国科研实力，增强学生的民族自豪感
课堂小结	（1）引导学生总结本节课程主要内容 （2）强调本节内容的重难点	总结本节课主要知识点	学生自主归纳总结，加深对知识点的理解
课后作业：实践应用	发布课后作业，引导学生认真完成	（1）梳理电池发展历程，做成图谱 （2）了解其他燃料电池电极反应方程式并总结书写方法	通过课后作业，加深对电池发展史以及燃料电池的理解

2 开展初次教学

2.1 教学实录

课堂引入

师：同学们，大家好！今天我们一起学习一种新的电池——燃料电池。

（PPT 展示标题）[板书：燃料电池]

师：首先，老师想和大家分享一个科学家的小故事（PPT 展示葛洛夫头像）。1839年，英国科学家葛洛夫在研究电解水实验时，突发奇想：既然在电流的作用下，水可以分解为氢气和氧气，那能否在氢气和氧气中插入电极，生成水并产生电流，从而使电解水实验逆转呢?

生：思考并展开讨论。

师：带着这个疑问，葛洛夫做了这样一个实验：（PPT 展示文字和示意图）葛洛夫将金属铂分别放入两个瓶中，一个瓶中充满氢气，另一个瓶中充满氧气，并同时倒置于稀硫酸溶液中。通过实验发现，在外电路中检测到了电流的通过，同时盛有气体的瓶中也有水生成。之后，葛洛夫将4个这样的装置串联起来，点亮了伦敦讲演大厅的照明灯。燃料电池就这样诞生了。

师：那什么是燃料电池呢？请同学们阅读98页上半部分，自主学习相关内容。

新课讲授

2.1.1 燃料电池的定义

师：好，同学们停下来，老师想请一位同学来回答我，什么是燃料电池？来，请这位同学回答一下。

生：燃料电池是一种能够连续地将燃料和氧化剂的化学能直接转化为电能的化学电源。

（PPT 展示）[板书：（燃料 + 氧化剂）化学能→电能]

师：燃料电池中最常见的是氢氧燃料电池，接下来，我们以氢氧燃料电池为例，学习燃料电池的工作原理。请同学们阅读书本98-99页内容，并以小组为单位，讨论氢氧燃料电池的工作原理。

2.1.2 氢氧燃料电池工作原理

师：好，停下来，通过刚刚的讨论，相信大家对氢氧燃料电池的工作原理有了深入的理解，下面请一位同学来给我们讲解一下在酸性条件下氢氧燃料电池的工作原理。

生1：电池负极通入氢气，正极通入氧气。电池总反应为氢气与氧气反应生成水。

（展示PPT）[板书：总反应：$2H_2+O_2 = 2H_2O$]

生2：负极通入的氢气在铂催化下分解成氢原子，氢原子失去电子生成氢离子，根据原电池阴阳离子的移动规律，氢离子通过质子交换膜移向正极。因此负极反应为：

（展示PPT）[板书：负极：$2H_2-4e^- = 4H^+$]

生3：正极通入的氧气在铂的催化下分解成氧原子，氧原子得到电子生成氧离子，氧离子与氢离子结合生成水。因此正极反应为：

（展示PPT）[板书：正极：$O_2+4H^++4e^- = 2H_2O$]

师：氢氧燃料电池大大提高了能源的利用率，并且还可以做到污染物的少排放甚至零排放，被誉为“绿色发电站”，已经被广泛运用到我们的日常生活中了。

2.1.3 知识拓展

师：例如，在2022年刚刚闭幕的北京冬奥会上，使用了超过1000辆氢能源汽车，同学们不要小看这一数量哦，这是目前全球最大规模的一次氢氧燃料电池汽车运营。氢氧燃料汽车的发展既为“绿色冬奥”做出了巨大贡献，也展现了我国在氢能源方面取得的卓越成就。

师：此外，氢氧燃料电池也开始应用于其他交通领域，例如，历经14年研发，2021年，我国首台自主研发的氢燃料混合动力机车成功下线并投入使用，这标志着我国在该领域走在了世界前列。

课堂小结

生：这堂课我们主要讲解了燃料电池的起源、氢氧燃料电池的工作原理以及我国在燃料电池方面的创新成果。

师：同学们需要重点掌握氢氧燃料电池的工作原理及相关方程式的书写。

课后作业

师：最后给同学们布置两个课后作业：（1）请同学们收集有关化学电池发展的史料以及电池发明背后的科学家故事，下次上课跟大家分享。（2）了解不同类型燃料电池的工作原理，掌握电极反应及电池反应的书写。今天的课到此结束，下课！

2.2 教学反思

在讲解完毕后，各位老师从教姿教态、教学设计以及演示实验等方面提出以下具体建议。

2.2.1 教姿教态

语速过快，整体教学节奏太快；每句话都太长了，没有适当的停顿，听起来很累；教学引导性不够，缺少给学生思考的时间；教学过程中，缺乏与学生的交流；讲解过程中应有提问，在提问的过程中分析原理；眼神要低一点，要多与学生有眼神交流；上课要平和，不要发力太猛；书写板书时，可身体随之移动，从而避免越写越往上。

2.2.2 教学设计

对于反应过程中电子转移的讲解应更加具体；方程式书写时，解释还是不到位，学生无法理解；板书设计应先写第一点，再写第二点；精简一些不重要的内容，突出重点；阅读教材、提问环节应改进，不应流于形式；讲解氢氧燃料电池工作原理时，应多花些时间；板书与 PPT 中的方程式不用重复；拓展素材太多，还需更加精简，PPT 上的文字说明可以不用。

2.2.3 演示实验

演示实验装置应更加简洁，导线过长，看着比较凌乱[1]；实验开始前应简单介绍实验装置，特别是试管中是氢气还是氧气；实验整体过快，没有详细讲解，不深入，起不到演示实验的作用；学生无法看到电流表的变化，应注意电流表的摆放位置，同时应提醒学生注意观察电流表示数的变化；实验操作应更加规范，此次操作有些随意；仪器应正面给学生看，确保学生充分了解相关操作及装置[2]。

3 改进教学

3.1 教学流程图

在听取同学和老师的意见之后，A 老师燃料电池的演示实验成功完成，同时综合其他建议，对教学过程进行了改进，如图2所示。

本节课基于化学核心素养中的“证据推理”展开设计。围绕燃料电池的发明及改进过程展开。首先由燃料引出燃料电池，并基于原电池及氧化还原反应规律从理论上判断氢气与氧气反应可以设计成原电池，氢气做负极，氧气做正极，再引入化学史，从历史的角度证实氢气与氧气反应可制成燃料电池；然后再进行燃料电池演示实验，通过与干电池进行对比判断电池正负极，从实验证据的角度再次证实氢气与氧气反应可以制成燃料电池；再书写对应的电极反应，并让学生掌握不同电解质溶液中氢氧燃料电池的电极反应；最后对燃料电池的实际应用和最新成果进行拓展，让学生基于化学史及实验探究双重证据，深度理解氢氧燃料电池的工作原理。

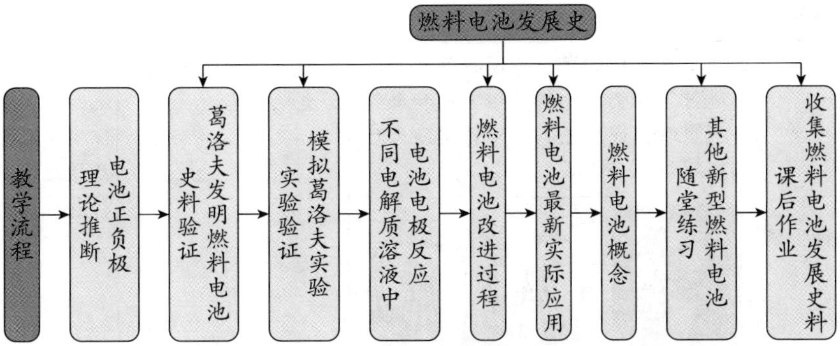

图2 教学流程图

3.2 具体教学设计

依据教学设计理念和各位老师的建议，A 老师将教学过程进行了改进，具体教学设计列于表3。

表3 教学设计

教学流程		教师活动	学生活动	设计意图
新课引入		（1）复习引入：化学电源的三种类型：一次电池、二次电池和燃料电池。一次电池（碱性锌锰电池）与二次电池（铅酸蓄电池）的电极反应方程式 （2）提问：今天我们继续学习第三种化学电源——燃料电池。说到燃料，有哪些化学物质经常被用作燃料呢？	（1）回顾化学电源的三种主要类型及电极反应方程式 （2）思考哪些化学物质常被用作燃料	引导学生回顾之前所学的电池类型及电极反应，加深对知识的理解，同时引出本节课要学习的燃料电池
新课讲授	理论推断：电池正负极	（1）追问：如果用氢气作燃料，反应方程式应该是什么呢？氢气与氧气，燃烧生成水 （2）追问：我们知道，任何自发的氧化还原反应，都可以设计成原电池。依据这个反应，谁是正极？谁是负极？在这个反应中，氢的化合价升高，氧的化合价降低，依据氧化还原反应的规律，氢气应该失去电子，做负极；氧气得到电子，做正极 （3）设问：氢气与氧气的反应是否真的能构成原电池呢？如果能，通入氢气一边真的是负极，氧气一边真的是正极吗？	（1）思考氢气作燃料的反应方程式 （2）思考氢氧燃料电池的正负极	通过一连串的问题，层层深入，引导学生思考电池反应原理，判断电池正负极

续表3

教学流程		教师活动	学生活动	设计意图
新课讲授	史料验证	讲述历史：1839年，英国科学家葛洛夫进行了探索。他将多组氢气和氧气进行串联，成功点亮了伦敦讲演大厅的照明灯  William Grove (1811—1896) 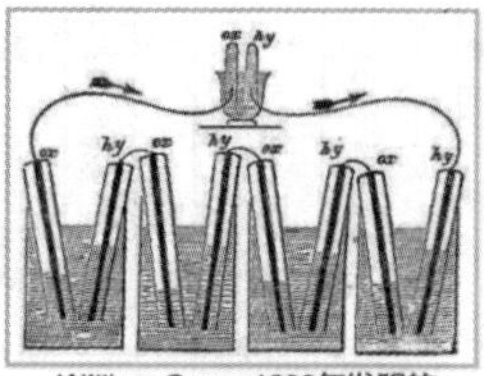 William Grove 1839年发明的氢氧燃料电池示意图	了解燃料电池的发明历史	通过讲述燃料电池的发明史，既证实了猜想，又让学生了解了燃料电池的起源
	实验验证	实验演示：介绍燃料电池实验装置；利用干电池进行对比实验，便于判断燃料电池正负极；分别连通干电池电路及燃料电池电路，进行演示实验 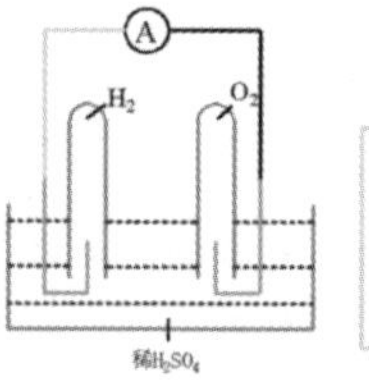 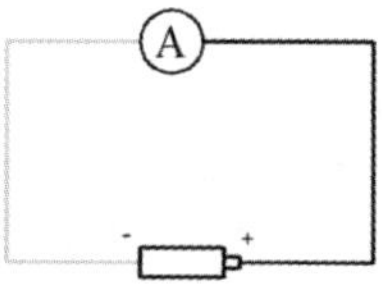   	观察实验现象，判断电池正负极	通过演示实验，再次证实猜想的正确性，同时引导学生书写电极反应方程式
	不同电解质溶液中燃料电池的电极反应	（1）提问：知道了电池正负极，那对应的电极反应应该是怎样的呢？ 负极：$2H_2-4e^- = 4H^+$ 正极：$O_2+4H^++4e^- = 2H_2O$ （2）追问：如果是中性或者碱性电解质，氢氧燃料电池对应的电极反应方程式应如何书写呢？ 负极：$2H_2-4e^- = 4H^+$ 正极：$O_2+2H_2O+4e^- = 4OH^-$	思考并尝试书写酸性、碱性（中性）条件下氢氧燃料电池的电极反应方程式	通过分析不同电解质溶液中电池电极反应的区别，引导学生思考如何书写不同情况下的电池电极反应方程式

续表3

教学流程		教师活动	学生活动	设计意图
新课讲授	燃料电池改进与实际应用	（1）电池改进：电流表指针偏转角度很小，电池产生的电流很小，没有实用价值；通过串联多个装置增大电流，并联多个装置增大电压；引入了离子交换膜减小电阻 （2）实际应用：北京冬奥会开展全世界第一次氢氧燃料电池汽车示范性运营。我国成果研发氢氧燃料电池混合动力机车（播放相关视频）  2022年冬奥会的氢燃料汽车  2022年冬奥会的氢燃料发电车  我国自主研发的氢氧燃料电池混合动力机车 （3）优点：氢氧燃料电池的最终产物只有水。因此，电池可以实现零污染、零排放，被誉为“绿色发电站”	（1）了解电池的改进思路 （2）感受燃料电池的实际应用以及我国在燃料电池领域取得的卓越成就 （3）了解氢氧燃料电池的优点	通过了解燃料电池的实际应用，让学生感受我国在该领域取得的卓越成就，激发学生的民族自豪感
	燃料电池的定义及与其他电池的区别	（1）提问：学习了氢氧燃料电池的工作原理，什么是燃料电池呢？电池是能够将化学能转化为电能的装置。燃料电池就是能够将燃料与氧化剂中的化学能直接转化为电能的一种电池 （2）区别：相比于其他电池，燃料电池的反应物能够连续地由外部供给，生成物能不断地被排出，于是就可以连续不断地提供电能了	（1）理解燃料电池的定义 （2）了解燃料电池与其他电池的区别及优点	通过讲解燃料电池的概念及其与其他电池的区别，加深学生对燃料电池的认识和理解
	随堂练习1：甲烷燃料电池	随堂练习1：甲烷燃料电池是用金属铂插入KOH溶液中作电极，在两极上分别通甲烷和氧气。电池总反应为： $CH_4+2O_2+2KOH == K_2CO_3+3H_2O$ 负极（通CH_4）： $CH_4+10OH^- -8e^- == CO_3^{2-}+7H_2O$ 正极（通O_2）： $2O_2+4H_2O+8e^- == 8OH^-$	完成随堂练习1：书写甲烷燃料电池的电极反应方程式	通过随堂练习巩固燃料电池相关知识的同时，也介绍了新型的燃料电池。以习题的形式开阔学生视野，并且总结出电池电极反应

续表3

教学流程	教师活动	学生活动	设计意图
随堂练习2：熔融碳酸盐燃料电池	（1）随堂练习2：熔融碳酸盐燃料电池是以盐类熔化后形成的熔融体作为电解质的燃料电池，能量密度比锂电池高。熔融碳酸盐电池的电解质多为碱金属（如Li、Na、K等）的碳酸盐，在高温条件下使碳酸盐熔融电离，内电路中通过碳酸根离子的移动导电。如以 Li_2CO_3 和 Na_2CO_3 低熔混合物为电解质，以 CH_4 为燃料、空气为氧化剂的电池总反应式为： $CH_4+2O_2 = CO_2+2H_2O$，请尝试书写电池电极反应方程式 负极：$CH_4+4CO_3-8e^- = 5CO_2+2H_2O$ 正极：$O_2+2CO_2+4e^- = 2CO_3^{2-}$ （2）总结方法：依据总反应书写电极反应时，可以先写出相对简单的电极反应，然后再用总反应减去该反应得到另一个电极的电极反应	（1）完成随堂练习2：书写熔融碳酸盐电池的电极反应方程式 （2）总结电极反应书写方法	书写的方法
课堂小结	引导回顾：本节课主要学习了燃料电池的定义、发展历程、优缺点，以及不同电解质溶液中氢氧燃料电池的工作原理，电池电极反应方程式书写的方法	回顾所学知识，明确重点学习内容。掌握电池电极方程式书写方法	通过课堂小结，引导学生总结本节内容所学知识，明确重难点，查漏补缺，发现并及时改正自己的问题
课后作业	（1）请同学们收集有关燃料电池发展的史料以及电池发明背后的科学家故事 （2）了解其他类型燃料电池的工作原理，掌握电极反应及电池反应的书写	查阅资料，完成课后作业	通过查阅资料等形式，让学生更加全面地了解电池发展史，提升学生化学学习兴趣

4 教学反思

此次教学设计相比之前的更加注重实验的作用，主要通过实验进行启发引导教学，学生通过实验现象，分析实验原理，掌握电池基本工作原理。课程设计上相对于之前有了很大变化，内容也更加详细和具体，如果教学过程中能够圆满完成相应的教学任务，则能展现出更好的课堂效果，因此除设计以外，还应规范实验操作，增强教学基本功，对教学内容也应更加熟悉。

总结该教学过程的设计思路，主要有以下几点创新之处。

（1）教学设计创新。本节课基于核心素养中的“证据推理”设计。围绕燃料电池的发明及改进过程展开。首先由燃料引出燃料电池，并基于原电池及氧化还原反应规律从理论上判断氢气与氧气反应可以设计成原电池，氢气做负极，氧气做正极；接着引入化学史，从历史的角度证实氢气与氧气反应可制成燃料电池；再进行燃料电池演示实验，从实验证据的角度再次证实氢气与氧气反应可以制成燃料电池；然后书写对应的电极反应，并让学生掌握不同环境下氢氧燃料电池的电极反应；最后对燃料电池的实际应用和最新成果进行拓展。让学生基于化学史及实验探究双重证据，深度理解氢氧燃料电池的工作原理。

（2）演示实验创新。此教学中涉及的燃料电池演示实验，相比于目前教学中采用的先电解水再设计成燃料电池的演示实验，实验过程更加简单明了，能够节约课堂教学时间[3]。同时，实验重点突出，学生的关注点都在燃料电池上[4]。除此之外，通过引入干电池的偏转方向辨析燃料电池的正负极，在电池正负极判断方面直观简洁。

5 结语

此次教学活动有效提高了教师技能及专业素养。一堂好的课程只有经过反复修改与打磨才能形成，好的教学就是经过不断运用理念，积累经验，反复实践而成的。作为一名新手教师，既要认真对待实践过程，也要认真反思，从中总结出规律方法，为将来积累宝贵的经验。此案例详细记录了最初的设计思路以及修改的过程和最终的成果，对今后的教学有良好的参考价值。

参考文献

[1] 陈静，陈懿．氢氧燃料电池演示实验的改进 [J]. 化学教学，2022（4）：74-78.

[2] 梁秋婵，陈博，陈安娜，等．氢氧燃料电池实验的装置改进与实验条件优化 [J]. 化学教育（中英文），2019，40（21）：70-73.

[3] 孔玲芸．自制“氢氧燃料电池展板式教具”在化学实验教学中的应用 [J]. 化学教学，2013（5）：51-52.

[4] 赵向军．微型电解水装置与燃料电池的改进 [J]. 化学教育，2013，34（1）：68-70.

案例思考题

（1）分析本节课的主要教学思路。

（2）燃料电池演示实验应如何改进与创新？

（3）除案例中提到的教学设计外，针对燃料电池的教学还有哪些合适的教学设计方案？

第四篇　素养发展

基于化学学科核心素养的问题驱动式教学案例分析

——以“氧化还原反应”为例

李佳燕[①]　袁　华[②]　姚相仁[③]

摘　要：氧化还原反应内容是高中化学概念的重要组成部分，是整个高中化学教学的重点之一。该知识的应用贯穿了中学化学教材的始终，是学生系统学习元素及其化合物、离子反应、电化学等知识的重要方法。Y老师以人教版高中化学必修第一册“氧化还原反应”为例，以日常生活中的化学现象为情境素材，通过层层递进的问题引导学生从物质到元素、从宏观概念到微观结构进行思维和视角的转变，探析氧化还原反应的特征和本质，建构氧化还原反应的认知模型。在问题中培养学生“宏观辨识与微观探析”“证据推理与模型认知”“科学态度与社会责任”的化学学科核心素养。

关键词：问题驱动；建构模型；氧化还原反应；化学学科核心素养

背景信息

《普通高中化学课程标准（2017年版）》（以下简称新课标）指出：要充分重视开展“素养为本”的教学，倡导真实问题情境的创设，开展以化学实验为主的多种探究活动[1]。各科专家基于社会发展和人才的培养目标，整合了三维目标与学生学完相应知识后应具备的学科观念、关键能力与品质等，确立了各学科的学科核心素养。新课标中将化学学科核心素养的内容系统描述为“宏观辨识与微观探析、变化观念与平衡思想、证据推理与模型认知、科学探究与创新、科学态度与社会责任”五个方面，旨在让学生通过化学学科的学习形成正确的科学观念、

---

① 李佳燕，女，湖南湘乡人，湖南科技大学化学化工学院在读硕士研究生。
② 袁华，女，湖南邵阳人，湖南科技大学化学化工学院教授。
③ 姚相仁，男，湖南永州人，湖南省长沙市雅礼中学教师。

关键能力和品质[2]。本案例中的化学学科核心素养，应该是在教师组织的活动中，以解决课堂中的实际问题表现出来的关键素养。高中课堂要重视学生自主学习的过程，在抽象的化学理论知识学习中，利用来源于生活实际、工业生产、科学研究、化学实验等真实情境创设有价值的、阶梯式的问题进行驱动式教学，即教师通过围绕核心知识设计一系列有逻辑且相关联的问题，以问题为导向，启发学生对内容进行思考与探索，在思考问题的过程中掌握问题背后蕴含的知识，逐步形成理性思维，构建化学观念和认知模型[3]。

“氧化还原反应”是高中化学的核心概念之一，在初高中知识体系中起到“桥梁”作用。只有让学生系统掌握氧化还原反应的相关内容，才能为后续知识的学习提供理论支持。Y 老师是某市的高中教师，多年从事教学工作，具有丰富的教学经验和扎实的学科知识。Y 老师以人教版高中化学教材必修第一册第一章第三节的“氧化还原反应”的第一课时为例，仔细研读本课时的教学内容与新课标的内容要求，把握教材的重难点，了解学生的知识水平，基于化学学科核心素养确立，以问题驱动教学设计。Y 老师在教学中提出的问题不是简单、单一的问题，而是具有逻辑性、层次性和启发性的问题链，诱发学生积极思考，形成新概念。在课堂中，Y 老师以问题为主线，以学生为主体，重视知识的衔接，通过“氧化反应和还原反应是否同时发生”到“是否所有的氧化还原反应都会同时存在得失氧和化合价升降的特征”再到“氧化还原反应中元素的化合价为变化本质原因”这一串由浅入深的问题来组织丰富的教学活动，增强学生的课堂参与积极性，引导学生从宏观的角度理解氧化还原反应的特征，从微观的角度掌握氧化还原反应的本质，构建氧化还原反应认知模型。Y 老师通过引导学生解决好课堂中的问题，发展学生分析和解决问题的综合能力，实现了教学目标，这一教学设计具有培养学生宏观辨识与微观探析以及模型认知的化学学科核心素养的重要价值。

案例正文

1 基于宏观辨识与微观探析的问题驱动式教学设计

1.1 教学指导思想

1.1.1 课程标准的要求

新课程标准内容要求：“认识有化学价变化的反应是氧化还原反应，了解氧化还原反应的本质是电子的转移，知道常见的氧化剂和还原剂，举例说明日常生产和生活中常见的氧化还原反应。”[1] 本次教学设计依据新课程标准的内容要求，以生活中常见的氧化现象为情境素材，结合学生初中学过的反应，沿着从得失氧到化合价变化到电子转移这条主线，引导学生从宏观到微观、由表及里地探析氧化还原反应的基本特征与本质，以落实新课标的要求。

1.1.2 化学观念建构要求

化学观念是在应用知识过程中发展建构的。本次教学结合学生原有的观念发展状况，从生活中的氧化素材出发，合理创设疑问，逐步引导学生运用对比的方法，应用元素观、价态观分析物质的变化，认识氧化还原反应的本质，培养学生宏观辨识与微观探析的化学学科核心素养。

1.1.3 理论基础指导要求

本次设计以最近发展区理论为指导来落实教学目标。最近发展区理论要求学习任务和活动要落在学生的最近发展区。在教学过程中，Y 老师充分考虑学生现有发展水平，以生活中最常见的氧化现象帮助学生回顾初中学过的化学反应，激发出学生原有的知识储备，得出氧化还原反应的概念，并根据学生的最近发展区对学生提出更高的学习任务，启发学生从化合价的角度去分析氧化还原反应的特征。Y 老师通过思考讨论、动画展示，诱导学生联系元素化合价和电子转移二者之间的关系，帮助学生掌握知识并促进其内化。

1.2 教材分析

该案例的教学内容为人教版高中化学教材必修第一册（2019版）第一章“物质及其变化”第三节“氧化还原反应”的第一课时，氧化还原反应是高中必修课程中的重要理论知识，为后续元素化合物等知识的学习提供了具体指导。本节内容编排在物质的分类及转化与离子反应之后，在元素化合物知识之前，具有承上启下的作用。承上，氧化还原反应是以不同的分类标准对化学反应作的进一步分类，是对“分类观”建构的进一步深化；启下，从化合价和电子转移角度理解氧化还原反应的特征和本质，构建氧化还原反应认知模型，有助于培养学生从物质类别和元素价态等不同视角预测物质的性质和设计转化路径。

新教材中设置“思考与讨论”栏目，指导学生回顾初中已学知识的同时总结氧化还原反应的概念，又提示学生从化合价的角度来讨论化学反应，得出氧化还原反应的特征。让学生通过熟悉的反应对新的知识进行分析应用，强化学生对新知识的理解，培养了学生的证据推理与模型认知的化学学科核心素养。最后，教材以金属钠和氯气以及氢气和氯气的反应为例，从得失电子的微观角度具体阐述了氧化还原反应的本质，培养了学生的宏观辨识与微观探析的化学学科核心素养，由浅入深，符合学生知识的逻辑顺序；教材中的“科学史话”栏目主要介绍了氧化还原反应概念的发展史，符合科学家研究事物的过程，旨在告诉学生：在化学学习中，概念具有一定的适用范围。培养了学生求真务实的科学态度。

1.3 学情分析

在本节课前，高一学生在初中已经接触了许多化学反应，具有按反应物和生成物的类别以及前后物质种类的多少来判断化学反应的基本反应类型的能力，并且能从得失氧的宏观角度理解氧化反应和还原反应[4]，具有一定的分类思想。学生已初步了解最外层电子数与元素性质的相关性，能画出前20号元素的原子结构示意图，对物质中元素的化合价能做出基本判断，但是高一学生只能从得失氧的角度判断氧化还原反应，没有认识到氧化还原反应的特征和本质，辨别方法不全面，从宏观与微观相结合的视角认识物质及其变化的能力较弱。因此，本节课引导学生运用对比分析，应用元素观、价态观来分析物质的变化，从而帮助学生建立化合价的变化与得失电子或电子对的偏移之间关系的理解，理解氧化还原反应的本质是电子的转移与偏移，能够根据元素化合价的变化来判断反应是否为氧化还原反应，培养学生的证据推理和模型认知的化学学科核心素养。

1.4 教学目标

（1）通过分析化学反应，探究氧化还原反应的特征和本质，掌握用化合价的变化来判别氧化还原反应的方法，培养学生的证据推理与模型认知以及宏观辨识与微观探析的化学学科核心素养。

（2）通过提出问题、讨论交流、动画展示，揭示氧化还原反应的本质和特征，培养学生分类对比，由浅入深的逻辑抽象思维能力。

（3）通过判别氧化还原反应及其与基本化学反应类型的关系，检测学生对氧化还原反应特征的掌握情况。

（4）通过教师讲授和小组讨论，帮助学生初步掌握用“双线桥”的方法分析氧化还原反应中电子的得失方向及数目。

1.5 教学重难点

结合本节课的教学内容和对学生的学情分析，确定本节课的教学重点是理解氧化还原反应的特征，以宏微观角度相结合的方法掌握氧化还原反应的实质，理解四大基本反应类型与氧化还原反应的关系；本节课的难点是将分析角度从宏观向微观转变，探究氧化还原反应的特征与本质，让学生建立化合价的变化与得失电子或电子对偏移之间的关系。

1.6 教学方法与策略

本节课的知识比较抽象，理论性概念较多，理解难度大。Y老师在课前做了充分的教学准备——梳理教材内容，解读课标，厘清本节课的重难点，了解学生的实际情况，精心准备教具，计划采用对比分析法、小组讨论法、讲授法等教学方式，促进课堂顺利进行，取得良好的课堂效果。

1.7 教学流程

Y老师在新课标的指导下，教学思路如表1。

表1 “氧化还原反应”的教学流程

教学任务	教师行为	学生活动	设计意图
任务1 知识回顾：回顾氧化反应和还原反应的概念	创设情境，展示生活中的氧化反应的图片和化学反应	判断反应类型，回顾初中氧化反应、还原反应的概念	从学生熟悉的生活现象创设情境，为学习氧化还原反应提供丰富素材
任务2 宏观视角：学习氧化还原反应的特征	（1）提供熟悉的化学反应，引导学生思考氧化反应和还原反应是否同时发生 （2）提出问题，引导学生从化合价的角度，运用“双线桥”的方法分析氧化还原反应 （3）设置矛盾点，即是否所有的氧化还原反应都会同时存在得失氧和化合价升降的特征，提供具体实例，引导学生分析	（1）从得失氧的角度观察并分析化学方程式，完成表格，得出氧化还原反应的概念 （2）运用所学知识标出元素化合价，分析反应 （3）学生思考交流，运用“双线桥”的方法分析反应的特征，总结氧化还原反应的特征	（1）通过分析具体实例，让学生顺利得出氧化还原反应是同时发生的这一结论，获得新概念，培养学生的归纳总结能力 （2）运用元素观和价态观来观察分析，引导学生从规律的发现形成新的概念，培养学生的宏观辨识与微观探析的化学学科核心素养
任务3 微观视角：探究氧化还原反应的本质	（1）思考与交流：探究氧化还原反应的本质原因 （2）运用多媒体展示NaCl和HCl的形成过程	（1）学生思考交流，回答问题 （2）仔细聆听，分析NaCl和HCl的形成过程，得出结论	抽象的电子转移通过动画呈现，更加形象直观，便于学生理解，培养学生构建氧化还原反应的理论模型
任务4 知识强化：探究氧化还原反应与四大基本反应类型的关系	提供具体的反应，引导学生从四大基本反应类型的角度进行分类，指出其中的氧化还原反应	分类，指出反应类型，概括出关系图	通过反应的分类练习，明确不同反应间的联系与差别，培养学生进行分类的思想，巩固知识

2 教学实录

2.1 创设情境，引入课题

化学与生活紧密联系，生活中处处涉及化学，以生活中的素材创设情境，能让学生体会学习化学的重要性，引导学生运用所学化学知识分析解决实际生活中的问题，落实化学学科核心素养[5]。Y 老师结合学生日常生活中的氧化现象（图1，图2，图3），以学生初中学过的化学反应展开教学，承接学生原有的知识，通过课堂提问，启发学生复习氧化反应和还原反应的概念，为后面从得失氧的角度分析氧化还原反应提供了学习素材，提高了学生的课堂参与度。

师：上课，同学们好！

生：老师好！

师：在生活中，我们无时无刻不在接触物质的变化，图片中的现象发生了怎样的变化？

图1 食物腐败

图2 钢铁生锈

图3 燃料的燃烧

生：氧化反应。

师：在初中我们已经学过氧化反应和还原反应了，请根据已学的知识，判断以下反应是属于氧化反应还是还原反应。

（1）铁、铜单质在氧气中燃烧：

$$3Fe + 2O_2 \xlongequal{点燃} Fe_3O_4$$

$$2Cu + O_2 \xlongequal{点燃} 2CuO$$

（2）木炭和氧化铜反应：

$$2CuO + C \xlongequal{高温} 2Cu + CO_2$$

（3）一氧化碳还原氧化铁反应：

$$Fe_2O_3 + 3CO \xlongequal{高温} 2Fe + 3CO_2$$

生1：铁、铜单质反应属于氧化反应。

生2：木炭和氧化铜反应、一氧化碳和氧化铁反应属于还原反应。

师：很好！在初中，我们根据反应中物质得到氧或失去氧，把化学反应分为氧化反应和还原反应。那么，这两个反应之间有没有必然联系呢？今天我们就来探讨这个问题。

2.2　宏观视角：学习氧化还原反应的特征

板书　氧化还原反应

师：我们知道金属与氧气反应生成金属氧化物的过程属于氧化反应，金属氧化物失去氧元素被还原成金属单质的过程属于还原反应，这两个反应能同时进行吗？结合反应（2）与（3），完成表2。

表2　木炭与氧化铜和一氧化碳还原氧化铁反应分析

物质	反应物	发生反应（氧化反应或还原反应）
得氧物质		
失氧物质		

生3：木炭（C）得氧变成二氧化碳（CO_2），发生氧化反应；氧化铜（CuO）失氧变成铜单质（Cu），发生还原反应。

生4：三氧化二铁（Fe_2O_3）失去氧变成铁单质，发生还原反应；CO得氧生成CO_2，发生氧化反应。Fe_2O_3的还原和CO的氧化在一个反应中进行，因此，氧化反应和还原反应是可以同时发生的。

师：同学们分析得非常清楚，在化学反应中，一种物质得到氧发生氧化反应，就有一种物质失去氧发生还原反应。也就是说，氧化反应和还原反应是在一个反应中同时发生的，这样的反应称为氧化还原反应。

Y老师通过引导学生思考氧化反应和还原反应是否能同时发生，进而引入课题。学生分析木炭还原氧化铜、一氧化碳还原氧化铁这两个反应，思考表2的内容，将氧化反应和还原反应这两个相对孤立的概念联系起来，初步认识到氧化还原具有相互依存和对立统一的辩证关系，为后续知识的学习打下了基础。

师：只有得氧（或失氧）的反应才是氧化反应（或还原反应）吗？继续分析：反应（2）和（3）中，除有氧的元素发生变化外，还伴随着怎样的变化呢？观察反应中各元素的化合价在前后的变化，讨论氧化还原反应与元素化合价的升降有什么关系。

学生讨论，标出化合价。

师生共同分析化合价的变化：铜的化合价从+2价变到0价，化合价降低，发生还原反应；C的化合价从0价变到+4价，化合价升高，发生氧化反应（图4）。

化合价降低，被还原，还原反应

$$2\overset{+2\ -2}{CuO} + \overset{0}{C} \xlongequal{高温} 2\overset{0}{Cu} + \overset{+4\ -2}{CO_2}$$

化合价升高，被氧化，氧化反应

图4 氧化铜化合价变化示意图

铁元素的化合价从+3价变到0价，化合价降低，发生还原反应；C的化合价从+2价变到+4价，化合价升高，发生氧化反应（图5）。

化合价降低，被还原，还原反应

$$\overset{+3\ -2}{Fe_2O_3} + 3\overset{+2\ -2}{CO} \xlongequal{高温} 2\overset{0}{Fe} + 3\overset{+4\ -2}{CO_2}$$

化合价升高，被氧化，氧化反应

图5 三氧化二铁化合价变化示意图

师：由此，我们又发现了氧化还原反应发生过程中伴随着元素化合价的变化。

Y老师结合学情分析，先从得失氧的角度引导学生分析两个反应，得出氧化还原反应的概念，再提示学生观察反应前后元素化合价的变化，带领学生用“双线桥”的方法共同分析氧化还原反应在得失氧的过程中引起的元素化合价的变化，分析过程见图4和图5，承接本课时的重点——氧化还原反应的特征，引导学生从规律的发现中形成新的概念。

过渡 那是否所有的氧化还原反应都会同时存在得失氧和化合价升降这两个变化特征呢？

师：思考与交流，下列两个反应是否属于氧化还原反应？如果是，请说明理由，并说一说你对氧化还原反应有什么新的认识。给大家两分钟的时间，等下请同学回答问题。

$$Fe + CuSO_4 \xlongequal{} FeSO_4 + Cu$$

$$2Na + Cl_2 \xlongequal{点燃} 2NaCl$$

学生积极讨论，分析方程式中各元素的化合价的变化。Y老师引导学生结合铁和硫酸铜的反应、钠和氯的反应，进一步认识到氧化还原反应的外显特征是元素化合价的变化，帮助学生构建氧化还原反应的“价态模型”[6]。Y老师巡视学生的讨论情况，发现部分同学在准确标注化合价的能力上仍存在欠缺。Y老师根据学生思路展示其分析过程，如图6和图7。

学生具体分析，进行判断，认为以上两种反应都属于氧化还原反应（图6、图7）。

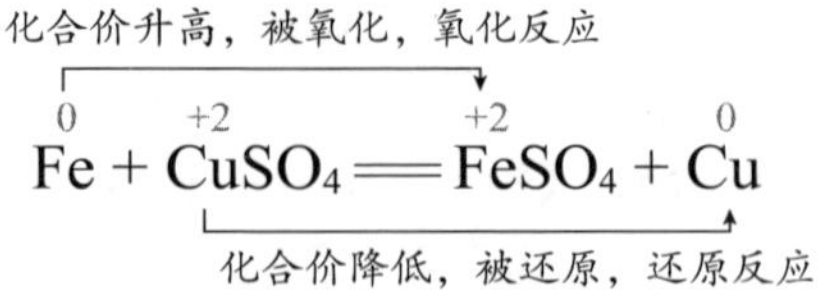

图6　铁与硫酸铜反应

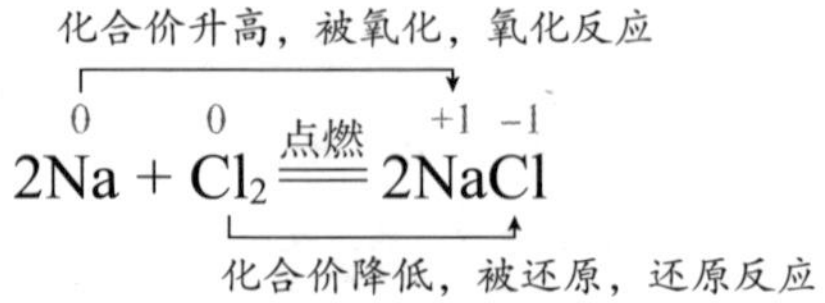

图7　钠与氯反应

老师总结：并不是所有的氧化还原反应都发生氧的得失，但氧化还原反应一定会有元素化合价变化，元素化合价升降是氧化还原反应的重要特征，也是判断反应是否为氧化还原反应的依据。

Y老师通过学生练习，发现学生对化合价的认识还存在缺陷，于是在分析完氧化还原反应的特征后，马上对元素化合价的规律进行了回顾，通过拓展练习强化学生判断元素化合价方法的掌握，从具体的练习总结出进行元素化合价判断时的注意事项。

师：判断氧化还原反应，准确标注化合价是关键。

生：在化合价原则中，元素正负价的代数和为零；在化合物里，氢元素通常显+1价，氧元素通常显−2价。在单质分子里，元素的化合价为零。原子团的化合价由构成元素原子的正负化合价的代数和来计算。

2.3　微观视角：探究氧化还原反应的本质

Y老师巧设问题即氧化还原反应的本质，引导学生将思维从宏观向微观进行转变，以驱动性的问题集中学生的注意力，提高学生思考的积极性。在教学中，Y老师以学生为主体，组织学生进行交流与讨论，回顾不同类型原子的稳定结构，如图8所示，知识衔接紧密，调动了学生的知识储备，提高了课堂效率。

师：化合价升降是氧化还原反应的特征，那么氧化还原反应中元素的化合价为什么会发生变化呢？它的本质原因是什么？

思考与交流1　下列原子结构示意图（图8）中，哪些原子容易得到电子，哪些原子容易失去电子？当原子最外层电子数为多少时达到稳定结构？

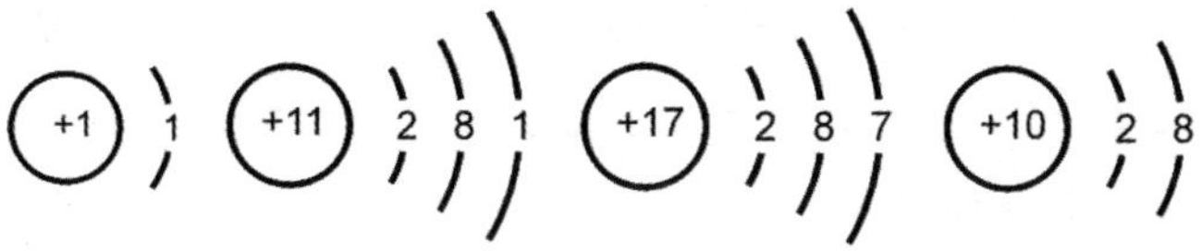

图8　原子结构示意图

生：氢原子、氧原子、氯原子容易得电子，钠原子容易失电子。

师：很好！当原子的最外层电子数为2(最外层为第一层)或8时达到稳定结构。

思考与交流2　以钠在氯气中燃烧生成氧化钠、氢气在氯气中燃烧生成氯化氢为例，结合原子结构，分析引起化合价变化的根本原因。

$$2Na + Cl_2 \xlongequal{点燃} 2NaCl$$

$$H_2 + Cl_2 \xlongequal{点燃} 2HCl$$

多媒体展示动画　教师用多媒体动画展示氯化钠的形成过程（图9），提高学生的注意力。

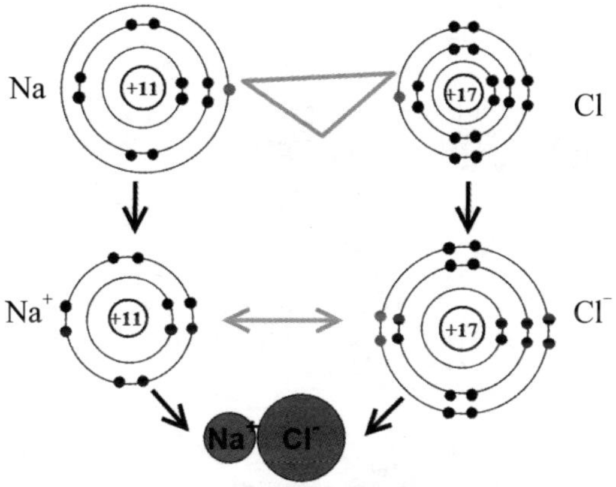

图9　氯化钠的形成过程

师：刚刚有同学提到电子的得失，我们现在来分析一下到底是不是电子的得失引起了化合价变化。我们来看氯化钠的形成过程，从原子结构来看，钠原子的最外层有1个电子，容易失去1个电子变成钠离子，氯原子最外层有7个电子，它容易得到1个电子形成8个电子稳定结构氯离子，当钠原子和氯原子相遇时，两者相见恨晚，钠原子最外层的1个电子转移到了氯原子的最外层上，变成了钠离子，化合价升高，发生的是什么反应？

生：从0价变成+1价，化合价升高，发生氧化反应。

师：氯原子得到1个电子，变成氯离子，显 −1价，化合价降低，发生还原反应。阴阳离子相吸，从而形成了稳定的化合物——氯化钠。通过氯化钠的形成过程我们可以看到，化合价升降的本质是发生了电子的得失或转移。我们可以用“双线桥”的方法来表示电子的转移过程。

失$2\times e^-$、化合价升高，被氧化

$$\overset{0}{2Na}+\overset{0}{Cl_2}\xlongequal{\Delta}2\overset{+1}{Na}\overset{-1}{Cl}$$

得$2\times e^-$、化合价降低，被还原

图10　氯化钠电子的转移

老师总结，板书：

化合价升高→失去电子→发生氧化反应→被氧化

化合价降低→得到电子→发生还原反应→被还原

我们可以简单概括为：升、失、氧；降、得、还。

我们接下来看氢气和氯气的反应。

多媒体展示（图11）：

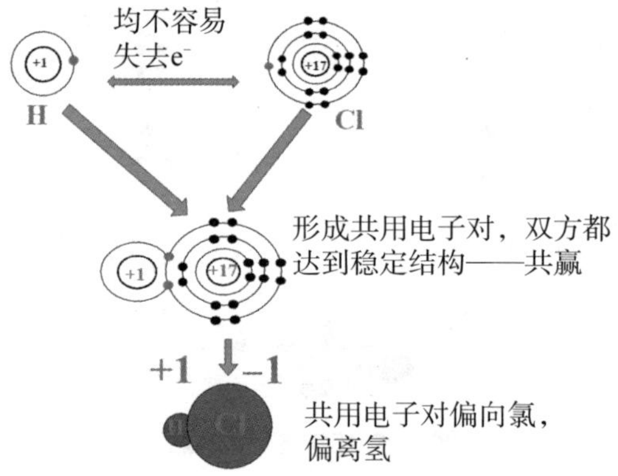

图11　氯化氢的形成过程

师：（结合动画讲解）氢原子的最外层有1个电子，容易得电子形成2个电子稳定结构，氯原子最外层有7个电子，易得1个电子而形成8个电子稳定结构，那氢原子和氯原子都想得到1个电子，该怎么办呢？这就可以采用共赢的方法——共用电子对。氢原子和氯原子各以最外层的1个电子组成一个共用电子对，从而达到稳定结构。但是由于氯原子吸引电子能力强，所以虽然是共用电子对，但共用电子对偏向氯原子而偏离氢原子。那么氢原子和氯原子的化合价会发生什么变化呢？

生：氢元素的化合价从0价升高到+1价，H_2被氧化，氧化反应；氯元素的化合价从0价降低到−1价，Cl_2被还原，还原反应。

师：从氯化氢的形成过程中我们可以看到，化合价升降的本质是发生了共用电子对的偏移。

电子对偏移，化合价升高，被氧化

$$\overset{0}{H_2} + \overset{0}{Cl_2} \xlongequal{点燃} 2\overset{+1}{H}\overset{-1}{Cl}$$

电子对偏移，化合价降低，被还原

图12　氯化氢电子转移过程

Y老师通过形象的动画演示了氯化钠和氯化氢的形成过程，如图9和图11，并配合生动的讲解，引导学生用“双线桥”的方法探究氯化钠和氯化氢形成过程中电子转移的数目，如图10和图12。学生从微观的角度探究氧化还原反应的本质，加深了对电子得失和电子对偏移的理解，形成了氧化还原反应的本质认知——电子的转移，构建了“电子模型[7]，培养了宏观辨识与微观探析的化学学科核心素养。Y老师通过习题练习，联系电子转移的方向、数目和反应类型，发展了学生用符号表征的能力，加深了学生对氧化还原知识的理解。

分析与讨论

师：化合价升降的原因是什么呢？

生：电子的得失或偏移。

老师板书：

氧化还原的本质

电子的转移（电子的得失或电子对的偏移）

师：通过以上分析，我们认识到有电子转移的反应是氧化还原反应，也就是说，氧化还原反应的实质是电子的转移。

2.4　知识强化，氧化还原反应与四大基本反应类型的关系

Y老师展示了一系列化学反应方程式，如图13所示，学生认真思考，对反应进行分类，积极回答问题，概括出氧化还原反应与四大基本反应类型之间的关系。

（1）$2KClO_3 \xrightarrow[\Delta]{MnO_2} 2KCl + 3O_2\uparrow$

（2）$H_2SO_4 + Zn = ZnSO_4 + H_2\uparrow$

（3）$CaCO_3 \xlongequal{高温} CaO + CO_2\uparrow$

（4）$2Na + Cl_2 \xlongequal{点燃} 2NaCl$

（5）$Ba(OH)_2 + H_2SO_4 = BaSO_4\downarrow + 2H_2O$

（6）$Fe + CuSO_4 = FeSO_4 + Cu$

（7）$Na_2CO_3 + 2HCl = 2NaCl + H_2O + CO_2\uparrow$

（8）$NaOH + HCl = NaCl + H_2O$

（9）$CaO + H_2O = Ca(OH)_2$

图13 化学反应方程式

师：我们初中学习了四大基本反应类型，你能从四大基本反应类型的角度对以下反应进行分类，并指出哪些反应属于氧化还原反应，概括氧化还原反应与四大基本反应类型之间的关系吗？

师：属于分解反应的是？

生：（1）（3）。

师：属于化合反应的是？

生：（4）（9）。

师：属于置换反应的有？

生：（2）（6）。

师：属于复分解反应的有？

生：（5）（7）（8）。

师：其中哪些反应是氧化还原反应？哪些是非氧化还原反应呢？

生：（1）（2）（4）（6）是氧化还原反应，（3）（5）（7）（8）（9）是非氧化还原反应。

师：很好！同学们都能正确指出氧化还原反应，有哪位同学能说出氧化还原反应与四大基本反应类型之间的关系吗？

Y老师边问边展示PPT，展示氧化还原反应与四大基本反应类型的关系，如图14所示，引导学生使用已经学过的交叉分类法，培养学生的证据推理与模型认知的化学学科核心素养。

生：置换反应都是氧化还原反应，分解反应和化合反应部分是氧化还原反应，复分解反应都不属于氧化还原反应。

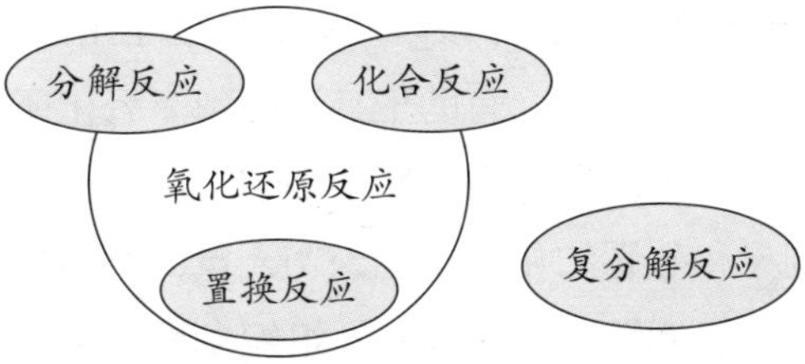

图14　氧化还原反应与四大基本反应类型的关系

3　教学反思

氧化还原反应原理是学习元素化合物知识的重要基础，本节课课程结构完整，Y 老师从日常生活中的食物腐败、钢铁生锈、燃料的燃烧引入，从学生初中学过的反应回顾氧化反应和还原反应的概念，进而提出问题，引导学生了解氧化反应、还原反应是同时发生的，掌握氧化还原反应的概念。Y 老师继续提出问题，诱导学生抓住得失氧与元素化合价变化的关系，明确氧化还原反应的基本特征。Y 老师通过钠在氯气中燃烧、氢气在氯气中燃烧的两个典型例子，通过多媒体动画展示，联系原子结构、电子转移、化合价升降之间的关系，揭示氧化还原反应的本质。通过创设情境导入、合作学习讨论、多媒体展示、课堂练习等方法不断调动学生学习的积极性，每个教学环节的开展过程都潜移默化地培养了学生的化学学科核心素养。在整个教学过程中，学生的参与度高，Y 老师基本完成了本节课预设的目标。通过本节课，笔者有以下几点思考。

3.1　问题驱动，构建氧化还原认知模型

“模型认知”是化学学科核心素养的重要组成部分，是其中的思维核心。本节课 Y 老师以情境为载体，通过问题驱动，从学生已有的知识出发，通过问题设置认知冲突，引导学生从宏观到微观转变思维，由表及里，环环相扣。Y 老师在教给学生知识的同时又教给学生分析问题的方法，有助于培养学生的学习能力。在教学过程中，问题的逐步深入使学生逐步完成了学习化学的思维活动，充分调动了学生学和教师教的积极性，使学生逐步构建氧化还原反应的认知模型[8]，完成了教学任务。根据学生在回答问题、小组讨论、课堂展示和课堂练习等方面的表现，给予其适当评价，准确把握学生核心素养的发展水平，实现了“教—学—评”一体化，打造了高效课堂。

3.2　初高中教学内容衔接紧密，组织形式多样的课堂活动

教学中的 Y 老师注重初高中知识的衔接性。高一学生对化合价的认识与准确

标注能力存在问题。Y 老师在课堂中发现问题，帮助学生系统回顾化合价的原则，增强学生准确标注化合价的能力，有助于其正确判断氧化还原反应。所以在实际教学中，要了解学生的知识水平，促进新旧知识之间的衔接。此外，Y 老师以学生身边常见的化学现象和熟悉的化学反应为切入点，引导学生回顾氧化反应和还原反应的概念，进而提出问题，由浅入深，组织多种教学活动，引导学生积极思考与讨论，形成新的概念。课堂氛围活跃，注重发挥学生的主体性。

3.3 合理使用动画教学资源，增加课堂生动性

高一的学生在逻辑抽象能力和微观表征上尚有欠缺。Y 老师在本次教学中应用多媒体动画教学资源，以动画展示氯化钠和氯化氢电子的转移过程，增加了课堂教学内容的生动性、形象性，将知识全面展示给学生，让学生更加直观地理解元素化合价的改变和电子转移有关，并用“双线桥”法表示反应过程中电子的转移和反应类型，加深了学生对氧化还原反应概念、特征、本质的认识。

4 结语

本节课以问题驱动教学，既符合化学的学科特点，也符合学生的心理和思维的发展特点。从内容安排上，氧化还原概念模型包括两个层面：一是氧化还原反应的特征，有化合价升降的化学反应是氧化还原反应；二是氧化还原反应的本质，即电子的偏移。本节课中 Y 老师有意识地培养学生的化学学科核心素养，结合学生初中已有的知识和认知水平，通过课堂提问、理论模型、合作交流、课堂思考练习，引导学生多角度认识氧化还原反应的特征，通过动画展示、课堂讲解，引导学生从宏观观念到微观结构理解氧化还原反应的本质，在教学中培养了学生的宏观辨识与微观探析的化学学科核心素养。Y 老师在教学过程中，设置了丰富多彩的教学活动，选择了恰当的教学方法，把时间和空间更多地交给学生，激发学生不一样的活力和热情。在今后的教学活动中，我们要学会设计更多的学生活动，尽可能地发挥学生的主体性，让课堂更加精彩、更加充实，让学生学得既轻松又扎实，老师教得也更愉快。

参考文献

[1] 普通高中化学课程标准（2017年版）[S]. 北京：人民教育出版社，2018.

[2] 李东菊，崔亚男 . 基于化学核心素养的教学案例设计：以“氧化还原反应”

第一课时为例 [J]. 教育现代化，2018，5（23）：277-280.

[3] 黄诗寓 . 基于化学学科核心素养的问题驱动教学实践研究 [D]. 桂林：广西师范大学，2022.

[4] 许晓婷，李舒，许俊翠 . 基于发展学生高阶思维的高中化学探究教学设计思考：以“氧化还原反应”为例 [J]. 安徽化工，2022，48（1）：187-191.

[5] 汪雪 . 真实问题情境下的化学学科核心素养培养：以“氧化还原反应专题复习”为例 [J]. 化学教学，2022（3）：57-61.

[6] 胡先锦 . 问题驱动，促进认知模型建构：《氧化还原反应》一课教学尝试 [J]. 教育研究与评论（中学教育教学），2022（8）：92-96.

[7] 朱汝葵，孙小莉，陈志锁，等 . 问题驱动下“氧化还原反应”教学设计 [J]. 中学化学教学参考，2021（2）：46-47.

[8] 罗晶，张英锋 . 基于情境以问题驱动建构认知模型的教学实践：以“氧化还原反应”为例 [J]. 化学教与学：下半月，2021，24（12）：9-12.

案例思考题

（1）在实际教学中如何设置符合学生认知水平的教学问题，调动课堂氛围，激发学生的学习兴趣？

（2）在讲授“进行氧化还原反应”等原理性知识内容时，如何引导学生构建理论模型，将化学学科核心素养高效融入课堂？

（3）教学能否基于一个真实的情境来驱动整节课的教学，引导学生联系生活实际，解决实际问题？

基于素养发展的探究式教学设计与实践

——以“化学能与电能”为例

庄冰如[①]　唐子龙[②]

摘　要：探究式教学以“自主、探究、合作”为特征，开展“创设情境、启发思考、自主探究、协作交流、总结提高”五个环节，通过“学生主体—教师主导”相结合的教学模式，启发学生独立思考，从教师给出的事例或问题找出规律，发现原理，总结结论。本教学案例基于人教版高中化学教材必修第一册课程内容——化学反应与电能，C老师根据学生认知特征安排教学任务，选择教学策略，采用探究式教学形式，从原电池反应原理的本质出发，选择教学素材和实验安排，设计了原电池的教学实例并进行课堂实践，取得了较为理想的教学效果。C老师在课堂教学过程中注重引导学生构建原电池概念模型，发展学生的模型认知素养，深化学生对科学本质的认识。

关键词：原电池；氧化还原反应；探究；素养

背景信息

深究“科学探究”的内涵，可以将其理解为科学探究活动或科学探究技能。作为重要教学活动形式之一的探究式教学成了新课改的讨论焦点，近年来的教学改革提议推行自主、合作、探究式教学，在化学教学中，教育工作者和一线教师们也在关注、创新化学探究式教学模式。此外，科学探究的形式为学生创造了充分展示能力、展现个性的机会，进而发展学生科学探究的能力。有人认为，针对教材中的实验活动，由以往教师演示实验的形式改成学生小组实验的方式就是探究式教学。这种说法其实是片面的，并没有很好地理解探究式教学的内涵，学生的分组实验只是探究式教学的一部分，不能以点概面，探究式教学不仅要锻炼学生动手、动脑的实践能力，更要提升学生理性思维的能力。

---

① 庄冰如，女，广东揭阳人，湖南科技大学化学化工学院在读硕士研究生。

② 唐子龙，男，湖南邵阳人，湖南科技大学化学化工学院教授。

探究式教学相比填鸭式教学，是以学生为中心、以教师为辅助的教学。探究式教学通过学生自己分析问题、大胆推测，在试错过程中解决问题，提高学生独立思考的能力。教学活动的开展是以课标与教材为参考依据的，但由于课堂教学时间有限，大班制学生基础参差不齐，应试教育理念根深蒂固等因素，从大量的教材知识内容中选取适宜探究的部分，有效地开展探究教学显得尤为重要。如何开展课标中规定的学生必做实验、探究活动的课堂教学，以使探究教学达到最佳效果，是当前教学改革的主要问题。在实际教学中，运用探究式教学既可以开发学生思维，又能落实“学生主体”理念，让学生做回课堂的主人，在进行充分的独立思考后，学生小组合作探究[1]。本文结合具体实例，探讨在实际化学教学中科学探究教育模式的具体应用。

原电池反应是高中化学教学体系中的一个重难点，体现了化学反应与能量之间的密切联系，涉及原电池的定义、反应原理、形成条件、发展前景等知识，是典型的化学原理类知识。探究式教学模式可用于化学概念、化学原理、化学理论等抽象类知识的教学及化学问题解决的教学，在探究过程中，学生观察现象，找寻规律，剖析原理；教师指引学生实践，设疑推测，归纳概括[2]。“原电池工作的原理”是人教版高中化学教材内容中具有代表性的反应原理之一，“原电池”归属于电化学的内容体系分支，又联系着物理中的电学知识，反映化学能与电能的转化规律。对本节课的内容学习，学生已具备探究潜能，教师也明确探究方向，使得本节课具有相当重要的探究教学价值。本文以“化学反应与电能”第一课时教学设计为例，探讨如何有效进行探究式教学，在教学中如何为学生合理搭建原理类知识学习的阶梯，引导学生初步构建原电池的反应模型，形成化学学科学习的模型思维，以期能为一线教师探讨探究式教学模式在实际教学中的具体应用提供教学思路与设计。

案例正文

1 基于“模型认知”的原电池反应探究式教学设计

1.1 教材分析

关于原电池反应的内容，在人教版高中化学教材中有不同知识深度要求的安排，分别位于必修第二册第六章第一节第二课时“化学反应与电能”，与选择性必修第一册第四章“化学反应与电能”第一节“原电池”[3]。作为必修学习内容，该部分教学内容具有承前启后的过渡作用，原电池的反应原理将必修第一册的氧化还原反应本质进行延伸，对化学反应能量变化的形式进行具体化；同时，该部分内容也为学生掌握选择性必修中原电池及电解池原理、金属的腐蚀和防护等知识的学习做了准备。这部分内容是电化学模块的基础，非常关键。可见，原电池反应原理在整个高中化学中有着举足轻重的教学意义。

1.2 学情分析

本节课的教学对象是高一第二学期的学生，学生在知识水平层次上达到了分析原电池反应本质的基础：学生在必修第一册中已学习氧化还原反应、电解质的基础知识，理解氧化还原反应的本质是“电子的得失”；在初中物理中也了解到导电的原理是存在自由移动的电子。在能力水平层次上，鉴于原电池反应原理的抽象性与概括性，且学生普遍存在这样的局限认识：氧化剂和还原剂只有接触才可能发生氧化还原反应。这就导致了学生从微观层面理解其本质存在一定的难度。而学生对“电”有着丰富而又强烈的感性认识，当学生了解了化学反应中能量转化的原因，并感受到了探究化学能与热能的相互转化过程之后，会对化学能与电能之间的转化问题产生浓厚的兴趣。因此，本节课的设计高效利用教材、课外资料、生动的录像和图片、事实数据等教育资源，对“火力发电”进行完整透彻的剖析，为学生创设情境。

1.3 教学现状

原电池的教与学中，要求学生通过物质改变、能量变化等角度认识化学反应的实质。由于许多中学生无法熟练运用氧化还原反应基础理论分析问题，对一些基本概念还存在认识模糊、不能正确应用等现象，加之原电池的种类多样，题型多变，信息含量多，学生的原理应用能力较弱，造成了学生学习的困难点，导致了教师难教、学生难学的情况。原电池反应原理较为抽象，且学生普遍拘泥于这样的认知：氧化还原反应只有在氧化剂和还原剂相互接触的情况下才会进行。这就导致了学生难以理解这一抽象化原理的本质。

在人教版教材中，原电池内容分布在高中化学必修第二册和选修内容的化学反应原理中，教材内容由易到难，由浅入深，是培养高中生化学学科核心素养不可或缺的载体。不同老师对此教学内容的处理方式大同小异，都是基于学生的知识水平，提升学生的能力，发展学生的素养。《基于化学核心素养的教学设计——

以“化学能与电能”为例》[4]一文提道，在符合学生认知水平的前提下，采用教学内容任务化、任务活动问题化的教学模式能有效解决学生对原电池概念的学习。在《基于“三重表征方式”的“化学能与电能”教学设计》[5]中，作者采用“宏观表征，创设情境”“微观表征，实验探究”“符号表征，揭示本质”三重表征的方式，利用情境、问题、表征方式的变化，诱发学生认知冲突，由浅入深，层层递进，逐步将学生的思维引向新的高度，实现探究过程与认知转变过程的有机融合。刘东提道，教师在生成问题的同时要配合实验演示推动教学过程，要教会学生围绕化学能力这一核心素养实现对知识内容的转化，实验探究将作为先导带动教学进程，帮助学生一步步破解、转化难题，达到培养学生化学学科核心素养的基本目标[6]。

1.4 教学目标

基于以上分析，立足于提升化学学科核心素养，确定本节课教学目标如下。

（1）通过从宏观层次电流表的偏转到微观层次电子的得失，掌握简单原电池的反应原理：宏观层面上能判断简单原电池正负极及对应的反应现象，微观层面上能准确分析内外电路的电子、离子流向，发展“宏观辨识与微观探析”能力素养。

（2）通过火电厂发电的工作流程图，体会不同形式能量之间的转化，体会化学能与电能转化的实际生产意义，学会应用原电池装置的模型分析生活问题，培养“模型认知”素养，培养利用化学知识解决生活中的问题的技能。

（3）通过分组探究实验，将原电池反应知识思维外显化，养成科学思维的方法；感受化学能与电能之间相互转化的神奇，提升“科学探究”素养水平。

（4）对传统火力发电工程对能源的损耗与浪费现象进行深思，关注自然、社会、生活现象，树立节约能源、减少污染、爱护环境的社会责任感，感受化学学科的社会价值，发展“科学态度与社会责任”素养。

1.5 教学重难点

本节课的学业要求是使学生能举出化学能转化为电能的实例，能辨识简单原电池的构成要素，并能分析简单原电池的工作原理。本节课的学习重点与难点均为原电池装置的特点与原理。教师在课前应做好充足的教学准备，包括教学用具——如多媒体用具、人教版高中化学教材必修第二册，实验仪器——如烧杯、导线、电流表，实验药品——如锌片、铜片、稀硫酸溶液、硫酸铜溶液、酒精溶液的准备工作，使本节课得以顺利进行，从而取得预期的教学效果。

1.6　教法选择

本节课的教学主要体现新课标“教与学并重”的理念，将学生的主体作用与教师的主导作用相结合，同时根据本节课的教学目标、教材特点以及学生的认知心理和认知规律，采用探究教学模式，运用讲授、引导、实验探究等多种形式辅助教学。

（1）讲授：结合实验、讨论等学生活动对课本知识进行分析、讲解，为学生的学习打好基础。

（2）引导：教师给出问题，引导学生进行思考及分组讨论，让学生通过合作交流得出结论，归纳要点。

（3）实验探究：通过小组实验让学生在做中学，提高实验操作能力，也让学生更加注重理论与实践的结合，激发学习兴趣。

1.7　教学基本思路

基于探究式教学的理念，结合学生化学学科核心素养发展的要求，得出本节课的教学基本思路图（图1）。

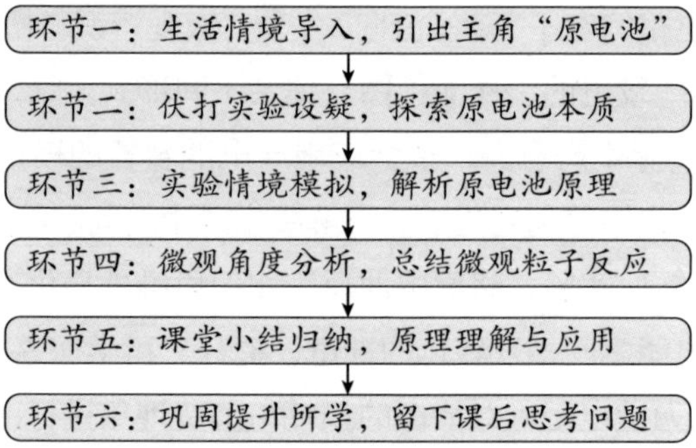

图1　教学思路图

1.8　教学流程

本节课要解决的两个教学任务是理解原电池的原理、了解原电池的形成条件。为提升学生的探究意识，发展学生思维，课堂教学以生活情境为主线，引出问题，通过创设探究活动，让学生在学习知识的过程中发展化学学科核心素养，相关教学环节与教学流程见表1。

表1　教学流程图

教学环节	教师行为	学生活动	设计意图
环节一：创设情境提出问题	主线：生活情境导入，引出主角“原电池” （1）燃烧是什么能量之间的转化？描述发电机发电原理 （2）发电机的电能转化率低。能否实现直接将化学能转化为电能？	（1）联系生活，描述火电厂的发电过程 （2）感受化学能变成热能、变成机械能，再变成电能，中间每一步能量转化的损耗，思考化学能与电能直接转化的可实现途径	借助火电厂发电原理示意图创设问题情境，引导学生从能量转化角度体会火力发电的不足，过渡到能量直接转化，减少能量损耗的现实问题的考量上，强化学生树立节约能源的观念
环节二：启迪思维探索新知	主线：了解原电池的历史，初步探索原电池工作原理 （1）古老电池展示，了解原电池的来源 （2）伏打实验设疑，探索原电池化学本质	（1）了解现今发现的世界上最古老的电池——巴格达及其结构 （2）从伏打解剖青蛙的实验中分析得出原电池的实质是氧化还原反应中电子的得失	运用青蛙抽搐实验使学生对知识内容充满好奇，产生学习倾向，学生的疑惑正是激发其学习热情的关键。引导学生将电流的形成联系氧化还原反应，为学生深入探究提供基础
环节三：模拟情境实验探究	主线：探究原电池反应本质——氧化还原反应 （1）演示锌和稀硫酸反应的实验，引导学生回顾该反应微观本质 （2）启发学生思考：锌片、铜片和稀硫酸反应的现象是什么？ （3）设置问题链：①铜片是否参与了反应？②铜片上为何有气体产生？ （4）播放动画，剖析原电池的反应本质	（1）分析反应中锌离子、氢离子的得失电子情况 （2）小组合作探究锌片、铜片和稀硫酸的反应实验并做好记录 （3）进行简单原电池的设计与检验，画出装置图 （4）理解原电池反应中电子的转移情况	学生在初中就已经知道了金属活动性顺序表，能解释锌和稀硫酸的反应。但铜位于氢元素之后，按理来说是不会与稀硫酸发生反应的，但是却能观察到铜片上放出了气体，这个实验现象与学生的原有认知产生冲突，通过小组探究证实了原电池的反应实质，同时知识内容的认知冲突矛盾也得以解决，使整个课堂处于活跃的氛围中，学生踊跃发言，在课堂中感受到了探究成功的乐趣
环节四：层层递进探析原理	主线：探析原电池微观原理，总结微观粒子反应 （1）明确“原电池”的定义，讲解电极反应式书写的要求 （2）引导学生分析锌铜原电池的正负极、电子流向、离子流向	（1）正确书写电极反应式，理解原电池的概念 （2）判断电子、离子的流向	宏观上，从反应实质、工作原理对原电池进行定义；微观上，引导学生探究锌铜原电池反应中电子、离子的流向。对于该问题，循循善诱，步步推进，加强学生科学创新能力的培养和思维严谨性的锻炼

续表1

教学环节	教师行为	学生活动	设计意图
环节五：控制变量寻找条件	主线：现象对比分析，归纳原电池形成条件；引导学生归纳原电池的形成条件	小组讨论，归纳原电池形成条件	通过学生自主归纳，在培养学生分析、归纳能力的同时也强化了学生对这部分知识的理解掌握程度
环节六：课堂总结学以致用	主线：巩固提升所学，留下课后思考问题 （1）总结本节要点 （2）PPT 展示一则小故事，引导学生利用所学原理进行解释	（1）归纳本节课知识要点 （2）运用原电池反应原理进行实际问题的处理	小故事中的问题解决，使学生体会到化学知识密切联系着生活应用，学会将所学知识服务于生活，达到知识学以致用的效果

2 “原电池”探究式教学实录

2.1 创设情境，提出问题

师：如果有一天没电了，我们的生活会变成什么样？

生：（议论纷纷，热情高涨）不能玩手机，会觉得很无聊，夏天没空调会超级热，晚上一片黑暗，不能使用电冰箱、洗衣机这些电器了……

师：没有电，会给我们的生活带来诸多麻烦与问题，我们的文明发展进度可能也没这么快，那么同学们知道我们使用的电从何处来吗？

PPT 展示我国电力生产量构成图片、火电厂发电工作图（图2、图3）。

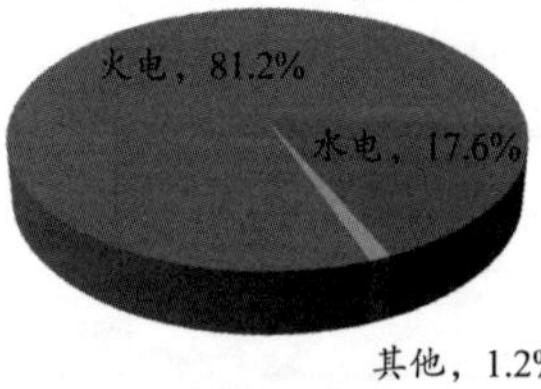

图2　我国电力生产量构成

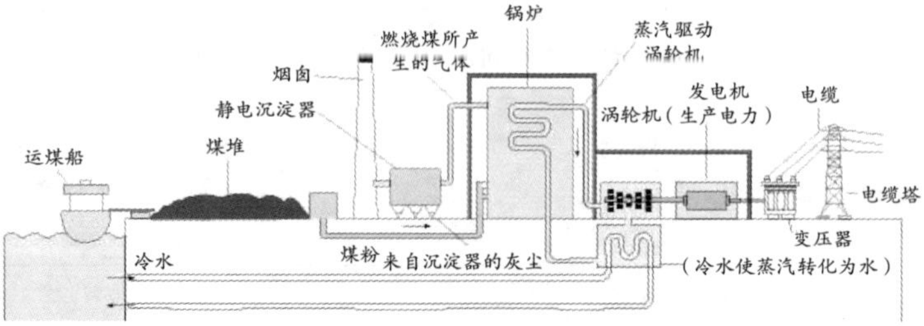

图3　火电厂发电工作图

师：目前我们生活使用的电，大多数来自火电厂。首先是化石燃料，主要是煤矿的燃烧，燃烧是什么能量之间的转化？

生：燃烧是将化学能转化为热能。

师：当然，我们现在还有其他发电方式，除了火力发电之外，还有风力发电和水力发电。火力发电是一个比较古老的方法，把化学能变成热能、变成机械能，最后才转化为电能，从能量转化方面（图4），你看出了什么问题？

$$\text{化学能}\xrightarrow{\text{燃料燃烧}}\text{热能}\xrightarrow{\text{蒸汽轮机}}\text{机械能}\xrightarrow{\text{发电机}}\text{电能}$$

图4　火电厂发电能量转化示意图

生：中间的每一步能量转化都有损耗，最终化学能转化成电能的转化率不高。

生：火力发电还会污染环境，排出温室气体，造成酸雨现象。

生：化石燃料属于不可再生资源，总会消耗完，火力发电可能并非长久之计。

师：同学们真棒，从资源损耗到环境污染问题进行了分析，既然火力发电的能量转化率低，我们能否实现将化学能一步转化为电能呢？

师：事实上，要实现能量之间这样的一步转化到位，需要设计一种特殊的装置，今天我们就一起来探究这种能把化学能转化为电能的装置究竟是什么吧。

反思评价　紧扣教材内容，充分挖掘教材可利用资源，结合本节课内容教材引言，借助火电厂发电原理示意图创设问题情境，从学生生活问题——“设想没电的日子”出发，以熟知的燃料燃烧为例子，引导学生从能量转化的角度体会火力发电存在能量转化率较低这一问题，将学生引入如何将能量直接转化进而减少能量损耗的现实问题的考量上，在强化学生树立保护环境、节约能源意识的同时，顺其自然地引出本节课的主角——原电池。

2.2　启迪思维，探索新知

PPT上展示巴格达电池（图5）与伏打电池原型（图6）的图片，设疑：为什么有电流产生？

师：先看一下巴格达电池的结构，外层是金属外壳，里面放的是电解质溶液，下面插的通常是铜管或银制的管，这是最古老的电池，除此之外还有用青蛙做的电池。

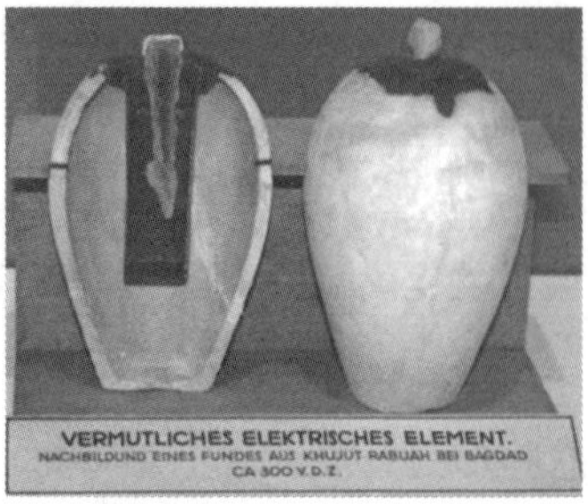

图5　巴格达电池

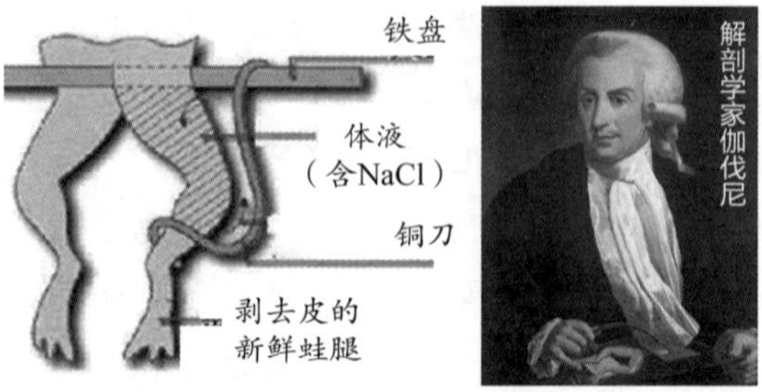

图6　青蛙抽搐实验

生：用青蛙？（学生表示不解，惊讶地讨论青蛙怎么会跟电池有关系）

在学生的疑惑中，教师解密伏打电池原型的奥秘。PPT 展示伏打解剖青蛙的简要实验过程（图7）。

> 意大利动物学家伽伐尼在解剖青蛙时，对死去的青蛙会发生抽搐的现象产生了疑问，并设计了如下两个实验：
>
> （1）将青蛙腿放在铁盘解剖，蛙腿抽动；
>
> （2）将青蛙腿放在木盘解剖，蛙腿不动。
>
> 因此，伽伐尼认为，青蛙抽搐产生的电流是青蛙体内的生理盐水与活泼性不同的金属造成的。

图7　伽伐尼解剖青蛙的实验过程

生：（恍然大悟）原来是因为青蛙体内的生理盐水。

师：我们来想一下，有电能的话证明有什么存在？

生：电动势。

师：好，有电动势。那我们肉眼可以看到或者说能够感受到实际存在的，还有什么？

生：电流。

师：如果要有电流的话，哪一类型的化学反应和电流是能扯上关系的？

生：有电子得失的。

师：得失电子是哪一类型的反应？

生：氧化还原反应。

教师层层递进，步步引导，使学生从宏观的实验现象——蛙腿抽搐说明有电流产生，进而分析出其微观本质——电子得失。学生是基于自己的认知得出的结论：原电池是以氧化还原反应为依托，实现化学能与电能的直接转化。

反思评价　伽伐尼的青蛙抽搐实验具有一定的趣味性，巧妙运用此实验能吸引学生学习，进而产生认知需要，学生的疑惑正是激发其学习热情的关键，通过引导学生将电流的产生与氧化还原反应联系起来，启迪学生发散思维，也是为学生进一步深入探究做铺垫，最终得出原电池反应的实质是氧化还原反应。

2.3 模拟情境，实验探究

探究一：原电池的反应本质

学生小组操作1：将 Zn 片、Cu 片分别插入稀 H_2SO_4 溶液中，记录实验现象并完成导学案上对应的表格内容（图8）。

步骤	讨论与交流	现象
（1）将 Zn 片插入稀 H_2SO_4	Zn 片上有何现象？	
（2）将 Cu 片插入稀 H_2SO_4	Cu 片上有何现象？	
（3）将 Zn 片和 Cu 片同时插入稀 H_2SO_4	有何现象？	
（4）Zn 片和 Cu 片用导线连接（中间接电流表），插入稀H_2SO_4	电流表指针有何变化？这说明什么？	

图8 原电池反应原理探究实验

师：你们能看到什么现象?

生：锌片上会有气泡产生，铜片上无气泡产生。

师：没错，如果将锌片直接放入稀硫酸溶液里面，看到的现象是有气泡缓慢地冒出，锌和稀硫酸反应的时候在锌片的周围，锌发生什么变化?

生：锌失去电子变成锌离子。

师：在锌片的周围，产生了很多二价锌离子，那溶液中就会含有一些电子在里面。氢离子为了得到电子，是不是得绕过那些锌离子才能得到锌片上的电子?这个时候由于有阻碍作用，它的反应速度就很慢。我往里面加硫酸铜溶液，那么在锌片的表面就会生成一层什么?

生：（小声回答）生成铜吧。

师：是不是一层薄薄的铜在里面?

师：现在我们把它拆开，在锌表面是不是生成一层铜?我们直接把它变成一个锌片和铜片，还是和稀硫酸反应，会有什么样的现象呢?

学生小组操作2：将铜片、锌片同时插入稀硫酸溶液中，观察现象。

师：哪个小组派个代表来回答一下?

生：我们看到气泡还是从锌片上面产生，铜片上没有明显现象。

师：现在单独加了铜片，对反应速率是不是没有什么促进作用？也就是说，如果要构成原电池的话，仅仅加铜片进去是不行的。既然表面的这个铜依附在锌上面，也就是说锌片和铜片得怎么样？是不是连在一起才可以这样？没有现象是因为铜与稀硫酸不会直接反应。

学生小组操作3：在原来装置的基础上，用导线将铜片、锌片连接后，观察实验现象。实验结束后，教师提醒学生归置好实验用品，PPT上展示思考问题（图9），师生一同完成对原电池反应原理的分析。

问题思考：

（1）铜片上有气泡吗？如果有，推测它是什么气体？

（2）铜片上的气体是如何产生的？

图9　问题思考

生：我们把它们连接一起之后，观察到铜片上产生了气泡。

师：这边是锌片，那边是铜片，连接之后，锌片上的电子随着导线流至铜片，或者可以理解为连接铜片之后，铜片周围有没有锌离子来阻挡氢离子得到电子。

生：（齐声）没有。

师：锌片上的氢离子不易直接获得电子，这是由于在溶液中，锌片的附近存在着大量未扩散的锌离子，锌离子和氢离子这两种带正电荷的离子之间会相互排斥。也就是说与锌片相比较，电子在铜片上时，氢离子得到电子应该是更方便一些，所以我们能看到铜片上产生了气泡，这是哪种气体？

生1：氧气。

生2：应该是氢气，氢离子从铜片上得到电子，生成了氢气。

师：由于有锌片上锌离子的阻碍，氢离子若想直接从锌片那夺取电子，反应的速率是非常缓慢的。但是通过外接导线把电子导到了铜片上，这个时候氢得到电子就比较直接了，反应速率就加快了。

师：好，来看一下。锌表面的电子流到了铜片上面，所以我们看得到气泡，推断产生了氢气。为了证明有电流，得接入电流表和电流计，指针偏转了，说明有什么？

生：有电流产生。

师：你能用图来表示这个装置吗？

学生在黑板上画出装置图（图10）。

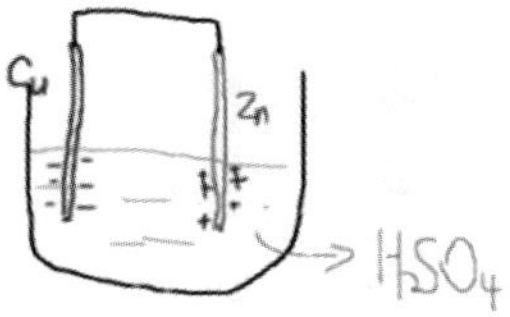

图10 学生绘制的装置图

反思评价 这一环节塑造了学生科学严谨的理性精神，学生在初中阶段就已掌握金属活动性顺序，可以解释锌和稀硫酸的反应原理。但铜与稀硫酸的反应不会进行，铜片上却有气体放出，与学生原有认知产生了冲突，学生表现得非常活跃，很想一探究竟。学生通过小组实验验证了原电池的原理，同时知识内容的认知冲突矛盾也得以解决。安排学生上黑板画图解读，重视学生主体地位，让学生在课堂学习中体会到探究的乐趣。

2.4 层层递进，探索原理

探究二：原电池的微观原理

师：那么铜片和锌片上发生的反应分别是什么？请同学们完成导学案上的内容。

生：锌片上锌失去电子，铜片上氢离子得到电子。

师：很好，这种表示原电池电极反应的式子就是电极反应式。

PPT 展示锌片、铜片两极的电极反应式（图11），给出原电池的定义：通过特定的装置分别在两个不同的区域实现氧化反应与还原反应，使反应的电子通过导体定向移动，产生电流，将化学能转化为电能，这种特定的装置就称为原电池。

原电池反应

负极：$Zn-2e^- = Zn^{2+}$（氧化反应）

正极：$2H^+ + 2e^- = H_2\uparrow$（还原反应）

总反应式：$Zn + 2H^+ = Zn^{2+} + H_2\uparrow$

图11 锌铜原电池电极反应式

师：发生氧化还原反应的是两个电极吗？实际上，正负极电极方程式就是把整个氧化还原反应拆成两部分写了，目前我们接触到的都比较简单，知道具体电极方程式的书写，负极对应氧化反应，正极对应还原反应就可以了。

师：现在请同学们判断下列原电池装置（图12）的正负极以及电子、离子流向。

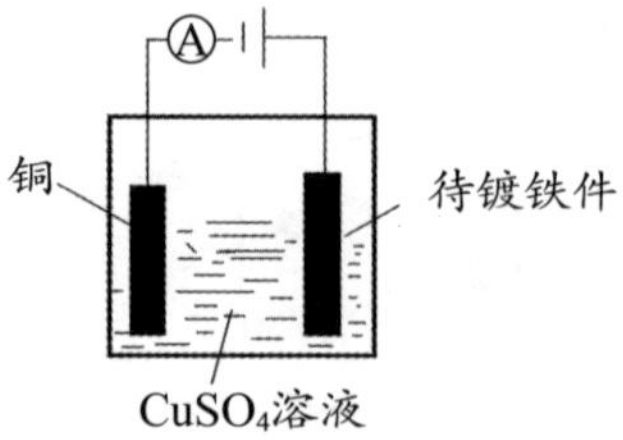

图12 原电池装置原理分析

教师巡堂指导学生，手机拍照投屏学生的笔记，对学生的分析结果进行总结：因为电子只能在金属导体中流动，导致负极失去的电子只能通过外电路流到正极，则电子的流向为负极→正极。由于电子流到正极上，溶液的阳离子就会向正极移动得到电子，溶液中的阴离子向负极移动，因此电子在外电路中流动，阴阳离子在溶液中流动，流动的结果是形成闭合回路，离子的流向可概括为“正正负负”。教师 PPT 展示原电池装置模型的微观解析图（图13）。

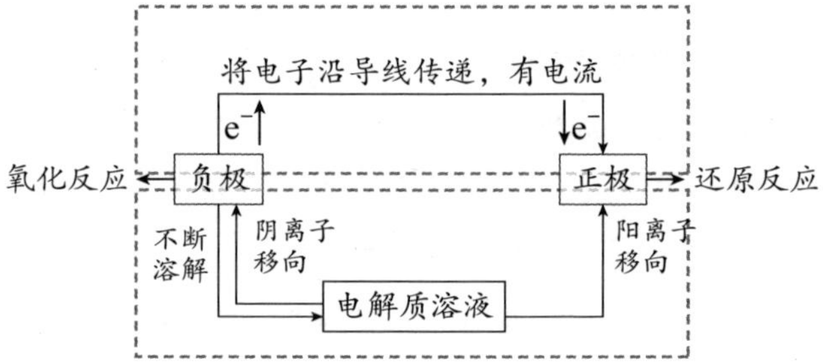

外电路：电子定向移动（负极→正极）

内电路：阴阳离子定向移动（阴离子向负极移动，阳离子向正极移动）

图13 原电池装置模型的微观解析

反思评价 这一环节提升了学生的“宏观辨识与微观探析”的素养水平。宏观角度上，从反应实质、工作原理对原电池反应进行解释，让学生精准把握其化学反应的特点；微观上引导学生探究原电池反应的工作原理，探究微观电子、电流的流向。给学生预留充分的思考时间，让不同层次的学生都能体会到学习的乐趣，在科学探究思想的指导下，将思考的机会留给了学生，利于学生形成自主思考的习惯。

探究三：原电池的形成条件

师：好，接下来请同学们对照 PPT 上的图片进行连接装置（图14），每个小组分别负责一个实验，观察电流表指针的变化。

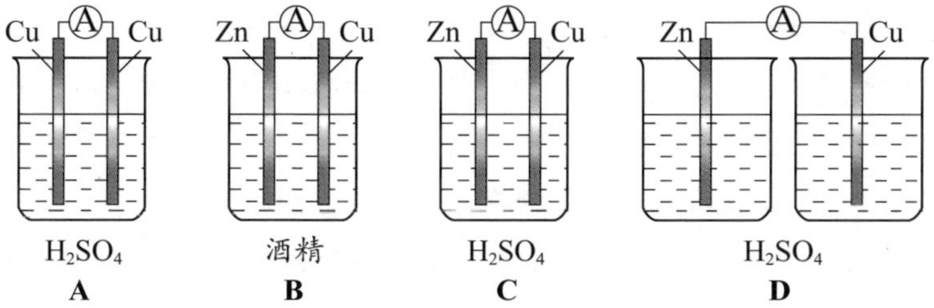

图14　原电池形成条件探究装置图

学生分小组进行实验验证，组员之间讨论，小组代表进行总结归纳。

师：四个装置中只有C装置的那个小组电流表发生了偏转，这说明了什么？

生1：对比C与A，电极两端的物质不同，可见形成原电池必须要有活泼性不同的两个电极。

生2：对比C与B，装置溶液不同，硫酸为电解质溶液，酒精为非电解质溶液，说明形成原电池需要电解质溶液。

生3：对比C与D，D装置的内外电路不连通，说明形成原电池需要内外电路构成一个闭合回路。

师：很好，原电池形成的前提还要两电极材料能自发地发生氧化还原反应，因此组成常见原电池的条件包括以下四个，缺一不可。

（1）有活泼性不同的两个电极（金属与金属或金属与能导电的非金属）；

（2）电极插入电解质溶液；

（3）内外电路要沟通，形成闭合回路；

（4）能自发地发生氧化还原反应。

总结为一句口诀：“两极一液一线一反应”。

反思评价　该环节强化了学生分析对比、归纳总结的能力。通过对比分析得出形成原电池的条件，环节与环节之间紧密联系，学生在总结原电池形成条件时回答语言叙述不清楚，教师引导学生丰富或调整自己的解释，可以引导学生在全方位、多角度的思考后得出结论，总结出由特殊到一般的规律。原电池形成条件的归纳既是对整节课内容的回顾，也是本节课的重点，通过学生自主归纳，在培养学生分析、归纳能力的同时也强化了学生对这部分知识的理解掌握程度。

2.5　课堂总结，学以致用

师：现在我们已经学习完了原电池的相关内容，总结一下这节课，你们掌握了什么？

生1：原电池的定义，原电池装置可将化学能直接转化为电能。

生2：外电路中，电子的流向是由负极流向正极；内电路中，离子的流向是阳离子流向正极，阴离子流向负极。

生3：阳离子与电流方向相同，阴离子与电流方向相反。

师：很好，看来同学们基本上掌握了本节课的内容，接下来请同学们应用原电池原理解决下面这个问题。

PPT展示一则小故事——格林太太的头痛病，引导学生找出问题的关键点，用所学的原理解释格林太太的症状，最后教师再进行答案的完善：两种金属片与唾液中的电解质接触，组成闭合回路，构成原电池。微电池形成长时间的微弱电流，不断刺激着格林太太的中枢神经，使格林太太体内的神经系统运行紊乱，从而引发了格林太太的各种不适反应。

> 太平洋彼岸有一位格林太太，在她开怀大笑的时候，可以发现她一口整齐而洁白的牙齿中镶有两颗假牙，其中一颗是黄金的——这是格林太太富有的标志，另一颗是不锈钢做的——这是一次车祸后留下的痕迹。令人百思不解的是，打从车祸以后，格林太太经常头痛，心情烦躁……尽管医院动用了堪称世界一流的仪器，尽管一些国际知名的专家教授绞尽脑汁，但格林太太的病症没有丝毫减轻，反而日趋严重。试试看，给格林太太治病开出一张处方。

图15 小故事——格林太太的头痛病

教师设疑，留下课后思考问题：这节课我们了解到原电池的“前世”，那原电池的“今生”又是如何发展的呢？我们能不能根据今天所学的原电池工作原理，利用生活中的物品来进行简易电池的设计与制作呢？下节课我们继续进行探索。

反思评价 将课堂还给学生，让学生做回课堂的主人，小结部分由学生进行，让不同层次的学生都可以加入课堂环节的互动中来，同时也有利于教师检验本节课学生的学习效果。立足教材，使学生体会到化学与生活的密切联系，引导学生用所学知识服务于生活。由于前面学习的原电池都是经典的原电池，而这个问题是微观原电池，很大程度阻碍了学生的思维，但由于情境新颖，学生感兴趣，很多学生也能快速得出正确结论，这也为选择性必修内容中金属腐蚀的学习埋下了伏笔。课后思考题的布置，让学生“学前有所惑，学后有所获”，为下一节课内容的学习做准备。

2.6 板书设计

为方便学生建构原电池反应的原理模型，教师精心设计了该节课的板书，见图16。

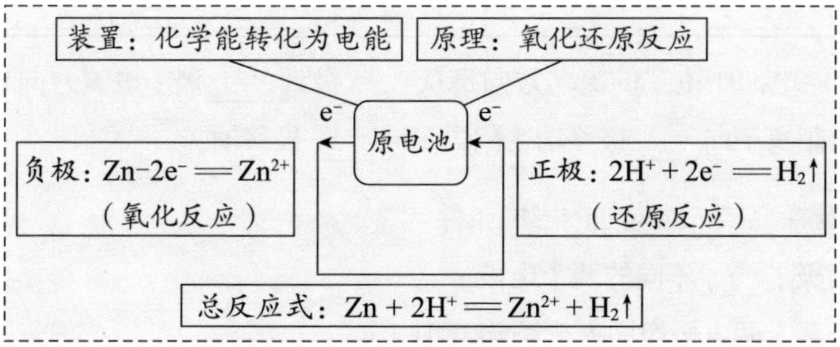

图16 原电池模型的板书设计

2.7 导学案

《化学能转化为电能》导学案

一、实验探究一：化学能转化为电能

步骤	讨论与交流	现象
（1）将 Zn 片插入稀 H_2SO_4	Zn 片上有何现象？	
（2）将 Cu 片插入稀 H_2SO_4	Cu 片上有何现象？	
（3）将 Zn 片和 Cu 片同时插入稀 H_2SO_4	有何现象？	
（4）Zn 片和 Cu 片用导线连接（中间接电流表），插入稀 H_2SO_4	电流表指针有何变化？这说明什么？	

（1）工作原理

总反应：________________________

原电池的定义：将____能直接转化为____能的装置，反应本质是____________反应。

（2）微观解析

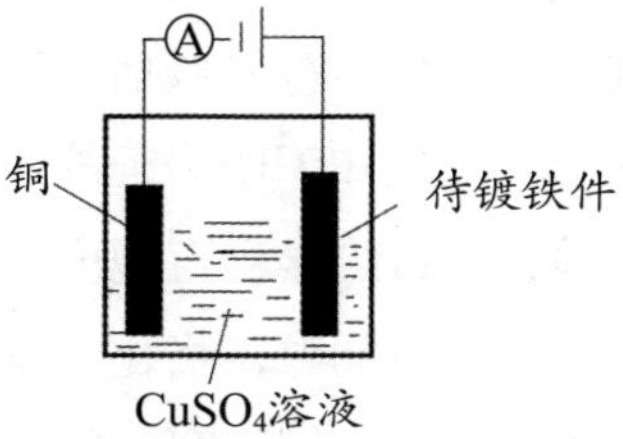

电极	电极材料	电极反应	反应类型	得失电子的粒子	电子流动方向
负极	______	________	_____反应	__________	_____电子
正极	______	________	_____反应	__________	_____电子

总结：原电池中电子的流动方向是从____极到____极；电流方向是从____极到____极。阳离子向____极移动，阴离子向____极移动。

二、实验探究二：原电池的形成条件

（1）两极：____不同的两个电极；

（2）一液：两电极均插入____溶液中；

（3）一线：两电极用导线相连，形成__________；

（4）一反应：自发进行的__________反应。

3 教学反思

3.1 以教师为主导，指挥课堂学习

本节课内容的教学采取了科学探究的形式，遵循学生思维的发展规律。教学安排中，先用化学史实设疑，再以实验事实释疑，学生在可视化的实验现象中分析原理，总结规律，正是基于形象思维发展逻辑思维的过程。教师在学生陷入“愤悱”之时，用启发性的语言给予适当的点拨引导，促使学生动脑思考，积极探索解决问题的途径。教学语言简洁明快，该讲详细的地方都能讲清讲透，不需详细讲解的地方不拖泥带水，如对原电池概念的描述、对原电池微观粒子及电流的流向分析等内容作了规范的表述，而在学生分组讨论、问题回答以及上黑板板演时，教师惜字如金，留给学生足够的思索时间。整个教学过程教师表现得沉稳大气，但可以更有激情些、面部表情更丰富些，相信充满激情的化学课堂能更好地调动学生对知识的渴求，达到更好的教学效果。

知识具有丰富的价值内涵，而表征它的文字或符号，对于化学而言，各类方程式如原电池的电极方程式就是其化学符号概括、精简的标志，在有效的教学情境下，可以以直观形象化的形式呈现知识所表征的内涵[7]。无论是教师的演示实验，还是学生的小组探究实验，都带给学生直观形象的感受，联系旧知与新知的关系与矛盾。在这节课中，教师通过问题微格化，设置问题链，将抽象的问题解剖成小问题，降低教师教学的难度和学生思考思维的跨度。

3.2 以学生为主体，自主探究新知

观摩原电池一课的课堂实录，可以发现教师整节课围绕“尽可能让所有学生参与进来”做了比较周密的课堂部署，先是与学生共同得出原电池装置的定义，使学生初步了解该装置；之后教师演示锌与稀硫酸溶液的反应，引发学生思考：加入硫酸铜溶液为什么可以促进锌与稀硫酸的反应？紧接着进一步推进教学进程，让学生小组进行 Zn-Cu 原电池实验，探究原电池反应原理。在这些教学环节的安排上，教师事先做了充分的准备，给学生留下了充足的思考时间，教师主导着课堂的走向与流程，给学生创造了一个自我思考与展示的机会，在保证课堂严谨性与流畅度的前提下，充分调动了学生的积极性，在师生共同分析、讨论和探究中展开学生的思路，启发式思想贯穿教学的全过程。

但同时，这样的课堂设计与操作也面临着学生思考走偏、思维过于发散、课堂超时等方面的挑战，要求教师的课堂教学能力与教育智慧达到更高的水平。要上好一堂课，教师的前期备课工作尤为关键，对教材的正确使用、深入钻研，对学生知识掌握能力、思维发展特点的认真分析，都是教师确定教学方法的重要依据。在新课改理念指导下，教师要把握好教学的侧重点，改变以往以“教”为重心的方式，迎合新课改理念，逐步过渡到以“学”为重心，力求达到教与学完美结合，使学生热爱学习，学会学习。面对培养新时代高素质人才的需求，“授人以渔，教之以法”才是为人师者的至上高度。

3.3 以知识为载体，教学评一体化

原电池一课的教学模式为：通过观点碰撞，引发思考并进行实验探究；通过现象分析，悟透原电池本质；进一步建立微粒观，分析原电池形成条件；归纳提升，形成一般原理规律；应用于生活，用原理解释现象。由于这部分内容理论性强，较为抽象，对学生而言具有一定的难度与深度，教师应选择恰当的教学方法，把握好深广度，方能提高学习效果。整个课堂教学，环节与环节之间紧密相连，层层深入，根据本节课内容的特点与高一学生的思维活动特点，采用“设疑—探究—推理—发现”的模式，在教法上突出活动的组织设计与方法的引导，在学法上突出探究、推理、猜测与论证，在教学设计中力求让学生参与知识发现的全过程，体现以学生为主体，以促进学生发展为本的教学理念，变教师知识传授者的身份为学生自主探求知识的引导者、指挥者、合作者。

整堂课始终本着培养学生的逻辑思维能力为目标，教师不时抛出问题并作恰当

适宜的引导，如在对比分析原电池的形成条件进行提问时，对学生的精彩回答加以肯定鼓励，课堂小结环节师生之间又作总结性评价，教师肯定学生在课堂的表现，始终让学生在一个和谐的环境中学习成长，以总结性评价与过程性评价相结合来调动学生的学习积极性。从教学过程来看，重在探究、实践，在实验探究中，不仅激发学生学习兴趣获得知识，更能启迪学生思维、培养科学精神和创新能力，为学生进一步发展创造新的局面，较好地实现了化学课程对学生素养培养的教学目标。

4 结语

从内容安排上，原电池概念模型包括两个层面，一是原电池原理，二是原电池形成条件。本堂课从宏观能量的转变与微观氧化还原反应电子的转移切入解释原电池原理，有助于发展学生"宏观辨识与微观探析"的科学素养，采用控制变量法帮助学生归纳原电池的形成条件，实验步骤的操作、实验现象的观察、实验结果的分析有利于培养学生"证据推理与模型认知"的素养，真正落实化学课程密切联系生产、生活实际，引导学生逐步发展科学素养的任务。

本节课教学设计精妙，通过挖掘知识的内在联系，巧妙地设置问题，启发学生思维，使得课堂教学环环相扣。从原电池一课的教学设计抽象而出的"设疑—探究—推理—发现"这一模式，可适用于高中化学原理类知识的教学。由于这部分内容理论性强，抽象难懂，学生存在学习难度，教师应选择适宜的教学方法，把握好深广度，方能提高学习的效果。在教学中优化知识线，渗透能力线，让学生在理解原理的基础上，发展归纳总结以及逻辑思维能力。

参考文献

[1] 刘知新 . 化学教学论　第四版 [M]. 北京：高等教育出版社，2009：211.

[2] 罗秀玲 . 试论化学探究式教学中探究点的选择 [J]. 化学教育，2011，32（6）：31-32.

[3] 普通高中化学课程标准（2017年版）[S]. 北京：人民教育出版社，2018：6.

[4] 匡林文 . 基于化学核心素养的教学设计：以"化学能与电能"为例 [J]. 化学教与学，2020（12）：73-77.

[5] 管建华 . 基于"三重表征方式"的"化学能与电能"教学设计 [J]. 化学教与学，2015（2）：64-66.

[6] 刘东．“化学能转化为电能”教学设计 [J]. 中学化学教学参考, 2020（16）: 31-32.

[7] 杨玉琴．高中生化学符号表征能力的测评研究 [J]. 化学教育,2016,37（19）: 46-52.

案例思考题

（1）如何有效进行探究式教学，让学生“真”探究？

（2）在进行相关原理类知识内容的学习时，如何造成认知冲突，引导学生优化认知结构？

（3）如何准确向学生解释原电池反应与氧化还原反应的关联？

（4）如何把握好原电池必修与选择性必修内容教学的梯度？

建构“宏观—微观”桥梁的问题驱动教学

——以“化学键”为例

陈　芳[①]　龙云飞[②]

摘　要：“化学键”是学生理解宏观物质构成原因的基石，亦是学生感知微观世界的重要组成部分。《普通高中化学课程标准（2017年版）》（以下简称新课标）要求教学要实现从“获取知识”的终极目标转变为“发展素养”的过程目标；以教师为中心转变为以学生为中心。“化学键”这一章节内容概念性的知识点较多，为将传统教学中的教师教、学生被动学转变为教师引导、学生主动学，教学通过构建“宏观—微观”桥梁，设置多重驱动性问题，培养学生的学习积极性和探索欲。利用问题驱动教学，以“化学键”为例设计教学，用符号语言表征物质形成的微观变化本质，有助于建构“宏观—微观”桥梁，落实新课标对学生化学学科核心素养的要求，构建“化学观念”。

关键词：化学键；观念建构；符号表征

背景信息

新课改下贯彻落实学科核心素养已成为当代初、高中教育教学的重中之重，教师要将化学学科核心素养的五大维度融入教学目标，教学目标要实现从“获取知识”的终极目标转变为“发展素养”的过程目标[1]。“宏观辨识与微观探析”是学习化学的重要观念，化学符号是连接宏观现象和微观本质的桥梁，落实这一核心素养有助于学生形成透过现象看本质的思维模式。教学离不开设问，灵活提问是驱动学生思考的重要方式，以问题驱动教学对于理解抽象概念更为有效[2]。

“化学键”属于高中化学必修课程中的概念原理类知识，是学生理解物质形成、变化、结构，反应热，共价键，键参数，物质的熔沸点等内容的基础知识。在这一章节内容的教学中，教师多以分析离子化合物 NaCl 的形成过程为例讲解

① 陈芳，女，湖南邵阳人，湖南科技大学化学化工学院在读硕士研究生。

② 龙云飞，男，湖南安仁县人，湖南科技大学化学化工学院教授。

“离子键”这一知识概念，再类比推理共价键的形成原因，穿插电子式的教学。部分教师的教学依据教材内容按部就班，这一抽象概念学生只能被动接受，听老师的灌输式教学，课后练习也不能做到活学活用，最终导致宏观概念脱离与微观本质的联系，化学核心素养也就没有得到很好的发展。

案例教师 A 是一名在读研究生，在多次旁听和教学经验中，她发现仅仅按照教材内容设计教学，效果并不理想，且大多教师的提问没有起到很好的引导作用，学生机械地回答“是”与“不是”，这类问题并不能驱动学生思考，学生看似积极，实则不假思索，并没有真正理解“化学键”。A 老师与同班同学及指导教师讨论后认为，本章节内容较抽象，学生理解起来有一定难度。教师若不能指导学生理解化学键形成的原因，电子式书写的过程，离子键与共价键的区别以及离子键、共价键成键元素的规律等问题，学生便会学了就忘，犹如过眼云烟。倘若教师严格设计提问方式，多举例子，分析离子化合物 NaCl 和共价化合物 HCl 等常见物质的区别和联系，延伸到电子式的书写，引导学生主动思考，促进“化学键”的认知模型的建立与完善，效果会更好。

整节课内容逻辑清晰、循序渐进、难度适中，但要贯彻落实学生“宏观辨识与微观探析”的化学学科核心素养，A 老师决定依据课程标准设计教学目标、活动，设计问题，以问题驱动教学。

案例正文

1　基于“宏观—微观”桥梁建构的教学问题的教材分析与学情分析

1.1　教材分析

“化学键”选自人教版高中化学教材必修第一册（2019版）第四章“物质结构　元素周期律”第三节。本章节内容从宏观角度观察物质的变化到微观角度理解物质的形成，是培养学生“宏观辨识与微观探析”的化学学科核心素养[3]的重要载体。

微粒间的相互作用是微粒观的重要内容，它是化学反应的实质，也是化学变化中能量变化的来源。在学完微粒结构和性质的基础上，学习微粒间的相互作用，能深入理解物质变化的复杂性和规律性。

“化学键”这节中共介绍了两种类型的化学键——离子键和共价键。离子键是第一节的内容。离子键的形成原因比共价键易理解，有了对典型微粒离子键形成过程、本质特点以及表示方法的认识基础，类比推理来学习共价键，能回避一些思维上的障碍（例如，共价键中电子为什么能凑在一起形成稳定的键等），降低学生学习的难度，有助于加深学生对化学键的整体认识及对物质形成的理解。

“离子键”一节从学生熟悉的 Na 与 Cl_2 的反应入手，通过实验引发思考：Na 与 Cl_2 在反应过程中到底发生了什么变化？是什么作用使得 Na 原子与 Cl 原子最终结合成了稳定的化合物？什么类型的元素之间能形成这样的作用？该作用的特点是什么？从这一系列的问题，引导学生从具体到抽象，从宏观到微观，从静态到动态，从用一般语言描述到用化学语言描述，构建离子键的概念，使“离子键”这个看不见、摸不着的概念在化学变化过程中被感知，在分析过程中被解读，在表达过程中逐渐变得清晰。这样的安排符合概念的建立过程，也符合学生的认知规律。

共价键则以学生熟悉的物质——氢气和氯气导入，引导学生思考两种分子为何都是双原子分子，这两种原子形成的物质与氯化钠的化学键类型是否相同，从微观角度分析其价层电子引入共价键，进而分析共价键的不同类型，巩固化学键的知识网络。

因此，本节课引导学生从微观理解物质形成，构建“宏观—微观”桥梁，让学生的化学观念得到发展，思维方式亦得到极大转变。

1.2　学情分析

1.2.1　学生已有知识分析

初中化学介绍了构成物质的三种基本粒子——分子、原子和离子。学生知道有些物质是由离子直接构成的，例如氯化钠；还有些物质是由分子或者原子直接构成的。无论哪种物质，在构成的微粒之间都存在相互作用，但这种作用的本质及其类型，学生并不清楚。通过对本章第一节的学习，学生对原子的结构和性质有了一定的认识，知道原子的化学性质主要由核外电子的排布决定；大多数原子因为核外没有达到8电子稳定结构而不能单独存在；在化学反应中，它们可以通过一些方式去达到稳定结构。这些是学生学习化学键的基础。另外，在第一章的第一节，学生进一步学习了核素表示法、同位素表示法，结合初中学习过的原子（离子）结构示意图，学生已经掌握了3～4种表示微粒组成和结构的方法，这些表示方法为化学键的表示提供了方法上的铺垫和选择。

1.2.2　学习障碍分析

高一学生的抽象和联想能力不强，虽然有现代化媒体的辅助，但在使微观世界可视化、使具体问题抽象化、使表达方式符号化方面，学生仍存在一定的困难。

关于微粒间相互作用的知识，学生目前只知道电场中带电微粒间同性相斥、异性相吸。至于像原子这样既有带正电的原子核又有带负电的电子的中性微粒间是否存在静电作用，在电场中阴阳离子是否可以看成点电荷来处理，它们之间存在着的静电作用的种类、形成方式等学生并不了解。

另外，用化学语言描述离子键、共价键，也是学生的学习障碍之一。目前学生掌握的用来描述微观粒子的化学语言有原子或离子结构示意图、化学式、核素表达式等，可能对电子式也有所耳闻。选择用何种化学语言来简单明了地描述离子键？用静态方法（如化学式）表示还是用动态方法（如方程式）表示离子键？学生都缺乏可以效仿的模式。

2 以“宏观—微观”为导向的教学目标和评价目标

2.1 教学目标设计

教学目标不只是让学生简单的积累新知识、新信息，而是要在发展和转变观念的基础上积累知识。学习是让学生主动地将新旧知识对比、分析、批判、选择和重建，实现知识的内化。教学的核心目标要求从“获取知识”的终极目标转变为“发展素养”的过程目标。化学核心知识和核心观念的学习在整个高中化学教学中是分阶段实现的，因此，在不同模块或不同内容的学习中，教师须关注学生认知方式的发展，重视化学学科核心素养与知识本体的匹配性研究。而“化学键”是人教版高中化学教材必修第一册第四章“物质结构”知识模块的重要组成部分，是学习“结构决定性质”这一化学学科核心观念不可或缺的核心知识，是“宏观辨识与微观探析”思维方式的具体表现形式。根据“化学键”这一知识的特点，A老师制定的教学目标如下。

（1）从微粒性质的角度分析，通过探究不同微粒间的相互作用，理解不同微粒的性质，初步建立化学键与化合物的认识模型。

（2）掌握电子式的书写方法，学会“宏观—微观—符号”的三重表征方式，并在此过程中体会符号的意义，理解化学键的形成原理（见图1）。

（3）根据物质的微观成键特点，思考工业冶炼金属 Na、Mg、Al 的方法。学会从微观本质体会宏观物质制备的原因，实现“宏观—微观—宏观”视角的多重转换。

2.2 评价目标设计

新课标倡导基于化学学科核心素养的评价，为落实以素养为本“宏观—微观”桥梁的建构，要求实现“教、学、评”一体化，注重对学生进行教学过程性评价。

在“核心素养”的导向下，评价目标的制定应从“知识的检测”转向“认识发展的检测”，制定的评价目标如下。

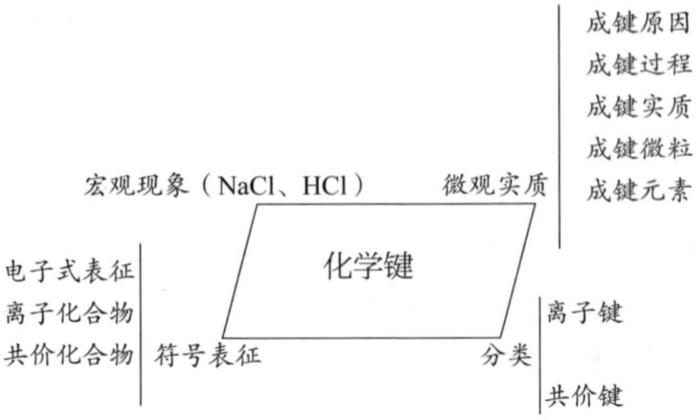

图1　化学键“宏观—微观—符号”的三重表征

（1）通过对NaCl与HCl形成过程的分析，诊断并发展学生对构成物质的微粒多样性的认识，并理解微粒构成物质的过程和本质原因，用符号语言表征不同物质的电子式。

（2）通过对冶炼金属单质钠、镁、铝的原料选择活动的讨论和点评，诊断并发展学生对化学键知识的价值认识水平。

3　以问题设置渗透“宏观—微观”桥梁的建构，设计教学

A老师以核心素养为中心，学生认知发展为主线，将学习内容剖解成若干个学习任务，每个学习任务设计成若干个具体的问题。学起于思，思源于疑。问题是思想的“助产士”，是思维的开始，能揭示矛盾，引发思考，激发学习动机，推动学生产生解决问题的欲望[4]。构建宏微观视角下的化学教学要将具体的化学知识转化为驱动性问题，学生在问题驱动下，逐步推进学习任务，实现课程教学目标和评价目标[5]。

3.1　学习任务1：宏观现象导入

活动线索	问题线索	设计意图
展示实时物质种类数据图	问题1：100多种元素是怎样形成1亿多种物质的？ 问题2：构成物质的基本微粒有哪些？	学生被世界上实时更新的物质种类数据所震撼，惊叹之余会主动思考其背后的原因。此活动旨在引导学生认识到不同元素可以通过不同的组合方式形成不同物质，从宏观角度思考物质的多样性。回顾构成物质的基本微粒，慢慢引到微观视角

教学实录

师：同学们好！从前面元素周期律和元素周期表的学习中我们知道目前自然界已知的元素有118种，而这118种元素组成了世界上上亿种物质（幻灯片展示“美国化学文摘社”网站上实时更新的物质数据信息）。同学们知道100多种元素是怎样形成1亿多种物质的吗？或者说，这些元素原子之间通过什么样的力形成了化合物呢？

学生一脸疑惑，表示不解。

师：我们可以先从构成物质的基本微粒入手。构成物质的基本微粒有哪几种？请分别举例说明。

生：构成物质的基本微粒有分子、原子、离子。由分子构成的物质有水、氯气等；由原子直接构成的物质有金刚石、铜、稀有气体等；由离子构成的物质有氯化钠、硫酸钠等。

3.2 学习任务2：微观角度分析物质形成的本质

活动线索	问题线索	设计意图
交流讨论，动手画图。分步分析NaCl形成过程	问题1：Na、Cl原子是怎样形成NaCl这种物质的？ 问题2：用原子结构示意图分析其得失电子，画出流程	从宏观物质的形成引入微粒观，引导学生从物质的构成——原子角度分析，初步构建宏微观桥梁。理解物质形成的本质，强化学生结构决定性质的化学学科观念

教学实录

师：很好！那我们今天一起来学习以NaCl为代表的由离子构成的物质，它是怎样由钠原子和氯原子构成的呢？（切换幻灯片）我们都知道钠单质和氯气在点燃的条件下生成氯化钠。根据这个反应，请同学们从钠原子和氯原子的核外电子排布分析氯化钠的形成过程，并在草稿纸上画出来。

学生动手操作，在草稿纸上画核外电子排布图（图2），分析得失电子情况。

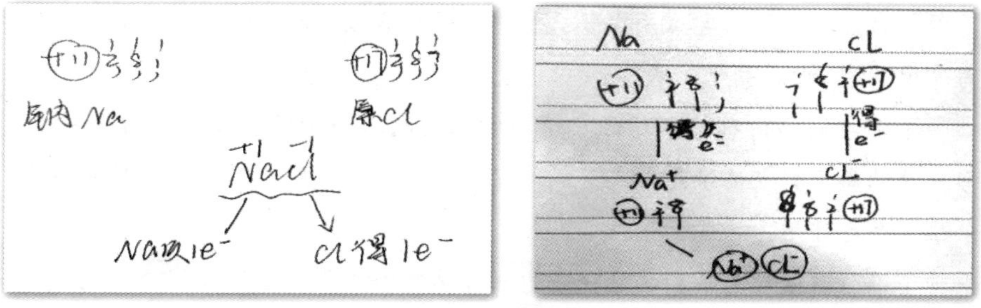

图2 学生画图展示

师：好的，老师刚刚看了看同学们画的图。有些同学的逻辑很清楚，有些同学可能理解了，但是不会用图画展示。那我们一起来看看，氯化钠的形成过程是怎样的呢？首先，先画出一个钠原子和一个氯原子的原子结构示意图。这一步大家都没问题。然后大家观察一下，此时的钠原子和氯原子最外层都没有达到稳定结构，会发生怎样的变化呢？

生：钠原子失去一个电子变成钠离子，氯原子得到一个电子变成氯离子，都形成稳定结构。

师：非常好，形成对应的阴、阳离子之后就形成了化合物——氯化钠。

3.3 学习任务3：电子式表征宏观物质的微观形成本质

活动线索	问题线索	设计意图
教师指导学生画电子式，简化 NaCl 形成过程，加深离子化合物形成本质	问题 1：用一种符号语言只呈现原子的最外层电子，表示离子的形成过程，是不是更形象呢？ 问题 2：能否用 Na、Cl 原子的电子式表示 NaCl 的形成过程？	加深学生对元素原子的化学性质由最外层电子数决定的理解。从复杂的“原子结构示意图”到简易的最外层电子的“电子式”，帮助学生深入认识化学符号。电子式便是构建“（宏）物质形成—（微）微粒性质本质”的桥梁
交流讨论，强化物质形成需要作用力	问题 3：NaCl 的形成靠什么作用力？	有了电子式的理解基础，随即思考离子键的成键本质——静电作用，更有助于学生形成离子键的概念

教学实录

师：用原子结构示意图来表示原子得失电子的情况有些太烦琐，如果我们能用一种符号语言只呈现原子最外层电子的得失情况，岂不是更加形象？那我们一起来看看，在元素符号周围用“.”或“×”表示原子的最外层电子（价电子）。

教师在幻灯片上展示 Na 原子、Cl 原子、H 原子等原子的电子式；学生在纸上画出各原子的电子式。

教师在黑板上引导学生用电子式板书离子化合物 NaCl 的形成过程，并让学生试着画出 Na_2O 形成的电子式。

师：同学们画得都挺不错的。请同学们再思考一个问题，这里由得失电子所新形成的钠离子和氯离子是靠怎样的力结合在一起形成氯化钠这种物质的呢？

生：静电作用。

师：很好。是静电吸引力还是静电排斥力呢？

生 A：静电吸引力。

生B：静电排斥力。

生C：都有。

师：同学们都在积极思考，很棒。思考问题要全面哦，不能只看表象。请回答都有的同学C来说一下，为什么静电吸引力和排斥力都有呢？

生C：首先，钠离子和氯离子二者原子核和核外电子之间一个带正电一个带负电，存在相互吸引作用。其次，阴、阳离子间电子与电子、原子核与原子核之间存在相互排斥作用。综合来讲，氯化钠化合物中既有静电吸引力又有静电排斥力。

师：说得很好，吐词很清楚，思路也很清晰。学到这里，我们就要引入一个新概念了，像这种带相反电荷离子之间的相互作用力就叫离子键，成键本质就是静电作用。（板书相关概念）

3.4 学习任务4：微观探析离子键、共价键的区别

活动线索	问题线索	设计意图
连环发问，交流讨论，集思广益，得出共价键的概念	问题1：为什么是2个氢原子结合成氢分子，2个氯原子形成氯分子，而不是3个、4个呢？ 问题2：将NaCl中的Na原子换成H原子，其作用力是一样的吗？形成过程是一样的吗？	解释初中留下的疑问：为何物质构成的原子个数有限制不能随意编造，设计驱动性问题引导学生对比NaCl和HCl的宏观区别，由此思考二者在微观结构上的区别。解释成键原因还须分析原子内层电子，多重因素共同影响成键类型，引出共价键的概念
探本溯源，类比推理，总结极性、非极性共价键概念	问题3：共用电子对有偏移的共价键叫什么呢？哪些物质含有极性共价键呢？	趁势而上解释二者均为共价键，但原子吸引电子的能力相同（不相同），共用电子对不偏移（偏移），得出极性键（非极性键）的概念

教学实录

师：相信不少同学初中的时候就很好奇，为什么是2个氢原子结合成氢分子，2个氯原子形成氯分子，而不是3个、4个呢？其实物质的构成原子个数与原子自生的最外层电子数相关。我们以氯原子为例分析氯分子的形成过程。氯原子最外层有7个电子，要达到8电子稳定结构，需要获得1个电子，但氯原子和氯原子之间难以得失电子，氯原子和氯原子就商量着各提供一个电子，形成共用电子对，满足二者都形成8电子的稳定结构。（板书展示 Cl_2 形成过程的电子式）

师：同学们再想想，H_2 是怎么形成的呢？小组内交流讨论一下，在纸上画出 H_2 的形成过程，用电子式表示。

学生积极配合老师，与同学交流讨论，并准确无误地画出了电子式。

师：同学们都很棒！像氯气和氢气这样，原子间通过共用电子对所形成相互作用的叫作共价键。（板书共价键定义）接下来，请大家想一想，如果把我们前面分析的NaCl中的Na原子换成H原子，其作用力是一样的吗？形成过程是一样的吗？

师：大部分学生认为是一样的，那老师给同学们一些数据，大家根据幻灯片呈现的NaCl和HCl的性质数据，思考一下NaCl和HCl中的化学键类型。

生：HCl是共价键，NaCl是离子键。

师：非常好！我们都知道，H_2和Cl_2中原子的化合价都是0价，这是由于这两种物质中的原子吸引电子的能力相当，共用电子对不偏移，故而原子不显电性。这样的共价键我们称之为非极性共价键。那共用电子对有偏移的共价键叫什么呢？

生：极性共价键。

师：哪些物质含有极性共价键呢？

生：HCl、H_2O、NH_3、CO_2、CH_4。

3.5 学习任务5：强化"宏观—微观"桥梁，巩固符号表征方式

活动线索	问题线索	设计意图
巩固练习，强化概念	问题：用电子式表示Na_2O、$MgCl_2$、Br_2、CO_2的形成过程	趁热打铁，用电子式符号表征其他物质的形成过程，巩固微观分析物质形成的本质，强化"宏观—微观"桥梁，体会"宏观—微观—符号"的三重表征方式

教学实录

师：请同学们用电子式表示Na_2O、$MgCl_2$、Br_2、CO_2的形成过程。

学生纷纷动笔书写电子式，教师下讲台巡视，指导学生书写。

师：写得非常好！以后同学们也要试着用电子式这种方式表达物质形成的过程，物质的形成其实都是旧化学键断裂、新化学键形成的过程，这也是化学反应的本质。同学们要学会用微观符号语言解释宏观现象。

3.6 学习任务6：总结升华，初步领悟工业冶炼金属的原因

活动线索	问题线索	设计意图
展示工业冶炼Na、Mg、Al的流程图，并提供三者对应氯化物和氧化物的熔点数据，分析三者的相同点和不同点	问题1：三种金属的冶炼方式对原料的选择、条件的选择有何异同？ 问题2：为什么不选择电解熔融Na_2O、MgO制金属单质Na和Mg？ 问题3：为什么不选择电解熔融$AlCl_3$制铝单质？	基于真实情境，用真实问题设问，学生更有参与感。用真实问题诱发学生探究欲，在探究中体会化学知识对生产、生活的贡献，领会化学学科的社会发展价值

教学实录

师：学习完这些知识有什么用呢？我们一起看看 PPT 上展示的化工流程中的化工厂是怎样炼制 Na、Mg、Al 这些活泼金属的。观察原材料、条件的选择和核心反应原理，对比一下，这三者有什么异同？为什么不选择电解熔融 Na_2O、MgO 制金属单质 Na 和 Mg？小组交流讨论。[幻灯片展示三种金属对应的工业生产流程及其对应氯化物和氧化物熔点数据（图3），请代表发言]

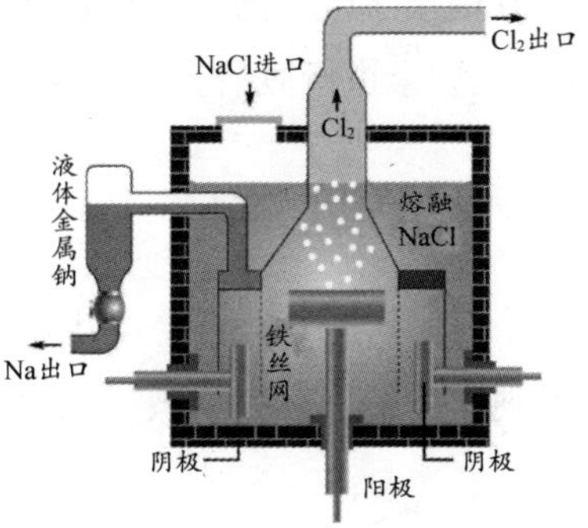

（a）工业制备钠单质

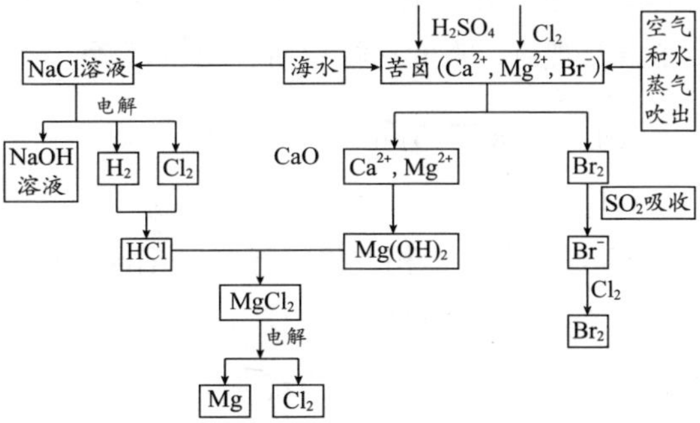

（b）工业制备镁单质

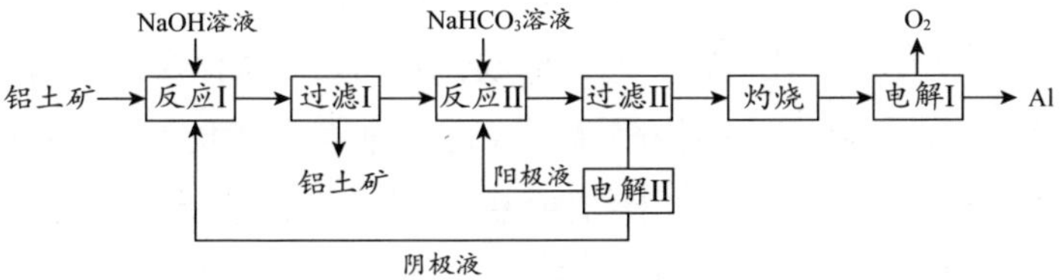

（c）工业制备铝单质

图3 钠、镁、铝单质的工业制备流程

生 A：都是电解的熔融的氧化物或者氯化物，而不是其他的碱或盐。

生 B：制备 Na 和 Mg 的金属都是对应的氯化物，而制备 Al 的金属是用的氧化铝。

师：好的，请同学们回答，工业冶炼金属为什么不选择 Na_2O、MgO？

生：因为 Na、Mg 对应的氯化物熔沸点低于氧化物的熔沸点，且它们对应的氯化物在自然界中分布更广泛，操作起来可以节省更多能源。

师：那为何不选择电解熔融 $AlCl_3$ 制铝单质？

生：因为 $AlCl_3$ 固体熔沸点虽然低，但 $AlCl_3$ 是共价化合物，熔融后不能导电，而 Al_2O_3 的熔沸点虽然高，但熔融后能电离出离子。

师：非常好！分析得很到位。正是因为 $AlCl_3$ 是共价化合物，不能电离；而

Al_2O_3是离子化合物，熔沸点高，可以加入冰晶石作助溶剂，使得电解可以在低于Al_2O_3的熔点下工作，从而实现铝单质的炼制。

4 构建“宏观—微观”桥梁，以问题驱动“化学键”教学的反思与建议

讲课结束后，授课教师同参与此次授课的指导教师和听课的同学针对本节课进行研究，A老师首先介绍了其授课思路及教学反思，接着同班同学基于本节课发表了自身见解，最后指导教师对本节课进行点评并提出了改进建议。A老师总结了各方观点，主要从教育者、受教育者、教育中介三要素进行概括。

4.1 教育者方面

4.1.1 亮点

（1）教学目标和评价目标紧密相连，注重“教、学、评”一体化，学生学会了知识，更重要的是培养了学生透过宏观现象看微观本质的思维，从微观推导物质宏观制备与用途，实现“宏观—微观”桥梁的架构。

（2）以若干问题串联驱动教学，激发学生的学习兴趣，循循善诱，课堂围绕多个问题的展开，疑惑得到解答，知识点得到巩固，化学观念得到培养。

（3）从起初物质（化合物）怎么形成，回到如何从化合物得到单质，整节课成为封闭体系，首尾呼应，结构严谨。从元素种类、物质分类的角度理解离子化合物的形成，新旧知识衔接，知识结构呈螺旋式上升，不断深化原有知识。

（4）课堂以教师提问、学生交流为主，互动频繁，课堂氛围活跃。体现以学生为中心，以教师为主导的课堂教学形式。

4.1.2 不足点

（1）A老师上课语速有些快，声音洪亮，但部分学生在听教师讲解形成原因、定义等概念时可能听不清楚，故可以将教学速度放缓，防止学生脱节。

（2）教师的讲解和板书知识点未保持完全同步。无论是先写好板书还是讲完知识点后再做补充，学生所记笔记与所吸收内容不是同一时段，很容易造成视听混乱。

（3）三大金属Na、Mg、Al的冶炼教学时间过长，教学内容要精简，突出重点。

4.2 受教育者方面

4.2.1 亮点

（1）学生活动难度较小，设置连贯的驱动性问题，学生回答问题可自行思考，

组内交流讨论，与教师共同分析提问、答问等，互动方式灵活多样，学生的参与度较高。

（2）学生学习了用电子式表达物质的形成原因，用符号表征微观物质的形成原因，简化了原子结构示意图，降低了化学学习难度，有助于培养学生学习化学的兴趣。

4.2.2 不足点

问题过多，学生易产生畏难心理，从而抵触主动思考。

4.3 教育中介方面

4.3.1 亮点

本案例采用动画放映的方式，在动画演示的过程中，学生根据图片和视频，从微观角度物质的得失电子过程理解宏观物质形成，用符号表征微观现象，生动形象。帮助学生构建“宏观—微观—符号”三重表征方式。

4.3.2 不足点

教学用到的幻灯片动画切换和幻灯片内容较多，容易造成学生视觉疲劳，导致整节课内容难度较大，部分学生失去观看幻灯片的兴趣，使得这部分学生参与度较低，教学效果较差。

5 结语

A 老师结合化学键的教学内容，落实了“宏观辨识与微观探析”的化学学科核心素养，构建“宏观—微观”桥梁的教学目标和评价目标，设置多组驱动性的问题，帮助学生理解抽象概念——离子键和共价键。教师作为引导者引导学生思考，引导学生用符号表征物质形成的原因，层层剖析，符合学生的认知发展规律。最后以常见活泼金属钾、钙、钠的冶炼原理探析结尾，用真实问题诱发学生的探究欲，在探究中体会化学知识对生产、生活的贡献，领会化学学科的社会发展价值。

参考文献

[1] 胡久华，王磊 . 促进学生认识素养发展的化学教学 [J]. 教育科学研究，2010（3）：46-50.

[2] 董佳，JASPE C J，许英 . 基于 PBL 模式的四步螺旋法中学化学教学设计 [J]. 教育现代化，2019，6（78）：171-173，189.

[3] 普通高中化学课程标准（2017年版）[S]. 北京：人民教育出版社,2018：4-5.

[4] 杭伟华 ."观念建构"视角下的"化学键"教学设计 [J]. 化学教学，2016（12）：45-47.

[5] 方圩滨 . 基于"宏观辨识与微观探析"的问题情境创设研究 [J]. 中学化学教学参考，2021（18）：9-10.

案例思考题

（1）问题驱动式教学有哪些优点？教学中如何设计有效提问？

（2）请分析 A 老师是如何在"化学键"的教学中帮助学生建构"宏观—微观"桥梁的？如何落实和发展学生的化学学科核心素养？

（3）A 老师这节课中培养和强化学生的符号表征能力可分为哪些过程？其对应过程有什么作用？

（4）在"化学键"这一章中，教师应如何设计教学引导学生区分共价键和离子键？

巧设对照实验，辨析微观过程，提升思维品质

——以“电解质的电离”为例

孙林萍[①]　李　冰[②]

摘　要：宏观辨识与微观探析、证据推理与模型认知是高中化学学科核心素养的重要组成部分。电解质及其电离概念教学仅通过单组实验进行，学生对概念的理解容易出现偏差，甚至形成错误认知。本案例中，A老师首先以高中化学“电解质的电离”内容为基础，巧设多组对照实验，引导学生从宏观导电现象探究微观导电本质，建立电离、电解质的概念；然后由微观到宏观，用实验验证学生猜想；最后从电离角度对化合物进行分类，促使学生逐步建立起电离过程认知模型，进而提出用电离方程式表征电离过程，并深化酸碱盐概念认知。在任务解决过程中，A老师以“实验现象—微观本质—对照实验—物质分类—电离方程式”为线索进行教学，符合学生认知规律，注重培养学生宏观辨识与微观探析、证据推理与模型认知的化学学科核心素养，为相关教师开展本节课程教学提供参考。

关键词：对照实验；微观过程；电解质；思维品质；高中化学

背景信息

高中化学核心素养包括宏观辨识与微观探析、变化观念与平衡思想、证据推理与模型认知、科学探究与创新意识、科学态度与社会责任五个维度[1]。其中宏观辨识与微观探析素养的培养能够使学生在观察宏观现象的同时认识到现象发生的内涵与实质，能够全面培养学生的逻辑思维和科学探究精神。模型的建构也可以帮助学生更有效地进行学习。根据图片、动画、影像等证据对学生的推理进行证实或证伪，能提高学生的分析和推理能力[2]，同时使学生将新知识最大程度内化，建立系统化的知识体系，从而更加透彻地了解并掌握知识，促进学生在化学

① 孙林萍，女，重庆梁平人，湖南科技大学化学化工学院在读硕士研究生。

② 李冰，男，湖南湘乡人，湖南省湘乡市东山学校教师。

学科核心素养层面的发展。“电解质的电离”的教学内容可以很好地培养学生这两种化学学科核心素养。

“电解质的电离”属于人教版高中化学教材必修课程中的概念原理类内容，是学生学习离子反应、离子方程式、离子共存、离子类型推断等内容的基础知识。在这一部分内容的教学中，教师会以电解质溶液的导电性实验来讲解电解质以及电离的相关知识。然而，大多数实验只流于形式，一部分教师仍然采取讲授法进行知识灌输，学生只能死记硬背，容易存在许多和科学概念不相符的、模糊的甚至是错误的想法；另一部分教师则简单地展示不同物质水溶液的导电性，学生对“溶液导电”和“电解质”的关系无法深入理解，同时对导电的原因以及电离的概念存在疑惑，无法融会贯通。为了使学生真正理解本节相关概念，本案例采用巧设多组“对照实验”的教学策略来设计并开展教学。

A 老师是某市一中的高中化学教师，在多年的教学工作中，他发现仅仅通过单组实验来进行本课时的讲解是不够的，学生无法对电解质和电离概念产生深刻认识，课后练习的效果也不佳。A 老师通过和教研组的老师讨论后认为，本章属于高中化学的概念原理类内容，是学生学习的一个难点，教师如果不能很好地厘清教学思路，根据学生的思维逻辑合理设计实验，容易造成学生知识理解上的困难，如将酸碱盐等物质一起进行导电实验，学生只能通过实验现象得出何种物质的水溶液能够导电，可能会使一部分同学错误地认为能够导电的就是电解质，得出盐酸是电解质的错误结论。

课程标准对本课时的要求是“通过学习，认识酸碱盐等电解质在水溶液和熔融状态下能电离；能够用电离方程式表示某些酸碱盐的电离”。因此，A 老师决定根据课程标准将课本上的实验重新编排顺序，另外增加几组物质，利用对照实验逐步推进本课时的教学。

案例正文

1 教学主题内容与教学现状分析

为了更好地进行本节课的教学，厘清教学思路并合理设计对照实验，A 老师对本节课的教学内容和教学现状进行了仔细分析，旨在梳理教材内容，把握重难点，借鉴他人经验合理编排教学内容，以便适应学生学习的逻辑，让他们更好地接受本节课的内容。

1.1 教学主题内容分析

本节教学内容选自人教版高中化学教材必修第一册（2019版）[3] 第一章“化学物质及其变化”第二节“离子反应”第1课时“电解质的电离”。主要内容包括：

（1）微观探析氯化钠溶于水和熔融状态下的导电原因。

（2）建立电解质的概念。

（3）建立电离方程式的概念。

（4）从电离角度分析酸、碱、盐的本质。

从教材体系来看，它既是初中学习溶液导电性和酸、碱、盐电离知识的深化，又是学习电解质溶液知识的基础，同时还是化学反应分类的依据之一。

沪教版[4]、苏教版[5]、鲁教版[6]教材对于“电解质的电离”这一节内容的编排有所不同，沪教版教材是以物质在溶液中和在熔融状态下的导电性实验为引入，提出了电解质与非电解质的概念，接着以氯化钠和氯化氢为例分析导电的原因及电离的实质；苏教版教材以盐酸溶液的导电性实验简明地阐述了电解质溶液导电的实验本质，通过微观状态下 NaCl 固体的溶解现象，让学生理解氯化钠溶解和电离过程的本质；鲁教版教材先展示酸碱盐溶液导电性实验的图片，以导电原因作为引入，通过 NaCl 固体的结构图、微观状态下氯化钠溶液和熔融氯化钠的导电图将电离过程可视化，使学生更容易理解[7]。

在学习这一节内容时，学生已经掌握了常见的酸、碱、盐的组成及其性质，溶液的组成和四种基本反应类型的知识，但高一学生习惯从宏观的角度去理解一些典型物质的性质及用途[8]。因此，这一节内容可以让学生的思维有极大的转变——从宏观的角度去认识物质的溶解、导电转化到从微观的角度去探究电离的本质，以“素养为本”来设计整堂课[9]。

1.2 教学现状分析

在当前教育环境下，许多教师更加注重学生对教材知识的掌握，期望能在应试教育中获得更高的分数，忽视或减弱了对学科核心素养的贯彻与落实。但是也有一些教师已经逐渐认识到了学科核心素养的重要性，在教学实践中不断创新与改进教学方式。在《基于学生问题驱动的化学概念教学——以高中化学“电解质”为例》[10]中，作者以学生主动提出的问题作为贯穿课堂的线索，实时掌握学生的困惑并及时解答，但此方式要求学生提前预习，有充足的知识储备，实际教学中存在困难。俞建锋[11]针对苏教版教材提出了宏观和微观相结合的教学设计思想，将两个专题三个单元中关于电解质的知识整合出来，形成一个完整的知识体系，但将复杂的知识提前讲授无疑会增大学生的学习难度。针对沪教版教材，唐红珍[12]提出了宏观表征、微观表征和符号表征三者融合进行教学的设计思想，让学生自己设计并完成导电实验，利用图片、动画的形式将微观状态下溶液和熔融物质的导电实质展示出来，以期学生了解导电的实质，但学生自己设计实验难度大，针对性不强，较难实施。在《基于学科核心素养的“教、学、评”一致性教学实践：以“电解质溶液”教学为例》[13]中，作者针对苏教版高中化学教材利用教、学、评一体化的思想设计整节课的教学，以任务驱动性为主线，同时也融入了宏微观结合的学科核心素养，值得借鉴。

“歌德表示，不能产生行动的思想是一种疾病。教育领域，这样的疾病比比皆是，知易行难。我们何曾缺少过理论和理念？缺少的是精彩的案例。”[14]因此，本文将结合这些研究者所得经验，以高中“电解质的电离”为例，基于多组对照实验培养学生宏观辨识与微观探析、证据推理与模型认知的化学学科核心素养。

2 教学任务及教学流程

为了让学生更好地理解本节课的内容，在分析课标、教材、学情、重难点的基础上，A 老师基于对照实验设计了本节课的教学内容，主要包括两部分内容：电解质与非电解质、电离。同时，通过创设问题情境，引发学生积极思考；针对学生难理解的知识点，通过多组对比实验强化认知，促进学生对科学概念的理解。相关教学任务与教学流程如表1所示。

表1 基于对照实验的“电解质的电离”教学任务及教学流程

教学任务	教师活动	学生活动	设计意图
任务1：探究 NaCl 固体及其溶液导电性的对照实验	展示实验装置并分别演示蒸馏水、NaCl 固体、氯化钠溶于水的实验现象	观看实验并记录实验现象，思考出现不同现象的原因	通过三个导电性对照实验，引起学生思考，激发学生探究欲望
任务2：氯化钠溶液导电现象的微观辨析——氯化钠的电离过程	（1）视频播放与问题引导：① NaCl 固体不导电的原因是什么？② NaCl 溶液导电的原因是什么？ （2）初步介绍电解质与电离的概念（水溶液状态下） （3）问题引导，加深认知	观看 NaCl 固体溶于水的视频，逐步认识 NaCl 固体不导电而溶液导电的微观本质；思考并回答教师提出的问题，初步建立电离与电解质的概念	通过问题逐步引导学生探析 NaCl 固体不能导电而其溶液可以导电的微观本质，进而提出电离和电解质的概念。然后从学生易产生错误认知处继续

续表1

教学任务	教师活动	学生活动	设计意图
	①任务1中的电解质是哪种物质？②能导电的物质就是电解质吗？③电解质是否一定能导电？		提问，帮助学生厘清电解质概念，着眼于“电离”而非“导电”
任务3：酸、碱、盐、有机物对照实验，电离和电解质概念进一步认知	（1）展示表格，给出以下5组物质，引导学生完成表格 ① KNO_3 固体及其水溶液；② NaOH 固体及其水溶液；③ H_3PO_4 溶液；④蔗糖固体及其水溶液；⑤ AgCl 固体及其水溶液，加热 AgCl 至熔融状态 （2）展示5组导电对照实验，指导学生修正答案 （3）扩充、完善、总结电解质、电离的概念（熔融状态下）	分组讨论，尝试完成表格；观看实验并记录实验现象，在老师引导下完善表格内容	通过①~④组物质实验使学生进一步明确溶液能导电的微观本质是电离出阴阳离子；通过 AgCl 实验使学生认识到其在熔融状态下可发生电离，属于电解质，同时认识到电离是酸、碱、盐普遍存在的现象。明确电解质水溶液和熔融状态下能导电的条件只须满足其一
任务4：引入非电解质概念，从电离角度对化合物进行分类	（1）问题引导：① CaO 是电解质吗？请说出理由。② CO_2 是电解质吗？请说出理由 （2）提出非电解质概念并举例（SO_2、SO_3、CO） （3）问题引导：①能否自行设计一幅电解质、非电解质关系图？②通过导电实验进行判断，直观但不够简便，有什么方法能够帮助我们快速、准确地进行判断呢？ （4）复习物质分类，根据前面的实验结果重新分类，引导学生总结哪类物质属于电解质，哪类属于非电解质 （5）课堂练习	（1）思考教师问题，判断电解质与非电解质 （2）设计电解质、非电解质关系图 （3）画出含有电解质与非电解质的物质分类树状图 （4）完成练习	通过分析 CaO 和 CO_2，使学生加深对电解质概念的认知，同时让学生理解非电解质的含义，明白二者之间的关系；基于电离和电解质的概念，分析总结哪些类别物质属于电解质，使学生能够正确判断电解质和非电解质，培养学生的综合分析能力
任务5：初步建立电离过程认知模型，从电离的角度重构酸、碱、盐的概念	问题引导： （1）如何表征氯化钠在水溶液中的变化？ （2）KNO_3、NaOH、H_3PO_4的电离方程式如何书写？ （3）如何从电离角度定义酸、碱、盐？	思考并回答教师的问题，书写电离方程式并结合初中所学的酸、碱、盐的知识重新定义酸、碱、盐	通过符号表征，引入电离方程式的概念，强化电离方程式的书写规则，通过电离方程式，重新建立酸、碱、盐的概念

3 教学过程

3.1 通过对照实验创设问题情境，激发学生探究欲望

师：在生活中，湿手直接接触电源容易发生触电事故，这是什么原因导致的呢？我们来看一组实验，实验装置如图1所示。

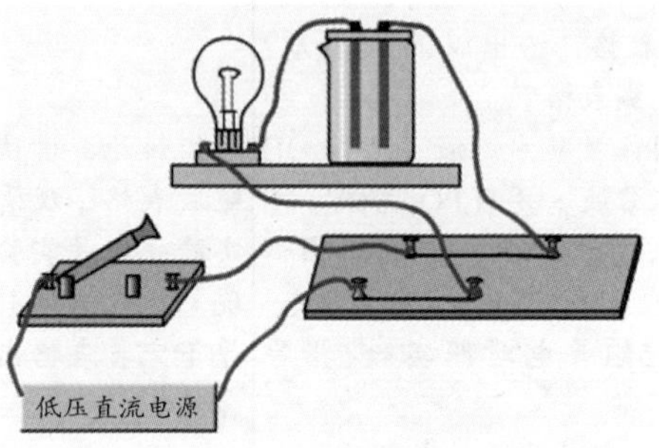

图1 实验装置示意图

演示实验

（1）烧杯中盛放蒸馏水，闭合开关，小灯泡是否发光？

（2）烧杯中盛放 NaCl 固体，闭合开关，小灯泡是否发光？

（3）把 NaCl 固体加入蒸馏水中并搅拌，闭合开关，小灯泡是否发光？

师：下面我将依次完成三组实验（图2、图3），请同学们仔细观察小灯泡的变化。

生：……亮了！亮了！终于亮了！

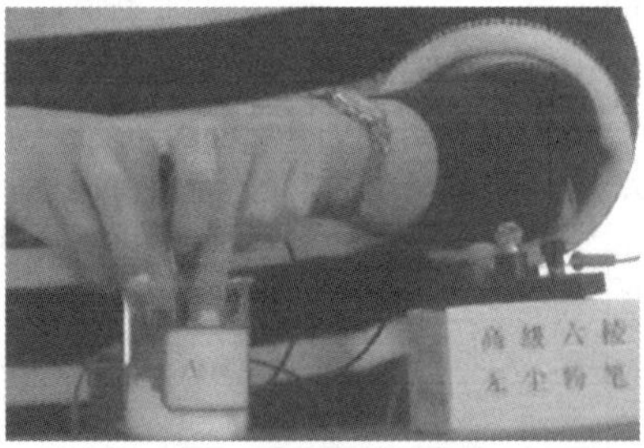

图2 NaCl 固体导电实验

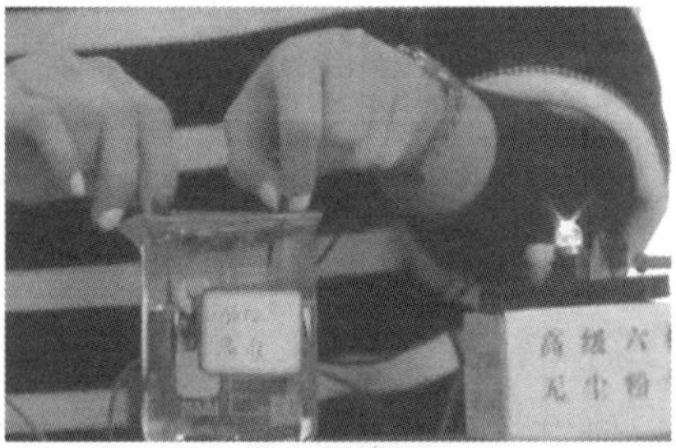

图3 氯化钠溶液导电实验

在 A 老师进行到第三组实验时，几个学生惊喜地说道“亮了”，其余学生也觉得新奇有趣，这下全班的注意力都被吸引了过来。这时，A 老师马上进行引导：“小灯泡不发光，说明电路不通，问题出在哪里？”学生陆续发言：问题出在实验药品上。小灯泡不亮，说明 NaCl 固体和蒸馏水不导电。而实验（3）中将两者混合后，小灯泡发光，说明 NaCl 固体溶于水后可以导电。

师：为什么会出现这种情况？

生1：可能单独存在时不行，形成溶液后就可以导电吧。

生2：那把氯化钠换成白砂糖，溶于水后再闭合开关，小灯泡也会发光吗？

生3：嗯，有可能会。

师：请同学们先观看一段NaCl固体溶解的视频，看看能否从中找出答案。

3.2 从实验现象探究微观机理，初步建立电离和电解质的概念

A老师开始播放NaCl固体溶解的动画视频（图4），同学们都聚精会神地观看，想要弄清楚氯化钠溶液能导电的原因。视频结束后，A老师继续提问进行引导。

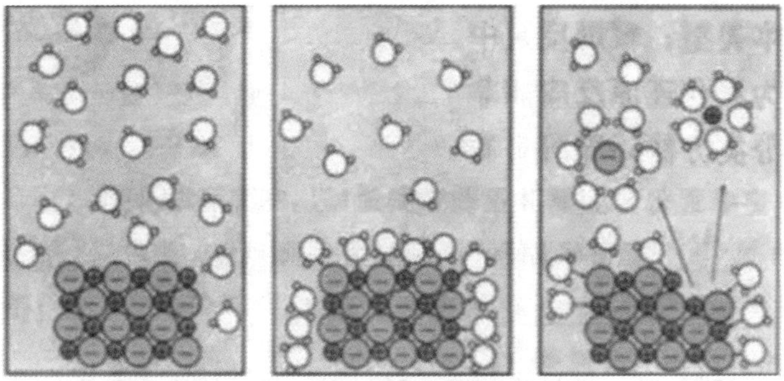

图4　NaCl固体在水中电离过程示意图

师：现在可以解释为什么NaCl固体不导电但其溶液导电了吗？

生1：NaCl固体溶于水之前，Na^+和Cl^-紧密排列在一起，不容易分开，因此不导电；但是溶于水后，在水分子的作用下，Na^+和Cl^-脱离NaCl固体表面，形成能够自由移动的水合钠离子和水合氯离子，可以导电。

生2：我还是有点没明白，为什么变成水合钠离子和水合氯离子后就能导电了？

这时许多学生脸上也都流露出困惑之色，互相小声讨论了起来。A老师会心一笑，似乎早已知道学生们会在这部分“卡壳”。于是，A老师说道：“金属导电是因为有自由移动的电子，通电后自由电子定向运动，形成电流。而化学中，如果存在带电的阴阳离子也能够自由移动，外加电场时，阳离子会向负极移动，阴离子会向正极移动，那么就能形成电流。”这时，刚才提问的那位学生说道：“我明白了，NaCl固体中Na^+和Cl^-紧密排列不能自由移动，因此不能导电。而溶于水后，Na^+和Cl^-能自由移动，通电后就能像电子一样产生定向移动而导电。”听完这位同学的分析，其他同学也都豁然开朗。

师：所以我们把这种在水溶液里形成自由移动离子的过程叫作电离；把在水溶液里因电离出阴阳离子而能够导电的化合物叫作电解质。金属导电是因为有自由电子，电解质导电是因为有自由移动的离子。那么刚才所用的实验药品中，哪种物质是电解质?

生1：NaCl 溶液，只有它能够导电。

生2：我觉得是 NaCl 固体，是它溶于水后导电的，而电解质必须是化合物。

师：电解质的确是 NaCl 固体。我们在判断电解质时，不能将关注点放在是否“导电”，而是要看其溶于水是否能电离出自由移动的离子，是否属于化合物。

生3：对！ NaCl 溶液是混合物，不是电解质，溶液里的溶质才是。

师：所以能导电的物质就是电解质吗?

生4：不是，比如 NaCl 溶液，而且金属也能导电，但是金属是单质。

师：反过来，电解质一定导电吗?

生4：也不是呀，NaCl 固体是电解质，但是实验结果表明其不导电。

师：非常好！刚才有同学问“把 NaCl 换成白砂糖，小灯泡会不会发光”，现在我们继续往下探究。

3.3 酸、碱、盐、有机物对照实验，进一步认知电离和电解质概念

3.3.1 大胆猜想，分组讨论并完成表格内容

通过前面的学习，学生已经初步掌握水溶液状态下的电解质和电离概念，但是还不够熟练。因此 A 老师展示了一份表格（表2），包含酸、碱、盐和有机物共5种物质，希望学生以 NaCl 为例进行知识迁移，大胆猜想，尝试独立完成对电解质和电离概念的判断。“请结合 NaCl 相关内容，完成表格前两列，小组讨论3分钟。” A 老师说完后便开始倒计时。

表2 酸、碱、盐、有机物性质的猜想与验证

类别	能导电	电解质	判断依据	实验结果	结果分析
KNO_3 固体及其水溶液					
NaOH 固体及其水溶液					
H_3PO_4 溶液					
蔗糖固体及其水溶液					
AgCl 固体及其水溶液					
加热 AgCl 至熔融状态					

同学们看到大屏幕上的表格后，纷纷跃跃欲试，小组讨论十分激烈。时间到，A 老师简单举例后，随机指定一个小组回答。

生：KNO_3、NaOH 和 NaCl 一样，溶于水能电离出自由移动的离子，能够导电。因此 KNO_3、NaOH 是电解质，导电的是 KNO_3 和 NaOH 的水溶液；第三个好像是磷酸，溶于水应该也能电离出自由移动的离子，所以电解质是 H_3PO_4，导电的是 H_3PO_4 溶液。

师：蔗糖组呢？其实白砂糖就是蔗糖，那么它是电解质吗？能不能导电呢？

生：因为不清楚蔗糖溶于水后能不能形成自由移动的离子，所以我们暂时猜测蔗糖应该属于电解质，溶于水后能导电。因为 AgCl 不可溶，在水溶液状态下不能电离出自由移动的离子，不能导电，所以不属于电解质。至于加热 AgCl 至熔融状态，我们也不是很了解。

师：其他同学的答案和他们类似吗？

许多学生点了点头。

师：接下来请认真观察这5种物质的导电实验，看是否和你们的猜想一致。

3.3.2 多种化合物对照实验，加深对电离和电解质概念的认知

A 老师通过让学生提前完成表格内容，在帮助学生巩固新知的同时，也检验了学生对电解质和电离概念的掌握情况。先让学生猜想，形成初步认知，然后再用实验结果进一步进行验证，形成认知冲突，促使学生对知识重新进行建构，加深理解。

A 老师按照表格次序依次进行实验，同时不断提醒学生认真观察记录实验现象，完成表格剩余内容。

师：你们有什么发现？

生1：KNO_3、NaOH、H_3PO_4 的实验结果与猜想一致，它们本身属于电解质，但不导电；溶于水后形成电解质溶液可以导电。

生2：蔗糖不是电解质，因为两种状态下都不能使小灯泡发光。

师：所以把 NaCl 换成白砂糖，灯泡不会发光。那 AgCl 到底是不是电解质？

一位学生试探性举手。

生3：从实验现象来看，AgCl 固体及其水溶液不能导电，但是加热 AgCl 至熔融状态，小灯泡发光，说明在熔融状态下，AgCl 电离出了自由移动的 Ag^+ 和 Cl^-。老师，AgCl 是不是在水溶液状态下不是电解质，而在熔融状态下是电解质？

师：问得好！不过 AgCl 要么是电解质，要么就不是，不可能在一种状态下

是电解质，另一种状态下又不是了。因此，我们把在水溶液里或者熔融状态下形成自由移动离子的过程叫作电离；把在水溶液里或熔融状态任一条件下因电离出阴阳离子而能够导电的化合物叫作电解质。两种状态满足其一就是电解质。所以AgCl属于电解质。而蔗糖的化学式为$C_{12}H_{22}O_{11}$，是有机物分子，在两种状态下都不能电离出离子，所以蔗糖不属于电解质。另外，从实验也可以看出，电离是酸、碱、盐普遍存在的现象，因此酸碱盐都属于电解质。

3.4 引入非电解质概念，从电离角度对化合物进行分类——电解质与非电解质

总结完善电离、电解质概念后，A老师继续用问题引导，让学生明确电解质水溶液和熔融状态导电只须满足其一，同时提出非电解质概念。

师：CaO是电解质吗？请说出理由。

生1：CaO与水会发生反应，生成$Ca(OH)_2$，溶液中有自由移动的Ca^{2+}和OH^-，能导电，所以CaO是电解质。

生2：我觉得不对。溶液中有自由移动的Ca^{2+}和OH^-，只能说明$Ca(OH)_2$是电解质，不能说明CaO是电解质。

师：虽然CaO在水溶液中不能电离出与本身组成相应的金属阳离子和O^{2-}，但是在熔融时会电离出相应的阴阳离子，因此它属于电解质。所有的活泼金属氧化物都具有这个特点。

学生们都恍然大悟，明白了在水溶液和熔融状态任一条件下，必须电离出与自身组成相关的离子才能被称作电解质。

师：CO_2是电解质吗？请说出理由。

生：不是。CO_2是分子，溶于水后生成碳酸，但因为不是自身电离出离子而导电，所以不属于电解质。

师：在熔融状态下CO_2也不能导电。所以我们把像CO_2这样在水溶液和熔融状态下都不导电的化合物叫作非电解质，比如SO_2、SO_3、CO和蔗糖。其中CO由于是分子且不溶于水，在熔融状态下也不导电，所以也属于非电解质。

生1：我发现不管是电解质还是非电解质都必须首先是化合物。

其余学生纷纷点头称是。

师：所以说“一种物质不是电解质就是非电解质”，这种说法正确吗？

生2：不对。前面提到的金属和NaCl溶液既不是电解质，也不是非电解质。

师：听课非常认真，给你点赞！现在请同学们自行设计一幅电解质、非电解

质关系图。

接到任务后，同学们都仔细翻看课本内容和笔记，开始梳理知识点，独立设计关系图。A 老师则环绕教室走动，不时给予学生指导。最终，A 老师在众多作品中选择了一位女同学的作品进行展示（由于投影图像不清晰，笔者课后对其进行了还原，如图5所示）。

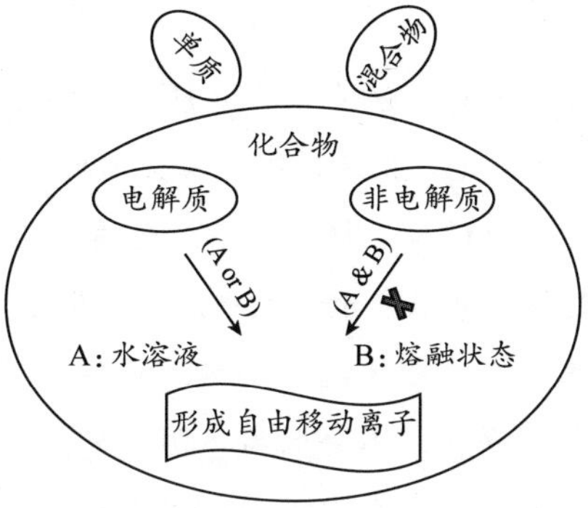

图5　电解质、非电解质关系图

看到这幅图，许多学生都对这位女同学投去敬佩的目光，有几个同学甚至小声说道：“不愧是班长，真厉害，真有创意……”A 老师也满意地点了点头，继续说道：“化合物种类繁多，如果通过导电实验进行判断，直观但不够简便，有什么方法能够帮助我们快速、准确地进行判断吗？”

听到这个问题，学生们都陷入了沉思，感觉会但又答不上来。A 老师看了看学生们，点拨道：“还记得我们学习的物质的分类吗？刚才我们已经见过其中好几种化合物了。”说完，A 老师带领学生快速复习物质分类知识，接着将物质分类树状图展示在大屏幕上（图6）。

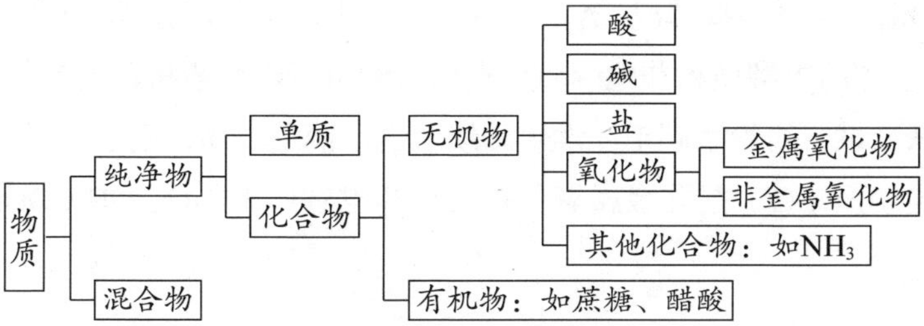

图6　物质分类树状图

师：化合物包含有机物和无机物，无机物中又包含好几类物质。请同学们结合先前所学，将所有化合物分成电解质、非电解质两大类，然后画出树状图。

等待2分钟后，A 老师随机选择了一位学生发言。

生：酸、碱、盐、金属氧化物是电解质，非金属氧化物、蔗糖都是非电解质。

师：高中阶段仅限活泼金属氧化物！非金属氧化物都是电解质吗？请同学们找到课本第13页脚注部分。

生：哦！水也是非金属氧化物。书上说蒸馏水也能导电，只是我们的实验装置测不出来。

师：对！纯水中会有少量的水分子电离出 H^+ 和 OH^-，只是数量非常少，导电性能非常弱，不能使小灯泡发光。但是根据定义，水也属于电解质。

生：NH_3 是非电解质，和 CO_2 一样，也不能电离出与其本身相应的阴阳离子。

生：老师，有机物是不是都以分子形式存在呀？那它们都是非电解质吗？

师：有机物一般难溶于水，即使能溶于水，溶解后在水中也是以分子形式存在，熔融时也是以分子形式存在，不会电离出阴阳离子，因此大多数有机物属于非电解质。但是极少量的有机物在水中可以电离出与其本身相应的阴阳离子，如醋酸、甲酸，它们属于电解质。

听完 A 老师的讲解后，学生都满怀信心地快速完成了电解质和非电解质分类树状图。A 老师走下讲台，看了看其他学生的答案，满意地点了点头，然后将从电离角度对化合物进行分类的树状图展示在大屏幕上（图7、图8）。

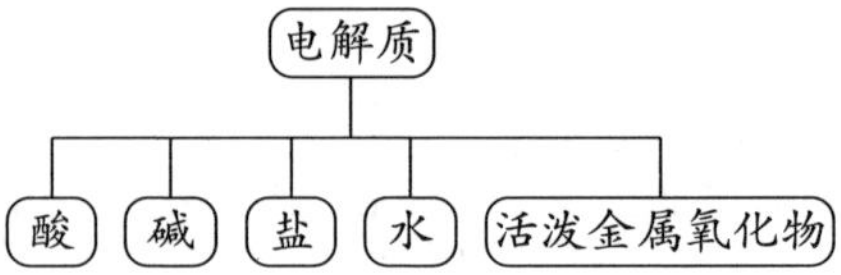

图7　属于电解质的化合物

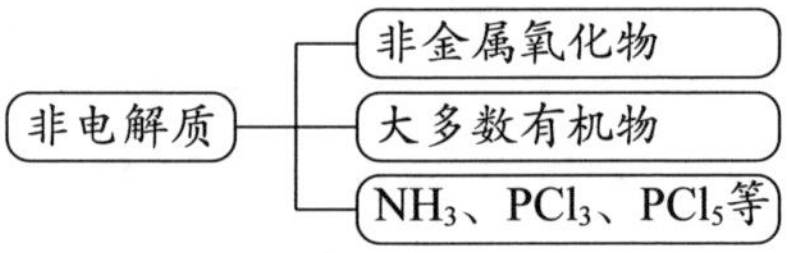

图8　属于非电解质的化合物

为了检验学生的掌握情况，A 老师在大屏幕上展示了几道习题（图9），说道："请你们用刚才的电解质和非电解质分类树状图进行概念辨析，判断正误。"许多学生都跃跃欲试，纷纷举起手。学生陆续发言：铜是单质，氨水是混合物，所以它们不是电解质；CO_2 是非金属氧化物，是非电解质；CaO、CH_3COOH、$CaCO_3$ 是电解质……

师：请同学们记住，盐酸是 HCl 的水溶液，是混合物，不是电解质，HCl 才是电解质，这是同学们容易搞错的一个点。

生：所以一种水溶液能导电，其溶质就是电解质。

师：可以这么说。另外，请同学们注意"硫酸可以导电，硫酸是电解质"这个说法。如果只说硫酸，一般默认为纯硫酸，而浓硫酸和纯硫酸是不导电的。稀硫酸可以导电，其中的溶质硫酸是电解质。

学生们纷纷点头，然后埋头做好笔记。

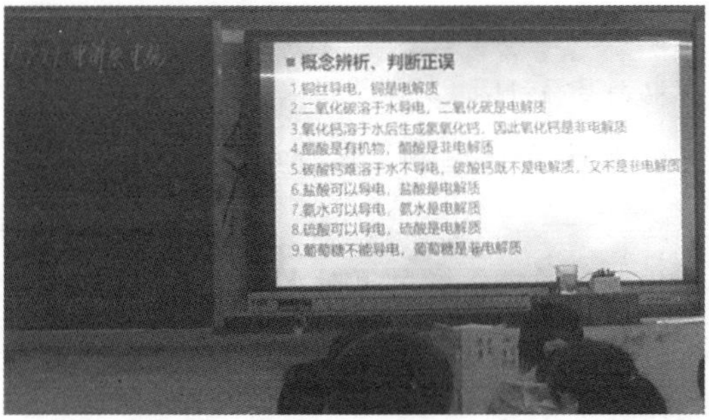

图9　教师提问

师：还要注意有机物中的羧酸、羧酸盐等，它们溶于水可以电离出自由移动离子，属于电解质。但是大部分有机物都是共价化合物，以分子形式存在，属于非电解质，例如葡萄糖就是非电解质。

3.5　初步建立电离过程的认知模型，从电离的角度重构酸、碱、盐的概念

3.5.1　初步建立电离过程的认识模型，利用电离方程式表示电离过程

师：我们前面已经学习了电离和电解质的概念，请大家思考：如何用化学语言来描述电离过程？

学生讨论、老师引导，写出氯化钠电离的方程式：$NaCl = Na^+ + Cl^-$

师：我们将这种用化学符号表示出电解质电离的式子称为电离方程式。下面请同学们书写出 KNO_3、$Ca(OH)_2$、NH_4HCO_3、$NaHSO_4$ 的电离方程式。

$KNO_3 = K^+ + NO_3^-$　　（√）

$Ca(OH)_2 = Ca^{2+} + (OH)_2^{2-}$　　（×）

$NaHCO_3 = Na^+ + H^+ + CO_3^{2-}$　　（×）

$NaHSO_4 = Na^+ + H^+ + SO_4^{2-}$　　（√）

学生代表在黑板上书写，A 老师带领其余学生纠错并总结。

师：书写电离方程式应该注意以下几点。

（1）必须准确表达电离出的离子。

（2）必须遵循电荷守恒和原子守恒。

（3）原子团不能拆。弱酸的酸式盐，H^+ 不拆；强酸的酸式盐，H^+ 要拆。

3.5.2 从电离的角度重新构建酸、碱、盐的概念，深化已有认知

师：大家在初中已经学习过酸、碱、盐的知识，现在我们从电离的角度来认识它们。请大家写出 HCl、H_2SO_4、HNO_3 的电离方程式，观察酸在电离时有什么特点，并从电离的角度总结酸的概念。

生：这三种酸都电离出了 H^+。

师：酸是电离时生成 H^+ 的化合物，这种说法对吗？

生：对。

师：嗯？那 $NaHSO_4$ 是酸吗，它电离时也能生成 H^+？

生：之前学过，它属于酸式盐，不是酸。

师：所以酸应该怎样去定义？

生：酸是电离时生成的阳离子全部是氢离子的化合物。

定义完酸后，A 老师接着给出 NaOH、$Ca(OH)_2$、$Ba(OH)_2$、$FeCl_3$、K_2SO_4、NH_4NO_3 等化合物，引导学生以酸为例，尝试给出碱和盐的定义。

生1：碱是电离时生成的阴离子全部是 OH^- 的化合物。

生2：盐是电离时生成金属离子（或 NH_4^+）和酸根离子的化合物。

师：酸和碱因电离出 H^+ 和 OH^- 而呈现酸碱性，这说明电离是电解质普遍存在的现象，不需要通电就可发生。

A 老师继续说道："现在同学们能解释为什么禁止用湿手接触使用中的电器了吧？"这时，一位学生举手答道："因为人手布满汗腺，会分泌汗水，汗水中的主要成分为 NaCl，湿手后形成电解质溶液，更容易导电发生事故。""这位同学今天听课一定很认真，表达能力也很强！同学们，学完今天的内容后，要记得擦干手上的水再去接触电器，注意安全！"A 老师说完后，拍了拍手，准备做最后的总结。

师：这节课我们学习了电离、电解质与非电解质的概念和电离方程式的书写，从电离角度定义了酸、碱、盐，知道了物质分类的又一个角度，也认识了微观角度下溶液中的电流是如何传导的，同时知道了禁止湿手触摸电器的原因以及安全用电的重要性。内容比较多，但都很重要，请同学们课下及时复习巩固，完成本节课的课后练习。

4 基于对照实验的“电解质的电离”的反思与专家建议

公开课结束后，A 老师组织邀请前来听课的同行与专家针对本节课进行教研。A 老师首先进行了教学反思，接着同行教师基于本节课发表了自身的观点，教研员和当地高校的专家对本节课进行了点评并提出改进建议。综合各项观点，下面主要从教师、学生、教育媒介三个角度进行概括总结。

4.1 教师角度

4.1.1 亮点

（1）以问题链形式串联教学内容，注重引导，循循善诱，课堂节奏紧凑，知识点覆盖全面，体现了教师扎实的知识储备和专业能力。

（2）基于班级学情和学生认知逻辑顺序进行教学设计，以实验现象—微观本质—对照实验—物质分类—电离方程式为线索组织教学，帮助学生由表及里、由浅入深逐步理解电离、电解质、非电解质概念，建立起电离认知模型并重新构建了酸、碱、盐的概念，促进了学生思维的转化以及化学学科核心素养的培养。

（3）实验设置合理且巧妙。首先用三组简单的氯化钠导电实验激发了学生的学习兴趣和探究欲望，顺利过渡到微观探究；然后展示表格让学生猜想并填写，结合前面所学概念，形成初步认知；最后通过对照实验验证猜想，这个过程可以加深学生印象，引发学生认知冲突，加深学生对概念的理解。

（4）从电离的角度进行物质分类并重构酸、碱、盐的概念，在衔接已有知识的基础上，促使学生将所学知识融会贯通，重新建构，不断深化已有认知。

（5）课堂互动频繁，课堂氛围活跃，有师问生答、生问生答和生问师答多种形式组织提问环节，教学过程中注重学生的主体性。

4.1.2 不足点

（1）问题设置不够精简，数量过多，可能会导致无法完成本节课的教学任务，应该从重难点出发设计提问。

（2）本节内容较多，全部采用现场演示实验的方式，教学时间稍显紧张。建议选取几个现象明显的实验进行演示，其余实验教师提前拍摄成视频或者学生分小组进行不同实验。

4.2 学生角度

4.2.1 亮点

（1）学生通过观察并记录实验现象的方式，有效参与课堂，能够促使学生集中注意力，做课堂学习的“小主人”。

（2）多种问答方式提高了课堂互动的趣味性与有效性，锻炼了学生的逻辑推理能力及分析和解决问题的能力。

（3）运用“问题驱动式”推动教学，用衔接紧密的问题串诱导学生思考、推动课堂，使学生的认知产生冲突，新知的探索欲望得到激发，有利于新知识的学习。

4.2.2 不足点

（1）实验均由教师演示，无法锻炼学生的动手能力，导致学生“体验感”不强。因此，本节课在对学生的“科学探究和创新意识”方面的培养有所欠缺。

（2）问题过多，学生容易产生疲惫心理，从而降低主动思考的兴趣。

4.3 教育媒介角度

4.3.1 亮点

本案例采用多组实验和视频、图片等媒介，可以帮助学生更好地学习本节内容。通过观察案例中的实验现象，不仅可以激发学生探究欲望，还可以作为直观判断电解质、非电解质的手段。另外，通过视频和图片，引导学生从微观去解释实验现象，理解电离的本质。从宏观到微观再到宏观，整个过程过渡自然，形成知识闭环，有助于学生理解并掌握本节课所学知识。

4.3.2 不足点

（1）采用多组演示实验及视频进行教学，所需时间较长，对教师的教学实施和管理能力要求高。

（2）采取这种媒介方式，对学生能力要求高，需要学生注意力集中并主动思考问题，才能够跟上教师的课堂节奏。

5 结语

A老师进行了基于对照实验的“电解质的电离”教学研究的初步尝试，通过重新设计实验，在多组对照实验中渗透“电解质”和“电离”概念，由易到难，层层深入，符合学生的认知逻辑顺序。通过学生所做课后练习的正确率来看，基于对照实验的教学对促进学生理解概念确实有一定的效果。概念原理类内容是教学中的一个难点，学生不仅需要理解，还需要通过练习不断将知识经过同化和顺应构建进自己的大脑中，才能完全掌握。只有坚持以学生为主体的教学理念，以学生认知逻辑顺序为出发点，采取针对性强的有效策略，才能促进学生对科学概念的正确理解。

同时，为了更好地提高学生化学学科核心素养，在教学中不能仅仅满足于传授知识，让学生死记硬背，而要在教学过程中适当地让学生自主讨论和自主探究，充分发挥以教师为主导、以学生为主体的教学思想，创设情境，从生活中真实发生的情境入手，学生容易接受，同时也使学生在真实的情境中获得知识和技能，从而培养学生的科学态度和社会责任，促进学生的全面发展[15]。

参考文献

[1] 普通高中化学课程标准（2017年版）[S]. 北京：人民教育出版社，2018：4-5.

[2] 金芳芳．基于证据推理的“离子反应”教学[J]. 中学化学教学参考，2019（24）：17-19.

[3] 王晶，毕华林．普通高中教科书　化学　必修　第一册[M]. 北京：人民教育出版社，2019：30-31.

[4] 上海市中小学（幼儿园）课程改革委员会．高级中学课本　化学　高中一年级第二学期（试用本）[M]. 上海：上海科学技术出版社，2007：65-84.

[5] 王祖浩．普通高中教科书　化学　必修　第一册[M]. 南京：江苏凤凰教育出版社，2007：2-17.

[6] 王磊，陈光巨．普通高中课程标准实验教科书　化学　化学1（必修）[M]. 济南：山东科学技术出版社，2007：40-42.

[7] 杨华蕊，刘志平，汤希雁．基于三重表征的教材图像对比分析：以“离子反应”为例[J]. 中小学教学研究，2019（8）：9-11.

[8] 陈建裕．学科核心素养下化学概念教学设计研究[J]. 高考，2020（13）：167-168.

[9] 王澍，魏崇启．“素养为本”的化学教学研究[J]. 中学化学教学参考，2018（7）：18-19.

[10] 王勇．基于学生问题驱动的化学概念教学：以高中化学“电解质”为例[J]. 化学教育（中英文），2017，38（15）：6-14.

[11] 俞建锋．基于宏微结合导向下的“离子反应”单元整体教学设计[J]. 化学教育（中英文），2018，39（1）：43-47.

[12] 唐红珍．提升三重表征融合能力的教学策略研究：以高中化学“电解质的电离”教学为例[J]. 化学教育（中英文），2016，37（23）：20-24.

[13] 阮丽娟，郑珊，林珩．基于学科核心素养的“教、学、评”一致性教学实践：以“电解质溶液”教学为例 [J]. 福建基础教育研究，2020（1）：118-120.

[14] 汪晓勤，栗小妮．数学史与初中数学教学：理论、实践与案例 [M]. 上海：华东师范大学出版社，2019.

[15] 朱鹏飞，陈敏，陈凯．发展学生化学学科核心素养的课例研究：以“离子反应”为例 [J]. 化学教育（中英文），2018，39（23）：37-42.

案例思考题

（1）你认为布置什么样的课后拓展任务可以更好地巩固本节课的内容？

（2）请梳理本节内容的实验设计思路，并说明这样设计的作用。

（3）A 老师基于对照实验开展“电解质的电离”的教学有何可借鉴之处？

（4）在教学过程中有多组实验的情况下，如何设计才能保证教学环节完整流畅且时间可控，同时保证落实学生化学学科核心素养的培养？

（5）课堂中应该怎样做才能更好地体现学生的主体性？

素养导向的化学实验探究教学

——以“利用覆铜板制作图案”为例

徐诗文[①] 肖中泽[②]

摘 要：化学学科核心素养是学生未来发展必备的品格和能力。化学实验探究教学是培养学生化学学科核心素养和探究能力的重要方式。本案例中X老师以高中化学“探究”栏目中的“利用覆铜板制作图案”内容为基础，对原有内容进行了重新编排，以探究“多少浓度的氯化铁溶液腐蚀覆铜板的速率最大”作为探究主题，以“创设情境—明确问题—收集事实—科学抽象—得出结论—交流应用”的化学实验探究线索进行教学。整个教学又包含6个教学任务，学生通过描述概念、解释原理、探究浓度、废液处理等活动，在与同学的交流讨论中培养了证据推理、科学探究、社会责任等化学学科核心素养。希望该案例能为开展化学实验探究教学提供参考。

关键词：高中化学；实验探究；利用覆铜板制作图案；核心素养

背景信息

《普通高中化学课程标准（2017年版）》（以下简称新课标）强调要“开展素养为本的教学”，并明确指出：“倡导真实问题情境创设，开展以化学实验为主的多种探究活动。”[1] 新课标将化学学科核心素养凝练成了宏观辨识与微观探析、变化观念与平衡思想、证据推理与模型认知、科学探究与创新意识、科学态度与社会责任五个方面。化学学科教学应以化学学科核心素养为导向，使学生获得未来发展必备的品格和能力。化学实验探究能有效提高学生的科学探究能力，培养学生的化学学科核心素养。

实验探究教学思想的形成和发展，经历了二三百年的历史进程[2]。18世纪法国教育家卢梭就提出儿童应该主动地通过感官去探索事物以获得直接经验，提倡“做

① 徐诗文，男，湖南娄底人，湖南科技大学化学化工学院在读硕士研究生，湖南省新化县第五中学教师。

② 肖中泽，男，湖南娄底人，湖南省新化县第五中学教师。

中学”；德国教育家第斯多惠提出用探究式教学促使学生主动学习。化学实验探究是一种基于实验的探究活动。实验只是学生进行主动探究的一种手段和途径，而不是探究活动的目的。在进行化学实验探究教学时，应该更多关注学生主动探究的思维过程。传统实验教学多为验证性、演示性实验，学生在教学活动中像观众一样观看老师的“表演”。化学实验探究教学相比于传统的实验教学更强调学生的主体性和探究性。开展化学实验探究教学可以使学生处于主动探索的状态，各种以实验为主的探究任务也能满足学生希望自己动手、与同学合作的实验需要，能使学生增进对科学探究的理解，发展科学探究能力，培养学生的化学学科核心素养。

化学实验探究的教学实践仍然存在许多问题。一部分教师已经有了开展探究实验的意识，但是在教学实践过程中，仍然没有以学生为中心，对化学实验探究的内涵把握不准确。有些教师认为多做点课堂实验，就是实验探究，可这些实验又多为验证性、演示性的实验。有些教师认为多提问就可以发展学生的探究能力，可是这些问题又大多数来自教师，在实际操作过程中又往往会出现这种情况，即当学生的回答是教师想要的答案时，老师就会进入下一环节；当学生回答不是教师想要的答案时，就会请下一位学生继续回答，直到得到教师想要的答案。这种教学方式能使学生较高效地掌握学科知识，但却忽视了学生的实验探究能力以及化学学科核心素养的培养。

X老师是娄底市某高中的化学教师，从事高中化学教学工作多年，学科知识扎实，教学思路清晰。X老师在与化学组的老师进行讨论后认为，高中化学必修教材中的“探究”栏目体现探究过程和探究思路，以实验为主兼顾其他形式。此栏目对于激发学生学习兴趣、发展学生探究能力、培养学生化学学科核心素养有着重要作用。X老师根据教学进度，确定以人教版高中化学教材必修第一册中“利用覆铜板制作图案”作为教学内容，并针对化学实验探究教学存在的问题，对课本上的教学内容进行了重新编排，以“创设情境—明确问题—收集事实—科学抽象—得出结论—交流应用”的化学实验探究线索进行教学。希望能通过案例的介绍，探索学科核心素养导向下的化学实验探究教学，给中学教师提供借鉴。

案例正文

1 教学主题内容与教学现状分析

“利用覆铜板制作图案”为人教版高中化学教材必修第一册第三章第一节“铁

及其化合物”中“探究”栏目的内容，这一实验本身探究性不强，更像一个趣味手工，但是本节教学内容有巨大的探究潜力。于是为了更好地进行化学实验探究教学，发展学生科学探究能力以及化学学科核心素养，X 老师对本节教学主题内容以及教学现状进行了分析。

1.1 教学主题内容分析

维果斯基认为学生存在两种发展水平，一种是学生的现有水平，另外一种是学生的潜在水平。现有水平和潜在水平之间的差距即所谓的“最近发展区”。学习目标既要落在“最近发展区”内，让学生“踮起脚能够到”，也要超越现有水平使学生能获得发展。教师在设计化学实验探究教学时要考虑化学实验问题是否具有探究价值。对学生来说太易、太难的问题是没有探究价值或者探究价值很小。“利用覆铜板制作图案”虽然为人教版高中化学教材必修第一册中“探究”栏目的内容，但是教材所呈现的内容探究性并不强。利用覆铜板制作图案的原理是将氯化铁溶液作为腐蚀液去蚀刻覆铜板上不需要的铜，而被不透水材料保护的铜就不会发生化学反应。该实验的操作和原理均不复杂，并不能较好地锻炼到学生综合解决问题的能力，也不能很好地发展学生科学探究的能力以及化学学科核心素养。

于是 X 老师对本节教学内容重新进行了编排，选择以“蚀刻覆铜板的最佳氯化铁溶液浓度”为探究主题。首先，对于学生而言，化学问题难度适中。氯化铁溶液蚀刻覆铜板的氧化还原原理是学生已知的，但是多少浓度的氯化铁溶液能够最快蚀刻覆铜板？是不是浓度越大蚀刻速率就越快？这些是学生没有思考过的，得依靠实验才能知晓。其次，对于实验条件而言，实验所涉及的各种试剂和仪器都是常见的。覆铜板在淘宝、京东等购物平台能轻松得到，盐酸、氯化铁等在化学实验室中也很常见。最后，对于探究结果而言，经过实验得到的浓度可以指导下一环节的图案制作，也能有效减少后续实验的时间，具有现实价值。因此，该化学问题探究难度适中，对学生综合能力的发展更具有价值。

1.2 教学现状分析

在教学实践中，化学实验教学还存在许多问题。宋心琦[3]指出，在实际教学中，化学实验常被作为一种验证化学原理或者训练学生实验技能的工具。袁晓梅[4]提出，在当前高中化学实验课堂上，普遍采用教师指定的实验设计思路或者直接按照教材的实验设计思路进行实验，学生只是按部就班地进行实验。张复政[5]提出，高中化学实验教学存在实验内容编排不合理、教学方式僵化、教学评价缺失等问题。

对于学生而言，通过之前的学习，学生已经掌握了氧化还原反应的原理，通过对“钠与水的反应”的实验探究，学生已经掌握了一定的实验探究方法，有一定的实验探究能力，体会到了探究带来的成就感，对实验探究充满兴趣，渴望进行实验探究。但是印刷电路板对学生而言比较陌生，学生缺乏对其实验原理的认识，学生的化学实验探究能力还有待进一步发展。“利用覆铜板制作图案”中所涉及的铁及其化合物之间的转化反应也是氧化还原反应，学生可通过铁元素不同价态的变化，进一步理解氧化还原反应。

针对化学实验教学存在的问题，结合学生学习现状，本文以“利用覆铜板制作图案”为例，基于化学实验探究教学，发展学生科学探究能力，培养学生化学学科核心素养。

2 教学任务及教学流程

X老师在学生已有的氧化还原知识基础上，按照“创设情境—明确问题—收集事实—科学抽象—得出结论—交流应用”的化学实验探究线索进行了教学流程设计，如图1所示。该化学实验探究教学案例先用一个科普短视频介绍覆铜板和印刷电路板，紧接着学生根据视频内容和所学知识去描述覆铜板和印刷电路板并解释蚀刻原理。随着任务完成，学生的思维变得活跃，也掌握了本节课的核心知识。随之而来的是一个具有探究价值的问题：最快蚀刻覆铜板的氯化铁溶

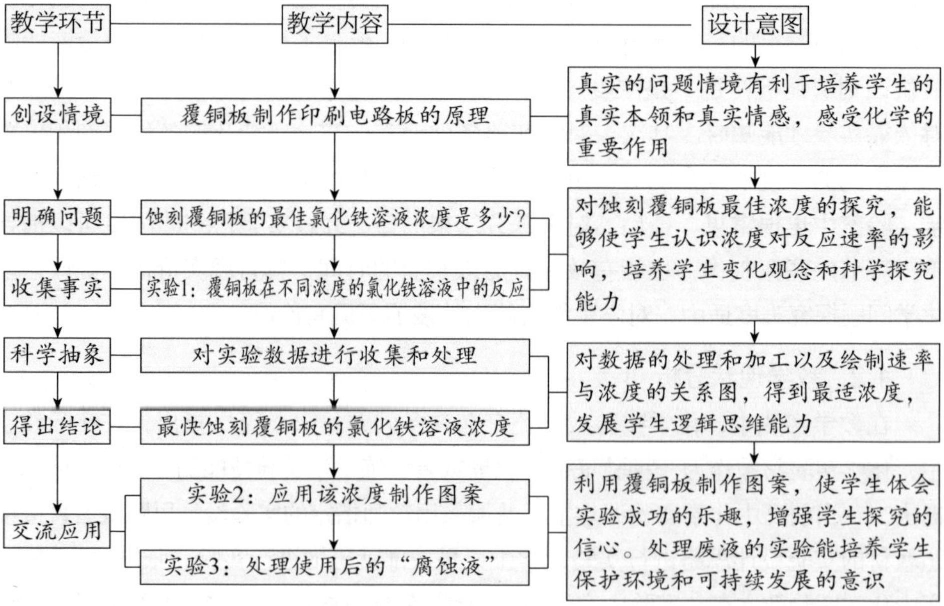

图1 教学流程图

液浓度是多少？教师提供实验仪器和试剂，学生按照预定的小组进行探究实验。教师对学生活动进行评价，及时掌握学生学习情况。学生发挥自己的想象力设计了各种图案并利用实验探究的结论顺利制作出图案，发展了学生化学学科核心素养。最后的废液处理实验，培养了学生节约资源、保护环境的科学态度与社会责任。

为了让学生更好地理解和掌握本节课的知识，每一个教学环节又设计了1~2个教学任务，共有6个教学任务。学生通过完成任务、参与活动实现化学学科核心素养的培养。相关教学任务及师生活动如表1所示。

表1　相关教学任务及师生活动

教学任务	教师活动	学生活动	能力培养
任务1： 观看视频，概括覆铜板和印刷电路板	（1）播放科普视频，展示相关图片 （2）你能用自己的语言描述覆铜板与印刷电路板吗？	观看视频和图片，认识覆铜板与印刷电路板，并回答相关问题	通过学生对相关概念的概括，培养学生获得信息的能力，提高语言组织、凝练水平
任务2： 运用氧化还原知识解释蚀刻原理	（1）讲授利用覆铜板制作印刷电路板原理 （2）你能用离子方程式表示其原理吗？	运用所学氧化还原知识对其原理进行理解，并用离子方程式进行表示	通过用氧化还原知识解释蚀刻原理，培养学生从宏观操作到微观原理多视角认识的能力以及证据推理的能力
任务3： 实验探究最佳氯化铁溶液浓度	（1）蚀刻覆铜板的最佳浓度是多少？是越大越好吗？ （2）提供实验试剂与仪器，将全班分成若干小组，进行分组实验，观察并指导学生实验探究 （3）组织小组汇报，解答学生疑惑	思考相关问题，分组进行实验，观察并记录相关实验现象，小组汇报实验结论	通过对实验的设计以及操作，培养学生科学探究的素养；通过学生汇报情况，培养学生观察实验现象的能力
任务4： 数据处理	（1）讲授数据处理的方法：平均反应速率 $v=(m_1-m_2)/t$ （2）观察和指导学生进行数据处理并绘制速率与浓度关系图	根据教师讲授的处理方法，对收集的实验数据进行处理，并绘制相关曲线图，得出蚀刻速率最快的氯化铁溶液浓度	通过对数据的处理，培养学生的数据处理及分析能力，使学生认识到化学变化有一定速率，培养学生变化观念的核心素养
任务5： 制作图案	（1）组织学生利用得到的氯化铁溶液浓度去制作图案 （2）组织小组展示，进行评比	用油性笔在覆铜板上绘制图案，并用氯化铁溶液进行蚀刻	通过制作图案，培养学生对实验原理的理解与应用的能力，使学生体会到化学实验探究的乐趣，培养学生的创新精神

续表1

教学任务	教师活动	学生活动	能力培养
任务6：废液的回收与再生	（1）怎样处理回收腐蚀液呢？请用流程图表示 （2）提供进行回收实验所需的仪器与试剂，并指导学生进行实验	根据所学氧化还原知识，设计回收处理腐蚀液的流程图，并根据流程图进行具体的回收实验	通过学生设计废液流程图，发展学生思维的缜密水平以及对节约资源、保护环境的认识水平，培养学生的社会责任感

3　教学过程

3.1　观看视频，描述覆铜板和印刷电路板

导入　印刷电路板是许多电子设备的重要组成部分，小到蓝牙耳机，大到中国空间站，都需要用到它。展示相关图片，如图2所示。

图2　电路板的应用

师：无论是在日常生活中，还是在高尖科技中，印刷电路板都有着十分重要的作用，可以说我们现代社会已经离不开印刷电路板了。这么重要的电路板是由覆铜板制作得来的，大家对电路板和覆铜板的了解有多少呢？接下来老师会播放一段传统制作印刷电路板的视频，在观看完视频后，你能用自己的语言描述覆铜板和印刷电路板吗？　　（视频播放网址：https://m.elecfans.com/article/854867.html）

X老师播放视频，同学们认真观看视频并对生活中很容易就能得到的电路板展开了热烈的讨论与交流。

师：利用覆铜板制作印刷电路板是电子爱好者的必备技术，在观看完视频后，你对印刷电路板的了解是不是更多了呢？有同学能回答老师最开始提出的问题吗？

生1：视频里面介绍印刷电路板的英文名称是PCB，是电子产品的重要组成部分。

生2：印刷电路板是由覆铜板作为基础材料制作而成的。

师：很好！两位同学对印刷电路板的总结都挺到位，那么覆铜板又是什么呢？视频中提到附着到板状材料上的物质又是什么呢？

生3：覆铜板是以绝缘板为基材，一面或两面覆以铜箔，经过热压而成的一种板状材料。

师：大家的总结都很到位。覆铜板是以绝缘板为基材，一面或两面覆以铜箔，经过热压而成的一种板状材料。印刷电路板，英文名称为PCB，是电子设备的重要基础部件，在覆铜板的基础上采用电子印刷术制作而成。

3.2 运用氧化还原知识解释蚀刻原理

师：视频中提到利用覆铜板制作印刷电路板还需要用到氯化铁溶液，利用氯化铁溶液作为“腐蚀液”，将覆铜板上不需要的铜腐蚀掉，即把预先设计的电路用不透水的材料覆盖，以保护其不被腐蚀，然后将覆铜板放入氯化铁溶液中，再用有机溶剂洗净不透水材料即可制得印刷电路板。

师：你能用离子方程式对蚀刻原理作出解释吗？

生1：覆铜板上的铜与氯化铁溶液发生了氧化还原反应，因此离子方程式为：$3Cu+2Fe^{3+} = 3Cu^{2+}+2Fe$

生2：我觉得你的离子方程式不对。根据金属活动性顺序，这个反应不会发生，离子方程式应该为：$Cu+2Fe^{3+} = Cu^{2+}+2Fe^{2+}$

师：根据我们所学的氧化还原知识可知，三价铁离子具有氧化性，可将单质铜氧化为正二价铜离子，其自身也被还原成正二价的亚铁离子，因此第二位同学的离子方程式是正确的。

通过完成前面两个任务，学生已经对本节课的核心知识有了一定掌握，为后面化学实验探究的顺利进行提供了知识储备。X老师观察到学生们认真思考、交流讨论的氛围已经形成，学生学习兴趣高涨，于是准备让学生进行本节课的第一个实验。

3.3 实验探究最佳氯化铁溶液浓度

师：在利用氯化铁溶液蚀刻覆铜板时，我们当然希望速率越快越好，这样就能节约很多时间，那么多少浓度的氯化铁溶液蚀刻覆铜板的速率最快呢？是不是浓度越大速率就会越快呢？

生1：应该是氯化铁溶液浓度越大越好。

生2：我也同意你的看法，氯化铁溶液的浓度越大，反应物的浓度也就越大，化学反应的反应速率也就越大。

生3：说得对，我也是这么认为的。

生4：不一定吧，影响化学反应速率的因素很多，我觉得还是要进行实验才能确定氯化铁溶液的最佳浓度。

学生们十分激烈地进行了讨论。大多数学生认为氯化铁溶液浓度越大，氯化铁溶液与覆铜板的反应速率就会越大，并且有相当一部分学生还给出了自己的理由。但是也有少部分同学持不同看法，这部分学生认为得进行实验才能得出结论。

师：影响覆铜板蚀刻速率的因素有很多，如氯化铁溶液的浓度、覆铜板的厚度和面积、温度，甚至是一些离子的催化，那么氯化铁溶液浓度与覆铜板被蚀刻的速率之间的关系到底是怎样的呢？接下来让我们动手进行实验，靠实验数据说话。

X老师将班级学生分成了五个小组，并为每个小组提供了六水合氯化铁晶体、浓盐酸、蒸馏水、覆铜板（10 cm × 10 cm双面覆铜）、酒精灯、烧杯、温度计、电子天平、秒表、美工刀、直尺等实验仪器和试剂。学生们对实验探究方案展开了讨论。

师：摆在同学们面前有那么多的仪器和试剂，我们得有个实验计划，不然都不知道从何下手。同学们，你们觉得该怎么做这个实验呢？

生1：刚刚老师提到影响覆铜板的蚀刻速率有很多，因此我们要控制其他因素一致，设置不同的氯化铁溶液浓度进行实验。

生2：我们可以用计时器去记录一块覆铜板被完全腐蚀的时间，时间越短反应速率就越大。

生3：我看了一下，老师给我们准备的覆铜板有10 cm长，都放不进我们最大的烧杯，我们应该把覆铜板截小一点，将一块分成四份就好了。

学生们都踊跃发言，为实验方案建言献策。X老师将学生们的想法进行了汇总，使得实验过程更加具体。实验过程如下。

（1）利用美工刀和尺子将覆铜板截成5 cm × 5 cm的小板，并称量每片的质量。

（2）配制质量分数分别为5%、10%、20%、30%、40%的五种氯化铁溶液并用250 mL烧杯盛装。

（3）将五片覆铜板分别置于250 mL烧杯中，并将此烧杯置于装有适量水的

500 mL 大烧杯中，控制温度为50 ℃，进行水浴加热（为了加快反应，节约反应时间，X 老师选择采用50 ℃水浴加热的方法）。记录完全腐蚀的时间。

（4）用水冲洗覆铜板并擦干、称重。

学生分小组按照制定的实验方案进行实验，认真观察实验现象并将相关数据记录在表2上。

表2　数据记录表

溶液浓度（质量分数）/%	反应前质量 m_1/g	反应后质量 m_2/g	反应时间 t/s	平均速率 v/(g·s^{-1})
5				
10				
20				
30				
40				

X 老师穿梭于各小组间，对各小组的实验进行了指导。不同浓度的氯化铁溶液腐蚀覆铜板所需时间各不相同，在观察到有部分覆铜板已经完全腐蚀后，X 老师组织了小组讨论，对所观察到的现象进行了交流汇报。

师：我看到虽然有些覆铜板被腐蚀得十分缓慢，但是大部分的覆铜板被腐蚀完全了，现在我们交流一下在实验过程中大家观察到的现象吧。至于那些还未被完全腐蚀的覆铜板，我们也要记录其完全腐蚀的时间。

生1：我用手触摸烧杯外壁时能感觉到发烫，说明六水合氯化铁溶于水放热，而且我发现浓度低的氯化铁溶液呈棕黄色，浓度高的氯化铁溶液呈红棕色。

生2：我要补充一下。低浓度下能明显观察到溶液颜色由棕黄色变为黄绿色，高浓度下能观察到红棕色慢慢变浅（图3）。

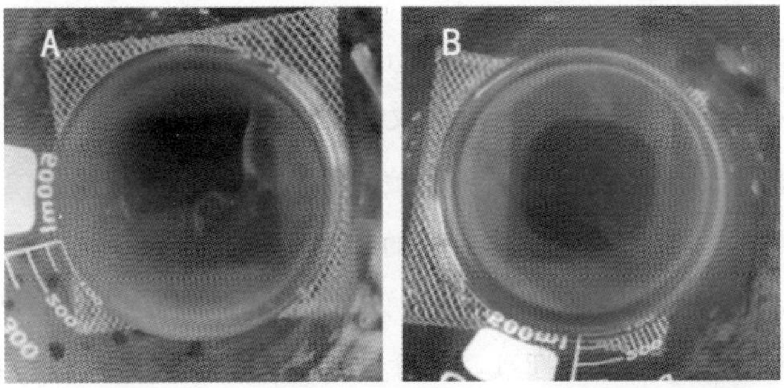

图3　被质量分数为10% 的氯化铁溶液反应前（A）和反应后（B）的颜色

生3：我们组40%和5%的氯化铁溶液直到现在都没有完全腐蚀覆铜板。因此，不是氯化铁溶液的浓度越大反应速率就越大。腐蚀完全后的覆铜板留下了黄色的绝缘基材（图4）。

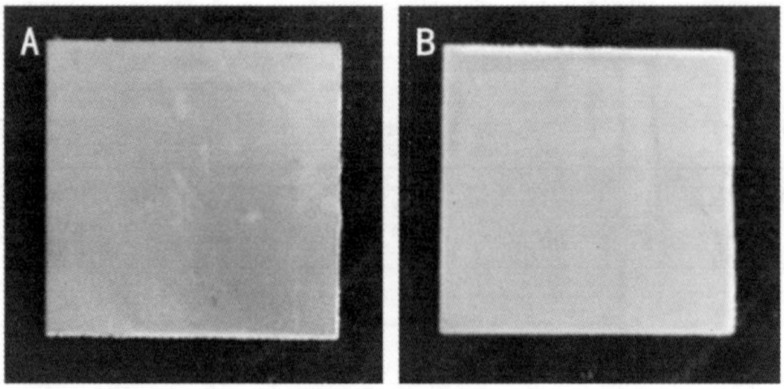

图4　被质量分数为10%的氯化铁溶液腐蚀前（A）和腐蚀后（B）的颜色

生4：我还观察到浓度不同，覆铜板被腐蚀的状态也不同。低浓度下，覆铜板从边缘向中心腐蚀；高浓度下，覆铜板表面为黑色，并非从边缘开始腐蚀（图5）。

师：看来同学们都有认真做实验并十分认真地观察了实验现象，你们真棒！

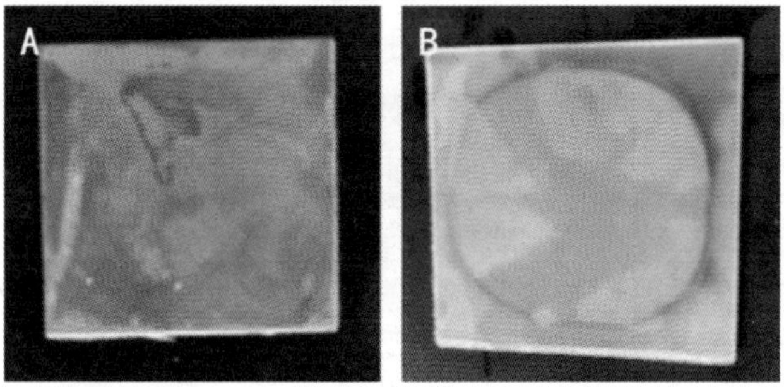

图5　被质量分数为40%的氯化铁溶液腐蚀的覆铜板状态（A）和
被质量分数为5%的氯化铁溶液腐蚀的覆铜板状态（B）

听着学生们对实验现象细致地描述，X老师十分满意地点了点头，随后对过低浓度和过高浓度的氯化铁溶液与覆铜板反应的速率均不大这一现象进行了解释。

师：当氯化铁溶液较低时，随着溶液中铁离子的浓度升高，腐蚀速率就会增快。但是当氯化铁浓度过高时，溶液中的铁离子浓度很大，生成的亚铁离子和铜离子很难扩散离开覆铜板表面，同时铁离子很难扩散到覆铜板表面，从而导致反应速率下降。同学们稍微了解即可，现阶段并不需要深究。我们的实验结果表明，并不是浓度越大，覆铜板被腐蚀的速率就越快。这个实验结论与很多同学刚开始的想法并不一致，有同学能谈谈感受吗？

生：要有证据意识，不仅要能提出假设，也要想方设法获得证据加以证明。

师：是的，化学是十分重视实验和证据的科学，讲究实事求是。我们现在知道了浓度不是越大越好，那么腐蚀速率最快的氯化铁溶液浓度又是多少呢？

3.4 数据处理

师：通过刚才的实验，同学们不仅观察到了实验现象，还收集到了许多实验数据。我们用 m_1(g) 表示反应前覆铜板的质量、m_2(g) 表示反应后覆铜板的质量、$t(s)$ 表示反应时间，则平均反应速率 $v=(m_1-m_2)/t$。同学们下课后可以根据收集到的数据绘制一张氯化钠溶液浓度与平均反应速率的关系图。图6是老师提前做出来的关系图，以供同学们参考。

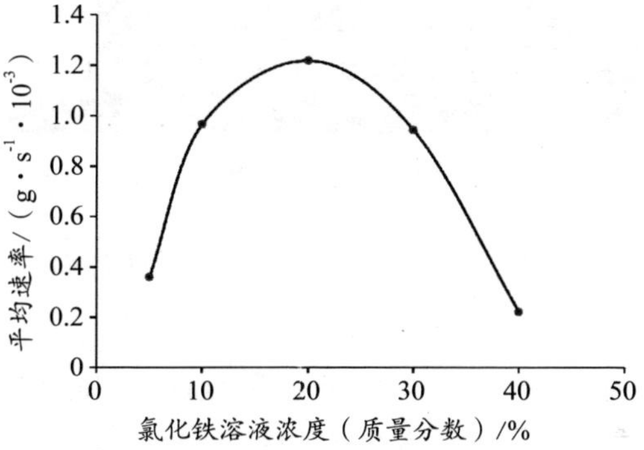

图6　覆铜板平均反应速率与氯化铁溶液浓度关系

师：从关系图可以明显发现，在一定范围内，随着氯化铁溶液浓度增加，覆铜板被腐蚀的平均反应速率也增快，超过一定浓度后，平均反应速率不但不会增快反而会下降。由于我们此次实验只取了五种浓度进行实验，得到的关系图其实是比较粗糙的，根据关系图得出质量分数为20% 的氯化铁溶液反应速率最快。

3.5 制作图案

师：我们还可以利用氯化铁溶液在覆铜板上蚀刻出各种图案。接下来请同学们利用实验探究得到的最佳浓度去制作所需要的图案，然后进行评比，看哪个小组制作的图案最好。

学生用油性笔在覆铜板上面画出设计好的图案，然后浸入质量分数为20% 的氯化铁溶液中，用50 ℃水浴加热一段时间后，将覆铜板用清水洗干净，并用酒精将笔迹冲洗干净。各小组在完成利用覆铜板图案制作后，进行评比并交流了经验。

图7是部分成品展示。

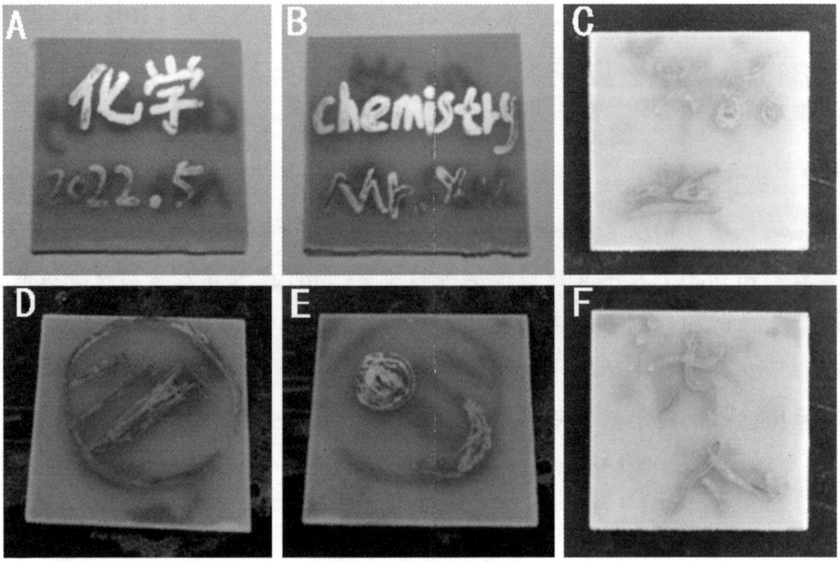

图7　部分成品展示

生1：我们发现在加热时，不要用玻璃棒对溶液进行剧烈搅拌，否则会导致图案脱落从而使制作出的图案不理想。

生2：选择绘制的图案最好简单些，太过复杂的图案制作完后会缺少很多细节。

生3：大家有没有发现溅出来的溶液很快就会变得跟铁锈一样？要是弄到衣服上就会形成一个黄褐色的斑，我自己就中招了。

师：我们班的同学真的很有创意啊！我看很多同学制作的图案都十分漂亮，同学们对于利用覆铜板制作图案有了自己独特的心得体会，还有的同学以自己遇到的状况为例，提醒大家做实验时要记得保护自己，安全实验。

3.6　废液的回收与再生

师：同学们在制作完各种图案后，是不是留下了大量的“腐蚀液”？请同学们思考一下，这些液体可能含有哪些金属离子呢？

生：Fe^{3+}、Fe^{2+}、Cu^{2+}。

师：腐蚀液中的金属离子如果随意排放不仅会造成环境污染，还会造成资源浪费，所以我们得想个办法将这些腐蚀液进行回收。那怎样处理回收腐蚀液呢？

生1：我们可以往这些废液中加入过量的铁粉，铁粉会把溶液中的铜置换出来，然后过滤出固体，往固体中加入过量的盐酸溶液与铁粉反应，最终实现单质铜的回收，将所有剩下的溶液收集起来，通入氯气将氯化亚铁氧化成氯化铁，这样就实现了氯化铁溶液的再生。

生2：我觉得你设计的回收流程十分简洁，但是需要通入有毒的氯气，操作起来不太绿色安全。我想能不能用双氧水的氧化性将腐蚀液中的氯化亚铁氧化成氯化铁呢？感觉这样更加绿色安全。

两位同学的发言让班里的同学十分佩服，X老师也十分满意。为了让学生更清楚直观地理解这两位同学的思路，X老师将第二位同学的发言绘制成了流程图，如图8所示。

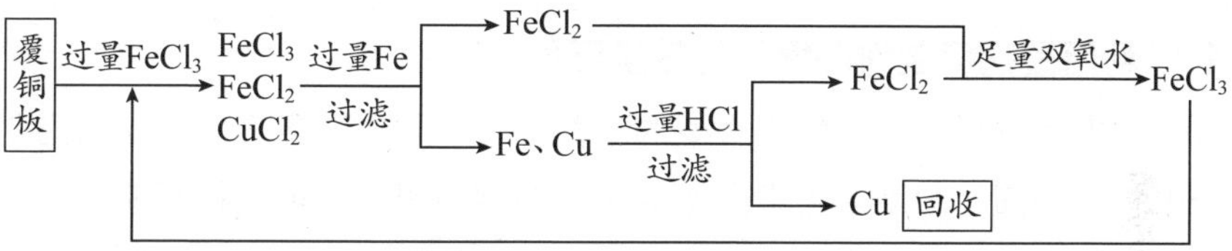

图8　废液处理流程图

同学们对这两位同学的思路进行了激烈讨论，最后决定采用第二位同学的思路进行实验。老师提供了还原铁粉、盐酸、双氧水、滤纸、漏斗、漏斗架、烧杯、玻璃棒等仪器与试剂。同学们按照流程图进行了具体的回收再生实验，具体实验流程如下。

（1）将废液倒入烧杯中，加入过量铁粉。

（2）过滤。

（3）向装有滤渣的烧杯中加入过量盐酸，并搅拌。

（4）再一次过滤，所得固体即为单质铜。

（5）向得到的溶液中滴入足量双氧水，得到氯化铁溶液。图9为学生们加入铁粉后得到的红色海绵状的单质铜。

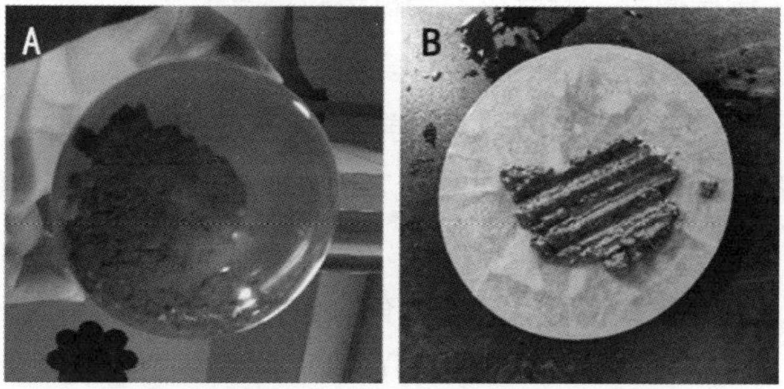

图9　溶液中的单质铜（A）和过滤回收的单质铜（B）

师：这节课我们学习了覆铜板与印刷电路板的概念，并且还从氧化还原的角度解释了用覆铜板制作印刷电路板的原理，认识到了化学的巨大价值。通过化学实验探究以及数据处理，我们得到了在50 ℃情况下20% 质量分数的氯化铁溶液腐蚀覆铜板的速率最大，还亲手利用覆铜板制作了许多精美的图案。为了让使用后的腐蚀液得到充分利用，我们还共同设计出了废液回收处理的流程并进行了实验，最终回收了单质铜，再生了氯化铁溶液。我相信通过这节课的学习，同学们对于氧化还原反应的理解更加深刻了，设计实验、动手实验的实验探究能力得到明显提升，证据推理、变化观念、绿色化学等意识更加增强了。

4 “利用覆铜板制作图案”的教学反思

每个学生都不是空着脑袋进教室的。课堂给了学生很多交流讨论的机会，这有利于思想的碰撞，帮助学生更全面更深入地学习概念、现象和原理。小组内部学生与学生是合作关系，小组与小组之间是竞争关系，学生积极自主地进行学习活动，使得学习高效进行。该案例还有以下三个特点。

4.1 发挥化学实验的探究功能

实验的一个重要功能就是其探究性。学科核心素养导向下的化学实验更应该注重实验的探究性，要将化学实验从验证知识的工具转变成学生探究知识的工具，这就要求学生更加主动地参与教学活动。本节课一共需要学生进行三个实验，这些实验都是学生经过自主思考，与同学充分交流讨论设计出来的。学生们通过一个个实验探究得到了最快腐蚀覆铜板的浓度，利用得到的实验结论制作了各种各样的图案，为了解决腐蚀液的资源浪费和环境污染问题，又回收得到了单质铜，再生了氯化铁溶液。学生在实验探究活动中经历探究过程，学习探究方法，提升探究能力，不仅获得了知识，还培养了化学学科核心素养。

4.2 任务层层递进，发展化学学科核心素养

该案例中6个教学任务环环相扣，层层递进，指向学生化学学科核心素养的发展。以“科学探究与创新精神”的化学学科核心素养为例，学生通过完成任务1和任务2，对覆铜板、印刷电路板的概念及蚀刻原理有了理解，这发展了学生依据氧化还原知识得出反应实质的推理能力。在此基础上，学生提出了“蚀刻覆铜板的最佳氯化铁溶液浓度是多少”这一具有探究价值的问题，通过任务3和任务4完成了实验探究过程，收集了事实证据，分析了实验数据，这发展了学生提出问题、

设计实验以及数据处理的实验探究能力。学生通过合作完成任务5，应用实验探究的成果和经验指导实践，这培养了学生勤于实践、善于合作的精神，使得学生深入认识了实验探究的内涵。最后学生通过任务6的完成，依据氧化还原的知识对废液处理进行了设计，这帮助学生从基于经验设计实验的水平发展到依据氧化还原思路设计实验的水平。

4.3 注重“教、学、评”一体化

化学教学评价不应游离于化学教与学之外，而应与其有机融合。该案例围绕化学学科核心素养将化学教学活动与评价活动紧密结合起来，进行整体设计。通过教学任务发挥化学实验探究的化学学科核心素养导向功能，通过学生在各种教学活动中的表现，掌控学生探究能力和化学学科核心素养的发展情况，发挥了评价促进教学的作用。“教”与“评”都是为了学生的“学”。

5 结语

在“利用覆铜板制作图案”教学案例中，X 老师通过精心设计的实验探究发展了学生的化学学科核心素养与实验探究能力，为中学化学教师更好开展化学实验探究教学提供了借鉴和参考。希望能有更多的中学教师在教学实践中，以培养学生化学学科核心素养为导向，开展实验探究教学，改变只是让学生简单动手实验的认识，在教学实践中发展化学实验探究教学，促使学生全面发展。

参考文献

[1] 普通高中化学课程标准（2017年版）[S]. 北京：人民教育出版社，2018.

[2] 刘知新 . 化学教学论　第五版 [M]. 北京：高等教育出版社，2018.

[3] 宋心琦 . 有关化学实验改革的想法与建议 [J]. 化学教育，2001（3）：36-38.

[4] 袁晓梅 . 探析高中化学实验教学中的问题及其解决措施 [J]. 天天爱科学（教育前沿），2021（12）：69-70.

[5] 张复政 . 新时期高中化学实验教学的不足与改进措施探讨 [J]. 科学咨询（教育科研），2021（8）：256-257.

案例思考题

（1）化学实验探究教学与验证性、演示性的实验教学有何区别？

（2）在课堂上多问几个具有启发性的问题或者多做几个实验就是进行了实验探究吗？

（3）X老师为什么选择以“蚀刻覆铜板的最佳氯化铁溶液浓度”为探究主题？什么样的化学问题才具有实验探究价值？

（4）X老师是如何通过化学实验探究教学来落实与发展本节课所承载的化学学科核心素养的？

“素养为本”的课堂教学探究

——以“乙醇”教学为例

王梦慧[①] 黄昊文[②]

摘 要：“素养取向”化学课堂教学的基本理念是“素养为本”，强调运用所学的科学知识、科学过程和科学方法解决真实问题。发展学生的化学学科核心素养，最重要的环节就是课堂教学，本案例中X老师按照“问题线—任务线—知识线—素养线”的设计思路，通过乙醇的物理性质、拼插乙醇的球棍模型、乙醇与钠的反应、乙醇的催化氧化、乙醇的用途等一系列课堂教学活动，将发展学生的化学核心素养融入乙醇的课堂教学中，引导学生去分析问题、解决问题，让学生在一步步学习乙醇知识的过程中，无形中发展了化学学科核心素养。

关键词：乙醇；化学学科核心素养；教学设计

背景信息

随着《普通高中化学课程标准（2017年版）》（以下简称新课标）的正式发布，化学学科核心素养引起了越来越多教育人士的关注。新课标中明确指出化学课程的基本理念要以发展化学学科核心素养为主旨，充分发挥化学课程的育人价值，同时还提出要注重开展“素养为本”的化学教学，要创设真实的问题情境，激发学生的学习兴趣，此外还要完善基于化学学科核心素养的评价体系，使学生的化学学科核心素养得到充分发展[1]。基于新课标提出的新要求，普通高中的化学教学也要随之做出相应的转变，这样才能更好地实现新课标中提出的化学课程目标，才能更好地发展学生化学学科核心素养。

当前化学教学存在的问题之一就是没有将课堂教学与发展学生的化学学科核心素养联系起来，教师依旧只注重对知识的讲授，而忽略了化学课堂对学生化学

① 王梦慧，女，湖南永州人，湖南科技大学化学化工学院在读硕士研究生。
② 黄昊文，男，湖南邵阳人，湖南科技大学化学化工学院教授。

学科核心素养的培养价值。所以，如何把发展学生的化学学科核心素养落实到具体的教学实践中成为目前须首要解决的任务。首先，这不仅要求教师对新课标有充分的解读与理解，还要求教师将这些解读与理解融入日常的课堂教学中，这种融入不能过于生硬，而是要通过具体的教学活动体现出来，如果片面追求素养的发展，反而会失去课堂教学的本质。其次，新教材的使用也对教师提出了新的、更高的要求。教材作为教学的媒介，对发展学生的化学学科核心素养有着举足轻重的作用。新教材更是以学科核心素养为导向的普通高中新课程课堂教学的重要媒介。所以教师对新教材的研读也是必不可少的，要深入钻研教材，发掘教材价值，教师的教学要基于教材，更要高于教材。因此，以核心素养为导向的课堂教学，要求教师深入理解和把握课标，充分发掘和利用新教材，同时还要更加注重以学生为主体，开展多样的教学活动，发展学生的思维能力和合作学习能力，体现化学课程学习对学生未来发展的重要价值。

乙醇是化学课程内容主题4：简单的有机化合物及其应用中的重要内容，也是生活中一类常见的有机物。乙醇的教学要求学生掌握乙醇的物理性质，能通过价键理论推测乙醇的结构，能描述乙醇的化学性质及相应的实验现象，能认识官能团，初步建立“结构决定性质”的观念。首先，大多数教师在讲授这一节知识时，会从生活中的乙醇进行引入，这其实符合开展“素养为本”的课堂教学中创设真实问题情境的要求，但是他们往往只是将其作为一个引入，没有将引入和后续的知识联系起来，会显得这一段引入十分生硬，达不到课堂合格引入的效果，更别说实现对学科核心素养的培养作用。其次，在探究乙醇的结构时，很多教师会用到球棍模型，让学生自己动手去拼插，这些活动有利于培养学生的化学学科核心素养，但是在具体实践中却发现大多数同学都只能拼插出一种可能的结构，另一种可能的结构则没几个同学能拼插出来。这是由于学生才刚开始学习有机物，对一些原子的成键特点还不够了解，所以在进行拼插活动之前，教师要有意识地向学生讲解碳原子、氧原子以及氢原子的成键规律，让学生基于这个规律去探索可能的结构，这样才能更好地实现这一学生活动在发展学生化学学科核心素养上的作用与价值。

X老师是某中学的一名高中化学教师，有多年的化学教学经验。她认为乙醇这一物质是学生比较熟悉的，教材中除了介绍乙醇的性质外，还出现了多个定义，比如羟基、官能团、烃的衍生物等，再加上乙醇的性质也比较多，所以在具体的教学上就容易导致思路混乱。因此，她将整节课的内容划分为了不同的学习任务以及探究任务，主要流程为：（1）学习任务一——乙醇的物理性质；（2）学生活动——拼插乙醇的球棍模型；（3）探究任务一——乙醇与钠的反应；（4）探究任务二——乙醇的催化氧化；（5）学习任务二——乙醇的用途；（6）课堂小结。同时，在具体的任务模块下，还会设计出相应的思考题，从而降低学生的探究难度，使学生更容易理解和接受。这些任务的划分使得整节课的内容变得比较有条理，流程也更加清晰。此外，这些任务及思考题的设计也不是随意而为的，从中也能体现出其相应的素养培养方面的价值。例如，让学生自己动手拼插乙醇的球棍模型，可以让学生对乙醇的结构有更直观的了解，同时也在无形中发展了学生的"证据推理与模型认知""科学探究与创新意识"这两方面的素养。

案例正文

1 教学前的准备工作

1.1 教材分析

乙醇是人教版高中化学教材必修第二册第七章第三节的内容[2]。本节内容是简单有机化合物的重要组成部分，对学生认识官能团及有机物的分类有重要作用。本节课主要从乙醇的组成、结构和性质出发，知道官能团对物质性质起决定性作用，初步建立起"组成—结构—性质—用途"的有机物学习规律。同时乙醇作为典型的烃的衍生物，可以帮助学生在烃的基础上，认识到烃到烃的衍生物的结构变化，厘清烃基与官能团的位置关系，帮助学生进一步打好学习有机物的基础。乙醇的学习既巩固了前面所学的烃，又为后续乙酸、基本营养物质的学习打下了基础。

1.2 学情分析

乙醇是学生比较熟悉的生活用品，在学习这一节内容之前，学生在初中也接触过乙醇，但只是简单地介绍了乙醇，没有从组成和结构角度认识其性质和用途。而在高中，在学习乙醇之前，学生已经接触过烃类物质，对烃的组成、结构和性质有了一定的了解，知道不同的烃具有不同的结构和性质，而乙醇就是典型的烃类衍生物，这也为乙醇的学习做了铺垫。且乙醇在生活中应用广泛，十分贴近生活，充分把握这一点能激发学生的学习兴趣，让学生学习起来不陌生，降低了认识的难度。此外，学生对乙醇的分子式、物理性质、简单应用、可燃性都有初步了解，对乙醇的结构式除燃烧外的化学性质还不了解，这些都需要通过本节课去学习，对学生来说，最难的是要通过乙醇的学习初步建立起官能团决定物质性质的观点。这时学生初步接触有机物，对他们来说接受起来会有难度，所以要求教师有耐心，不然学生对知识的掌握将是紊乱的。

1.3 教学目标设计

依据新课标中对简单有机物及其应用这一主题的学业要求，X老师设计出了以下教学目标。

（1）能够根据乙醇的物理性质，解释生活中的一些现象。

（2）能够根据乙醇的分子式和价键理论，推测乙醇可能的分子结构。

（3）能够对比水和钠及乙醇和钠的反应，得到乙醇分子结构的证据。

（4）能够根据乙醇的分子结构，判断乙醇与钠及乙醇的催化氧化反应的断键位置，初步建立起官能团“结构决定物质性质”的有机化学认识视角。

1.4 教学思路设计

主要教学设计思路如图1所示。

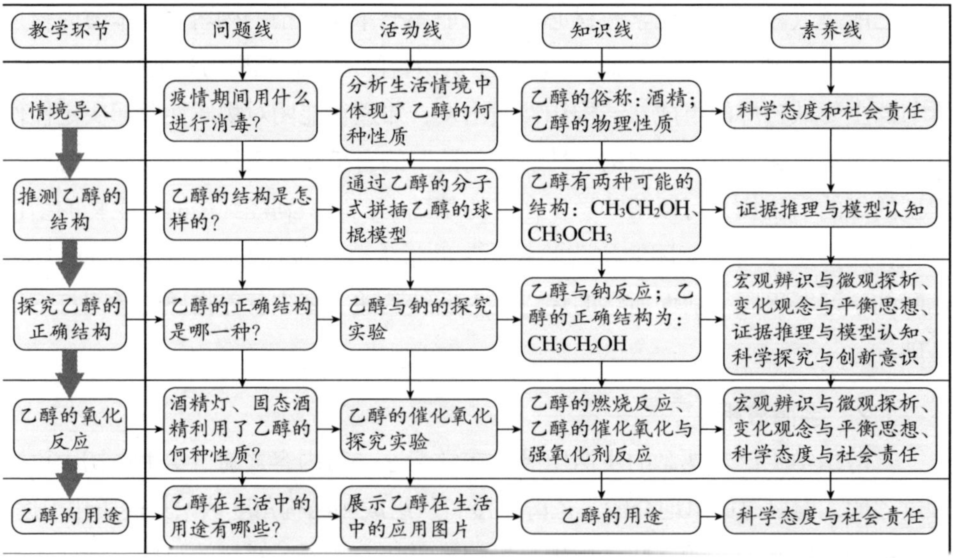

图1 主要教学设计思路

1.5 主要教学内容

主要教学内容如表1所示。

表1 主要教学内容

<table>
<tr><td>学习任务一：乙醇的物理性质</td><td>①颜色：______________
②状态：______________
③气味：______________
④挥发性：____________
⑤溶解性：____________
⑥密度：______________</td></tr>
<tr><td>探究任务一：乙醇和钠的反应</td><td>（1）乙醇的分子式为 $C_2H_4O_2$，可能的结构有以下两种。
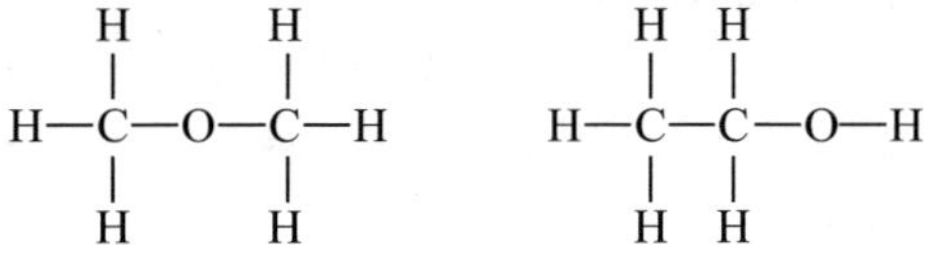
(a) (b)
观看乙醇和钠的实验视频，回答以下问题。
①往无水乙醇中放入金属钠后，试管中有______产生，放出的气体可在空气中安静地燃烧，火焰呈______色；
②烧杯壁上有______生成，迅速倒转烧杯后向其中加入澄清石灰水，石灰水________；
③依据现象判断生成的气体是什么？
思考1 依据以下信息，结合钠与乙醇、钠与水的反应现象，推测乙醇的结构。
信息：钠保存在煤油中，煤油是烃类混合物。
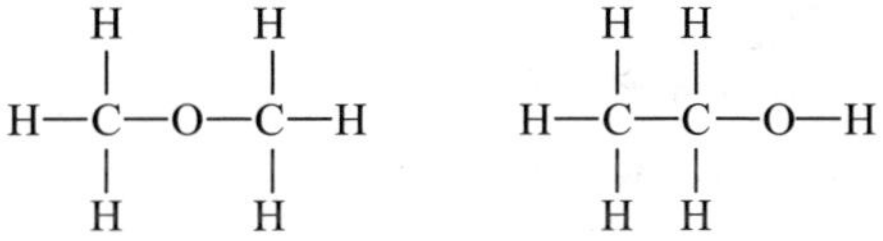
(a) (b)
思考2 比较乙烷和乙醇的结构。
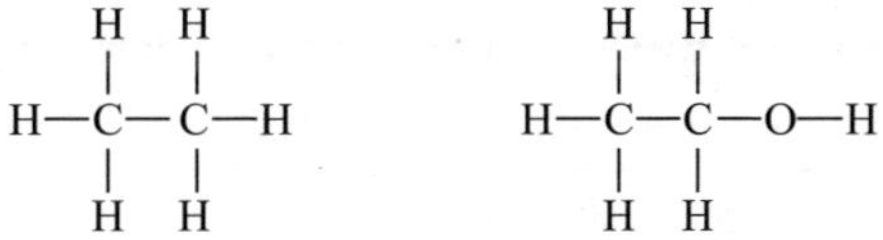
(a) (b)
（2）烃的衍生物：烃分子中的氢原子被其他原子或原子团所取代而生成的一系列化合物。
官能团：决定有机化合物的化学特性的原子或原子团。实例如下。
<table><tr><td>物质</td><td>CH_3Cl</td><td>CH_3CH_2OH</td><td>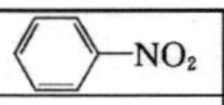</td><td>$CH_2{=}CH_2$</td><td>CH_3CHO</td></tr><tr><td>所含官能团</td><td>—Cl</td><td>—OH</td><td>$—NO_2$</td><td>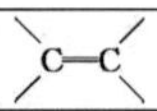</td><td>—CHO</td></tr><tr><td>官能团的名称</td><td>氯原子</td><td>羟基</td><td>硝基</td><td>碳碳双键</td><td>醛基</td></tr></table></td></tr>
</table>

续表1

	思考3 在该反应中，乙醇分子是如何断键的？ 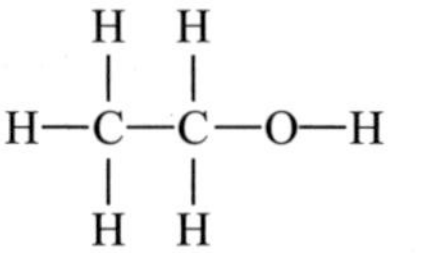 **思考4** 根据以上分析，试着写出乙醇和钠反应的化学方程式。 **思考5** 水和乙醇中，谁的羟基氢原子更活泼？
探究任务二：乙醇的催化氧化	（1）乙醇的燃烧： $C_2H_5OH + 3O_2 \xlongequal{点燃} 2CO_2 + 3H_2O$ （2）乙醇的催化氧化：教材实验7-5，学生分组实验。 **思考1** ①加热铜丝，观察到什么现象？原因是什么？ ②将灼热的铜丝伸入装有乙醇的试管中，观察到什么现象？ ③生成的物质有特殊气味，说明反应生成了哪种物质？ ④对比乙醇和乙醛的结构，推测反应还生成了什么？ ⑤从反应前后来看，铜丝有没有参与反应？铜丝在整个反应中起什么作用？ 化学方程式： $2CH_3CH_2OH + O_2 \xlongequal[\Delta]{催化剂} 2CH_3CHO + 2H_2O$ 应用：使银器恢复光亮。 **思考2** 结合乙醇催化氧化时化学键的断裂情况分析：什么样的醇才能发生催化氧化？ （3）乙醇与强氧化剂反应。 演示乙醇与酸性重铬酸钾反应实验： $CH_3CH_2OH \xlongequal[K_2Cr_2O_7(H^+)]{KMnO_4(H^+)} CH_3COOH$
学习任务二：乙醇的用途	（1）燃料——酒精灯、火锅、内燃机等的燃料。 （2）化工原料——用作生产医药、香料、化妆品、涂料等的化工原料。 （3）消毒剂——医疗上常用体积分数为75%的乙醇溶液做消毒剂。
课堂小结	（1）乙醇反应的断键情况。 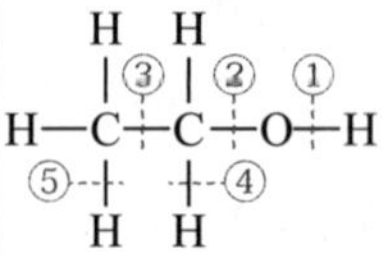 与钠反应，断____键 催化氧化，断____键 燃烧，断________键 （2）乙醇的化学性质。 ①乙醇与钠反应化学方程式：________________ ②乙醇的氧化反应

续表1

课堂小结	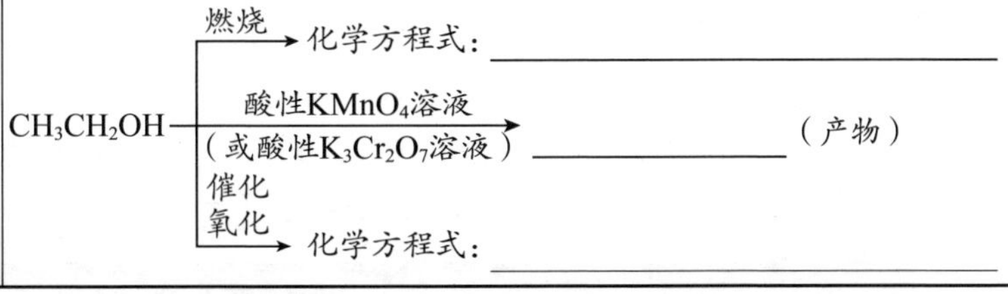

2 教学过程

2.1 环节一：创设生活情境，引出乙醇的物理性质

课堂引入 在新冠肺炎疫情期间，我们的个人防护除了戴口罩，还有一项重要的任务就是对双手进行消毒。那我们用什么物质对双手进行消毒呢？（生：酒精、乙醇）用普通的酒精行不行呢？用什么？（生：医用酒精）酒精的化学名称叫什么呢？（生：乙醇）现在我们就来学习一下乙醇的一些性质。

设计意图 从生活中的情境引入，让学生体会到化学学科的社会价值。

师：首先，我们来看它的物理性质。通过预习以及生活中的一些常识，哪位同学能回答一下乙醇的物理性质？

PPT展示 以下生活情境体现了乙醇的什么物理性质？

（1）酒香不怕巷子深。

（2）高烧病人擦酒精降温。

（3）超市中的酒有不同的度数。

（4）啤酒能去油污。

生：分别体现了乙醇易挥发、有香味、和水任意比例互溶、能溶解有机物等性质。

PPT展示 展示物理性质

设计意图 从生活情境入手，总结乙醇的物理性质，既体现了化学与生活的联系，也能引起学生兴趣，降低了学习难度。

2.2 环节二：拼插球棍模型，推测乙醇的结构

师：初中我们还学习过乙醇的分子式，乙醇的分子式含有两个C、六个H、一个O。那么大家能不能试着利用模型去拼接乙醇可能的球棍模型呢？大家现在动手操作一下吧。

学生开始拼接乙醇的球棍模型。

师：我看大家都拼接得差不多了，哪个组能展示一下你们的成果呢？

学生展示拼好的球棍模型。

交流

师：不同颜色的球分别代表什么原子？符合分子式吗？还有别的结构吗？

其他小组进行补充，最终发现能得到如图2所示的两种结构。

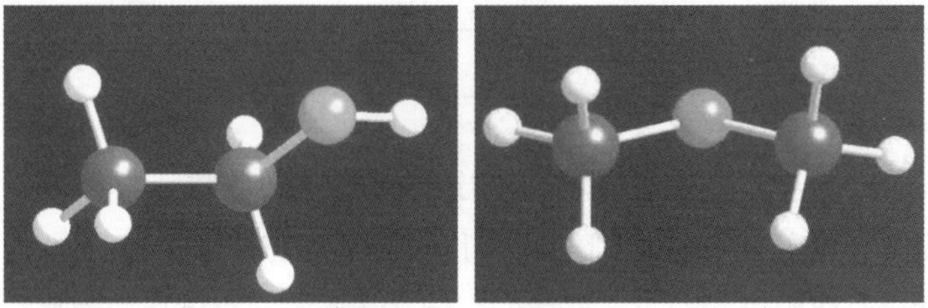

图2 乙醇可能的结构

分析

师：我们发现乙醇存在两种可能的结构，这两种都是符合分子式的，那到底哪种才是乙醇的结构呢？

设计意图 让学生动手，感受有机物结构的多样性，同时提高学生的动手能力。

2.3 环节三：通过钠与乙醇的反应，探究乙醇的正确结构

师：我们学习化学知道结构决定性质，性质必然也能反映结构。那我们是不是能从乙醇的性质出发，来看看乙醇到底属于哪种结构？首先，我们来看一下乙醇和钠的反应。大家阅读一下教材上的实验步骤。

视频 钠和乙醇反应（图3）。

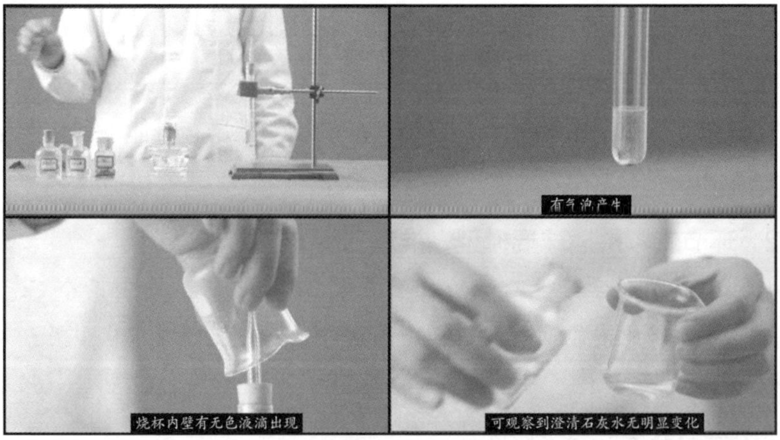

图3 钠和乙醇反应

分析　视频中分别用干燥的小烧杯和内壁附有澄清石灰水的烧杯检验点燃后生成的物质。说一说整个实验当中的现象。

PPT 展示　实验现象：

（1）在无水乙醇中放入金属钠后，试管中有________产生，放出的气体可在空气中安静地燃烧，火焰呈_____色；

（2）烧杯壁上有______生成，迅速倒转烧杯后向其中加入澄清石灰水，石灰水__________；

（3）依据现象判断生成的气体是什么？

学生依据观察到的现象，回答问题。

生1：试管中有气泡产生。

生2：火焰呈淡蓝色。

生3：烧杯内壁有水珠生成，澄清石灰水没有变浑浊。

师：那大家能不能根据这些实验现象推测生成的可燃性气体的成分？

生：应该是氢气。

师：为什么？

生：从实验现象可以知道点燃气体后有水生成，没有二氧化碳生成，证明含有氢元素，不含碳元素。

师：回答得非常正确啊。依据实验现象，我们就推测出来生成了氢气。那钠与乙醇反应生成氢气和乙醇的结构又有什么关系呢？

设计意图　从对实验现象的描述，提高学生的观察能力；依据元素守恒观念，从实验现象推测实验结论，提高学生的证据推理能力。

思考1　依据以下信息，结合钠与乙醇、钠与水的反应现象，推测乙醇的结构。

信息：钠保存在煤油中，煤油是烃类混合物。

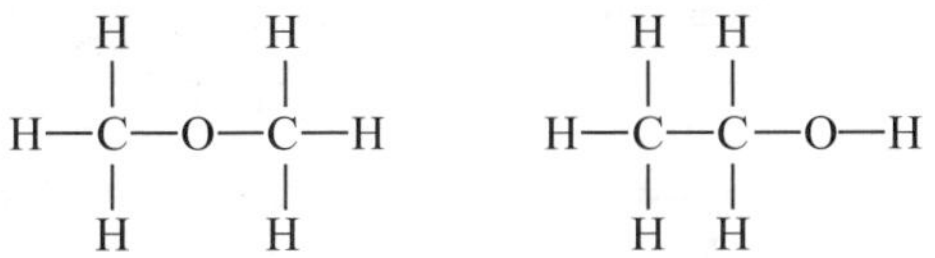

(a)　　　　(b)

师：咱们都知道结构能决定性质，那它究竟是怎样决定性质的？我们来看思考题给出的信息，钠保存在煤油中，说明钠和煤油能反应吗？

生：不能反应。

师：信息中又告诉我们，煤油是烃类混合物，那证明什么？

生：钠不与烃类物质反应。

师：我们前面学习烃的时候知道，烃中只含有什么键？

生：碳氢键。

师：据此我们能得出什么信息？

生：钠不与碳氢键发生反应。

师：那乙醇和钠反应生成氢气应该和乙醇中的什么键反应呢？

生：氧氢键。

师：到底是不是氧氢键呢？我们现在来验证一下。我们现在已经知道钠与水、乙醇都会反应生成氢气，那是不是就说明水和乙醇两种物质的结构有相似性呀？接下来大家通过水的结构推测：乙醇到底属于上面的哪一种结构？

生：因为钠和水反应，钠和乙醇反应都能生成氢气，钠和水反应断裂的是一个氧氢键，说明乙醇的结构里应该也含有氧氢键，从而推出是结构 b。

分析 通过给出的信息，知道了乙醇中的碳氢键不参加这个反应，从两种结构来看，要想生成氢气，只能断裂氧氢键。从钠和水的反应分析，因为水里面只有氧氢键，所以钠和水反应生成氢气要断裂的肯定是氧氢键。水和乙醇性质相似，相似的性质就会导致它们有相同的结构，由此证明乙醇中应该也具有氧氢键，通过对比可以发现结构 a 没有氧氢键，结构 b 有氧氢键，所以应该是结构 b。

设计意图 依据给出的信息，让学生猜测是何种键在参与反应，提高学生的证据推理能力；通过对比钠和水的反应以及钠和乙醇的反应，依据“结构决定性质，性质反映结构”，推测出乙醇的结构，使学生更清楚地认识到乙醇的结构，同时建立起结构和物质性质之间的联系。

过渡

师：既然知道了乙醇的结构是结构 b，那我们来看下一个问题。

思考2 比较乙烷和乙醇的结构。

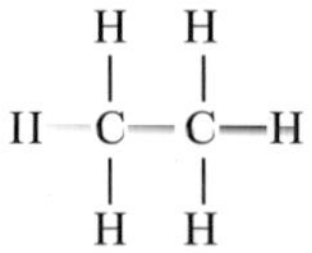

(a)

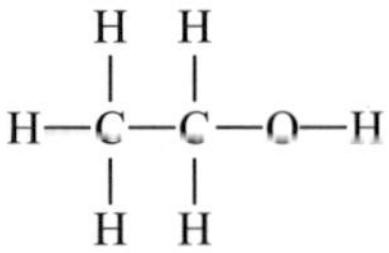

(b)

师：对比乙烷（a）和乙醇（b）的结构，大家看它们相似吗？

生：相似。

师：有不同的地方没有啊？哪里不同呀？

生：有，乙醇比乙烷多了一个氧。

师：对，乙烷中最右边是一个氢，而乙醇中是氧和氢。其实呢，我们把氧和氢结合的这一部分命名为羟基，乙醇就可以看成乙烷中的一个氢被羟基取代而形成的。像这样烃分子中的氢原子被其他的原子或原子团所取代而形成的一类物质称为烃的衍生物。羟基决定乙醇的性质，我们把决定有机物化学性质的原子或原子团叫作官能团，羟基就是乙醇的官能团。

PPT 展示 烃的衍生物：烃分子中的氢原子被其他原子或原子团所取代而生成的一系列化合物。

官能团：决定有机化合物的化学特性的原子或原子团。例如：

物质	CH_3Cl	CH_3CH_2OH	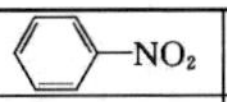	$CH_2{=}CH_2$	CH_3CHO
所含官能团	—Cl	—OH	$—NO_2$	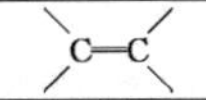	—CHO
官能团的名称	氯原子	羟基	硝基	碳碳双键	醛基

师：像我们前面学过甲烷和氯气发生取代反应生成的一氯甲烷、二氯甲烷、三氯甲烷、四氯甲烷，它们其实都是氯原子取代甲烷里的氢原子而形成的，所以它们也都属于烃的衍生物，氯原子就是它们的官能团。

设计意图 构建烃的衍生物认知模型。

思考3 在该反应中，乙醇分子是如何断键的？

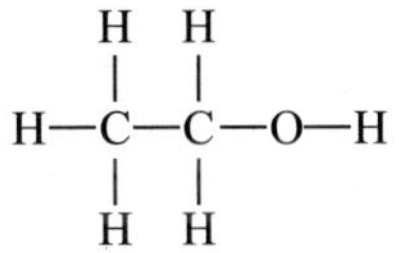

师：我们现在已经知道了乙醇的结构，那么乙醇在这个反应中是如何断键的呢？

生：断键的位置应该是羟基中的氧氢键。

师：没错，是不是还是和水去做对比啊？水中断裂的是氧氢键，那乙醇中是不是也应该是氧氢键呀？

师：我们看，钠和水反应，水断裂的一定是氧氢键，断下来的氢原子两两结合生成了氢气，剩下的部分再和钠结合生成氢氧化钠。那么我们再类比过来，乙醇和钠反应，照样断裂的是氧氢键，氢原子之间结合生成了氢气，剩下的部分跟钠结合就生成了乙醇钠。

设计意图 从水的结构去推测乙醇的结构，提高了学生的证据推理能力，同时加深了学生对“结构决定性质，性质反映结构”的理解；通过乙醇反应的断键，确定是羟基在影响乙醇的性质，初步建立起官能团决定物质性质的认识。

思考4 根据以上分析，试着写出乙醇和钠反应的化学方程式。

师：通过刚才的分析，我们知道了生成物应该是？

生：乙醇钠和氢气。

师：大家现在依据反应物和生成物写出该反应的化学方程式。

生：$2CH_3CH_2OH + O_2 \xrightarrow[\Delta]{催化剂} 2CH_3CHO + 2H_2O$

思考5 对比钠与水、钠与乙醇反应实验现象，比较水和乙醇谁的羟基氢原子更活泼？

师：我们想想我们以前做钠和水的反应时，这个反应剧烈不剧烈呀？

生：剧烈。

师：大家比较刚才钠和乙醇的反应，谁的反应更剧烈呀？

生：钠与水的反应更剧烈。

师：那谁的羟基氢原子更活泼？

生：水中的更活泼。

师：对了，那肯定是谁更剧烈谁当中的氢就更活泼。这其实也是剩余结构影响的结果。

设计意图 对比钠和乙醇、水的反应现象，让学生知道决定物质性质的官能团还会受该物质剩余结构的影响，加深学生对“结构决定性质”这一思想的理解。

2.4 环节四：乙醇的氧化反应

师：生活中也有大家非常熟悉的乙醇。比如说实验室中的酒精灯、乙醇汽油、饭店的固体酒精。那么，这些物质是利用了乙醇的哪个性质？

生：可燃性。

师：对了，这是因为乙醇燃烧可以放出大量的热。那大家能写出乙醇燃烧的化学方程式吗？

PPT 展示 展示乙醇燃烧反应的方程式：

$$C_2H_5OH + 3O_2 \xrightarrow{点燃} 2CO_2 + 3H_2O$$

设计意图 从生活中的情境引出乙醇的燃烧，使学生更易接受，同时为下面乙醇的催化氧化的学习起到启下的作用。

过渡

师：这些都是乙醇在点燃的条件下与氧气发生的反应，那它能不能在其他条件下与氧气发生反应呢？我们用一个实验来进行证明。

PPT展示 实验过程（图4）。

学生分组实验：

（1）点燃酒精灯，拿一根洁净的铜丝在酒精灯的外焰上灼烧至红热。

（2）移开火焰迅速将铜丝放入盛有少量乙醇的试管中。重复步骤（2）2~3次，观察铜丝变化并闻液体的气味。

图4 学生分组实验

学生了解实验过程，然后开始分组实验（见图5）。

图5 学生实验

师：大家都做得差不多了，记得把酒精灯盖灭，把试管放回试管架上，把仪器放回原位。哪个组能说一下你们组观察到的实验现象？

生1：铜丝在酒精灯上加热后变为黑色，伸入试管中和乙醇发生反应了后又恢复成原来的颜色。

生2：试管中有气体产生，试管壁上有水珠生成，产生的气体是无刺激的有香味的气体。

生3：试管壁发烫。

师：很好，观察到的现象非常多，那其他组还有什么发现吗？或者有不同意见吗？

生4：生成的气体应该是有刺激性的气体，没有香味。

生5：有嗞嗞的响声。

师：大家回答得都非常好，说明大家观察得非常仔细。既然有这么多现象，那我们就来逐一进行分析吧。

设计意图 学生通过自己动手实验能更清楚观察到反应现象，同时也能激发他们学习的热情，提高他们的动手实验能力。

思考1 加热铜丝，观察到什么现象？原因是？

师：加热铜丝观察到什么现象？

生：铜丝由红变黑。

师：原因呢？

生：铜和氧气反应生成了氧化铜。

师：对的，铜是红色的，氧化铜是黑色的，所以我们观察到铜丝由黑变红。

思考2 将灼热的铜丝伸入装有乙醇的试管中，观察到什么现象？

生：观察到铜丝由黑变红。

师：为什么会有这样的现象？

生：发生了化学反应。

师：发生了什么反应呢？我们先从现象来判断反应物和生成物有什么。

生：反应物有乙醇和氧化铜，铜丝反应后又变为了红色，说明生成物有铜。

师：这个应该没问题，其他产物我们能不能判断？刚才有同学观察到试管壁有水珠产生，那是不是证明有水的生成呢？

师：你们想啊，乙醇的沸点是比较低的，灼热的铜丝也能使局部的乙醇气化，从而也能在试管壁上形成小水珠，这是不是就确定不了是否生成了水？那到底还生成了什么呢？我们接着往下分析。

思考3 生成的物质有特殊气味，说明反应生成了哪种物质？

师：刚才有同学在描述实验现象时，说生成的气体有香味，也有同学说有刺激性气味，这个跟大家的感官是有一定关系的。实际上是生成了有刺激性气味的乙醛。关于乙醛的性质，我们在后面还会进一步学习。

思考4 对比乙醇和乙醛的结构推测：反应还生成了什么？

师：我们现在已经知道了反应物是氧化铜和乙醇，生成物是乙醛和铜了，对比一下，大家觉得还能有什么产物？是怎么判断出来的？

生：水。与乙醇相比，乙醛的分子式少了两个氢原子，与氧化铜里的氧结合生成了水。

师：对的，通过元素守恒，我们还可以判断出来有水生成。那我们是不是就能写出整个反应的方程式了？

PPT展示 方程式（图6）。

$$2Cu+O_2 \overset{\Delta}{=\!=\!=} 2CuO$$

$$C_2H_5OH+CuO \xrightarrow{\Delta} \underset{乙醛}{CH_3CHO}+H_2O+Cu$$

总反应方程式

$$2C_2H_5OH+O_2 \xrightarrow{Cu} 2CH_3CHO+2H_2O$$

图6　乙醇的催化氧化化学方程式

思考5　从反应前后来看，铜丝有没有参与反应？铜丝在整个反应中起什么作用？

生：从反应前后来看，铜没有参加反应，铜作为催化剂。

师：大家看一下书上这个反应是只用了铜这一种催化剂吗？

生：还有银。

师：对了。其实呢，通过这个反应，我们可以来使氧化了的银器恢复光亮。

PPT展示　展示图片（图7）。

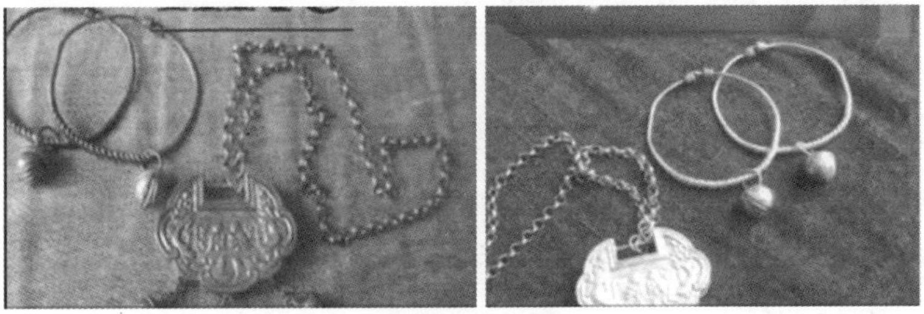

图7　乙醇使银器恢复光泽

师：通过刚才的学习，大家知道它的原理是什么了吗？

生：氧化银和乙醇在加热条件下会生成乙醛、水和银。

师：所以我们应该怎样操作呢？将氧化的银器加热，然后用酒精进行擦拭就可以了。所以说，化学与生活是息息相关的，一些小方法，其实也蕴含着大学问，期待大家能将学到的化学知识运用到生活中。

设计意图　通过几个思考题的设定，降低了学生分析实验现象的难度，使他们能更易于接受；通过乙醇使银器恢复光泽这一应用，让学生认识到化学与生活是息息相关的。

思考6　结合乙醇催化氧化时化学键断裂的情况分析：什么样的醇才能发生催化氧化？

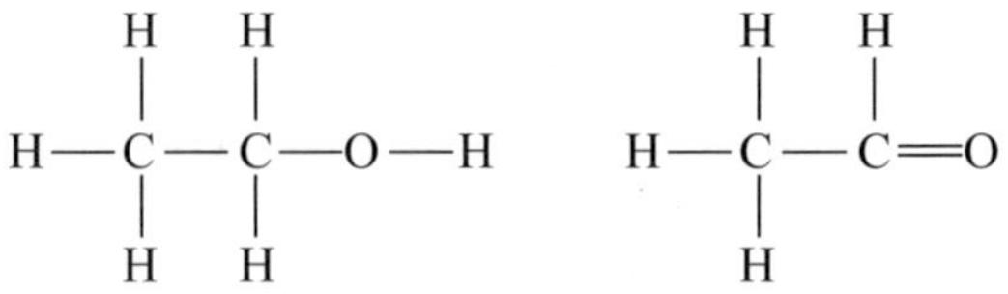

乙醇的结构　　　　乙醛的结构

师：大家思考一下，对比乙醇和乙醛两者的结构，乙醇催化氧化时到底断裂了哪些键？

生：断裂了一个氧氢键和一个碳氢键。

师：那什么样的醇才能发生催化氧化呢？

生1：要有羟基。

生2：要有碳氢键。

师：大家回答得不太准确哦。其实呢，醇类物质中肯定含有羟基，羟基就是醇的官能团呀。要有碳氢键，到底是哪里有碳氢键才行呢？只有和羟基相连的碳原子上有氢原子才可以。像这样（图8）：

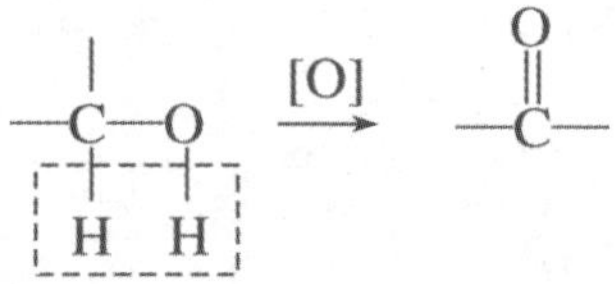

图8　醇发生催化氧化的条件

过渡

师：接下来我们来看一下乙醇和强氧化剂的反应，这也是用酒精检测仪查酒驾的原理。

实验演示　乙醇和酸性重铬酸钾反应（图9）。

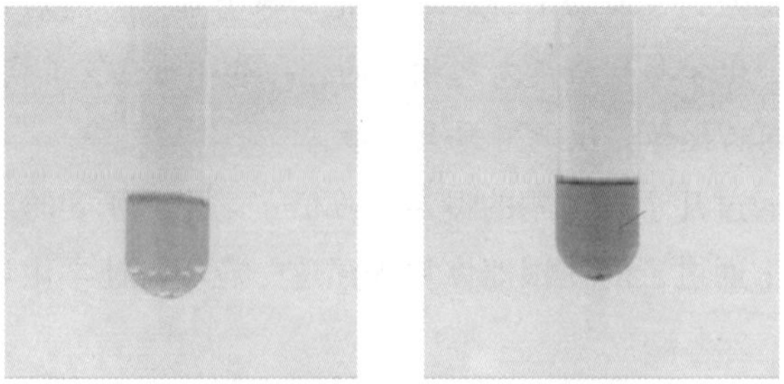

图9　乙醇和酸性重铬酸钾反应现象

师：大家观察到了什么实验现象？

生：溶液由橙色转变为绿色。

师：我们知道酸性重铬酸钾因为含有重铬酸根离子而显橙色，那为什么溶液最后呈绿色呢？

生：因为乙醇和酸性重铬酸钾发生了反应，重铬酸根离子变成了铬离子，铬离子显绿色。

师：对的。那是不是通过颜色变化就能直接检测是否酒驾了呢？其实啊，这只是这类酒精检测仪的工作原理，具体测量的时候还是会以数值的形式体现出来，是非常灵敏的。所以，我们一定要做到开车不喝酒，喝酒不开车，对自己的安全负责，也对其他人的安全负责。

师：当然，同理，乙醇也能与酸性高锰酸钾反应。通过预习我们知道，它们都把乙醇全部氧化为乙酸。

PPT 展示 $CH_3CH_2OH \xrightarrow[K_2Cr_2O_7(H^+)]{KMnO_4(H^+)} CH_3COOH$

设计意图 从生活中的酒精检测仪入手，引出乙醇还可以和强氧化剂反应，建立起化学与生活的联系，同时增强学生的社会责任感。

2.5 环节五：乙醇在生活中的用途

师：大家想一下，乙醇在生活中都有哪些用途呢？

生：医用酒精消毒、固态酒精做燃料、制作饮料 ......

PPT 展示 乙醇的用途。如图10所示。

饮料　　医药　　溶剂　　燃料

图10　乙醇的用途

设计意图 通过乙醇的应用，让学生认识到化学与生活息息相关，发展学生的社会责任感。

课堂小结

PPT 展示 （1）乙醇反应的断键情况：

师：大家回答一下这个问题。

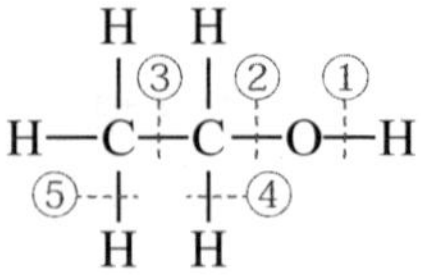

与钠反应，断____键；

催化氧化，断____键；

燃烧，断________键。

生：与钠反应断①键，催化氧化断①④键，燃烧断所有的键。

设计意图 通过对断键的判断，让学生进一步了解到物质结构决定物质性质，初步建立起“结构决定性质”的有机物学习思路。

PPT 展示 （2）乙醇的化学性质：

师：我们现在一起来总结一下乙醇的化学性质。请大家完成以下问题。

① 乙醇与钠反应化学方程式：________________________________

② 乙醇的氧化反应：

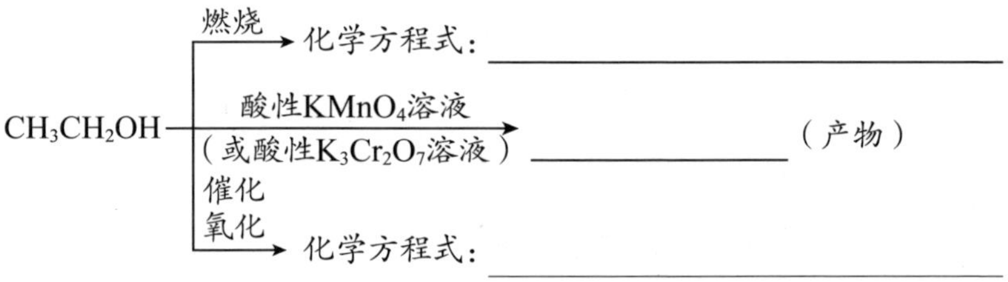

设计意图 通过对化学性质进行总结，对整个课堂进行回顾，加深学生对乙醇性质的记忆和理解。

3 教学反思

3.1 X 老师的反思

研讨课结束后，X 老师阐述了自己的设计思路，进行了教学反思。她认为：

（1）乙醇这个物质在生活中比较常见，是学生比较熟悉的，所以本节课就从生活情境进行了引入，引起学生的学习兴趣；教材中除了介绍乙醇的性质外，还出现了多个定义，比如，羟基、官能团、烃的衍生物等，再加上乙醇的性质也比较多，所以在具体的教学上就容易导致思路混乱，因此，本节课将定义穿插于性质教学中，从乙醇的性质引出相关定义，这样学生易于理解和接受。

（2）学生在初中阶段初步接触过有机物，但是对有机物的结构认识还不够深，所以设计了拼插乙醇球棍模型的活动，这不仅仅提升了学生的动手能力，更重要的是让学生认识到有机物结构的多样性，但是，在这个过程中也发现了学生的一些问题，就是他们不知道应该依据什么去拼插，也不知道每种球应该代表什么原子，这就导致学生拼出的结构五花八门，教师还是应该给学生一点方向，提醒学生从价键的角度去考虑，这也是后续教学需要注意的方面。

（3）在乙醇和钠反应的教学中，不仅要学习乙醇和钠的反应，更重要的是通过乙醇能和钠反应这一性质来探究乙醇的结构，这是为了让学生对“结构决定性质，性质反映结构”这一规律有更深刻的认识。

（4）在学习乙醇的催化氧化反应时，考虑到这个实验的可操作性，设计了学生实验，这样既能让学生更直观地观察到实验现象，还能引起学生的学习兴趣，提高他们的动手能力，同时，在这个过程中可以发现有部分同学对实验操作还不够了解，这时候可以给予适当提醒，强调化学实验的规范操作。

（5）在分析乙醇的催化氧化实验现象时，设计了五个小问题，问题之间环环相扣，层层递进，使学生对乙醇的催化氧化反应现象有更深的理解，同时还在整体上降低了分析的难度，便于学生理解与接受。

但总的来说，整节课的知识点还不够完善，还需要更多调动学生在课堂上的积极性。对教材运用和课标的理解也还不够深入，导致在对学生化学学科核心素养培养方面还有一定欠缺，以后在教学方面还需要多多注意。

3.2 笔者的体会

基于X老师的分析与反思，笔者有了以下方面的体会。

（1）“素养为本”的教学要倡导真实问题情境的创设。新课标中明确提出要使课程内容情境化，促进学科核心素养的落实。化学与生活息息相关，教师要善于抓住和运用与化学相关的生活情境。本案例以疫情期间要重视消毒这一情境作为引入，引出这一节课要学的物质——乙醇。但值得注意的是，从情境来看，它具有一定的适切度，但从问题情境来看，它并不是具备能引发学生思考，并且涉及这节课所学知识的功能的问题。因此，在本案例中它只能作为一个引入情境，并不能作为一个真实的问题情境。而在讲授乙醇的物理性质时，本案例创设了真实的问题情境，从一些生活常识入手，引发学生对乙醇物理性质的思考，学生有了思考后对乙醇的物理性质也会理解得更透彻。而且，这些生活常识也能让学生了解到化学与生活的联系，意识到化学的重要性，对培养学生的化学学科核心素养有重要作用。本案例从疫情期间要重视消毒这一情境开始，以乙醇在生活中的作用情境结束，体现了对情境的重视。此外，为了更好地落实发展化学学科核心素养的主旨，新课标在必修课程及选择性必修课程的每个主题下都设置了情境素材建议栏目，关于乙醇的情境素材有酿酒技术与酒文化、酒精在人体内的转化、酒后驾车的检验等，这也为教师的教学提供了思路。

（2）“素养为本”的教学要开展以化学实验为主的多种探究活动。化学是以实验为基础的学科，化学实验是化学学科的重要组成部分。教师可以通过具体的化学实验讲授化学知识，培养学生的科学探究精神和创新意识，学生也能通过化学实验激发学习兴趣，提高动手能力。本案例中就设计了多种活动，在探究乙醇的结构时，设计了拼插乙醇的球棍模型、乙醇和钠的探究实验等活动，在学习乙醇的氧化反应时，设计了乙醇的催化氧化探究实验、乙醇和酸性重铬酸钾溶液反应等活动。其中，拼插乙醇的球棍模型需要学生自己动手操作，感受有机物结构的多样性；乙醇和钠的探究实验采用视频展示实验过程，学生通过观察到的实验现象，对反应产物进行推测和验证；乙醇的催化氧化实验为学生小组实验，让学生自己动手做实验，能让学生对实验现象有更直观的了解，同时也能激发学生的学习兴趣，提高他们的实验操作能力；乙醇和酸性重铬酸钾溶液反应为教师演示实验，这个反应操作简单，现象明显，也可以让学生动手操作。但是值得注意的是，一节课的时间是有限的，如果设置过多的学生实验，一节课的时间可能会不够，所以教师在设计时，要做好取舍，充分把控好时间。新课标在每个主题下都设置了学习活动建议，例如，乙醇学习活动建议有乙醇中碳、氢元素的检测，固体酒精的制备，教师可以参考其建议进行活动设计。

（3）“素养为本”的教学要重视教学内容的结构化设计。任何知识都不是独立存在的，教学内容结构化就是要将碎片化的知识整合起来，使其形成一条条螺旋上升的知识链，再进一步形成知识网，这意味着要在新知识与旧知识、新知识与新知识、新知识与学生的已有认知之间建立联系。本案例设计了五个教学环节，通过问题线—活动线—知识线—素养线，将这五个环节串联起来，它们之间环环相扣，层层递进，形成了乙醇的物理性质—乙醇的球棍模型—乙醇与钠的反应—乙醇的催化氧化—乙醇的用途这一条知识线，并在形成这一条知识线的同时，将乙醇和已学过的烃以及将要学的乙酸联系起来，初步建立起简单有机物的知识网络。此外，单从这节课的内容来说，本案例还通过最后的课堂小结，对整节课的知识进行了简单梳理，让学生对乙醇这一部分的知识有了整体上的把握。总的来说，教师要注重知识间的逻辑性，关注学生的认知规律，有目的地去引导学生将知识碎片内化为知识网络，让学生对知识有一个整体认知。

4 结语

为了更好地实现“素养为本”的教学，X 老师在乙醇的教学上进行了积极探索。本案例设置了五个教学环节，通过问题线—活动线—知识线—素养线，将这五个环节串联起来，它们之间环环相扣，层层递进，最终实现学生对知识的学习以及对学生化学学科核心素养的培养。开展“素养为本”的教学，对教师提出了更高的要求，教师不仅要对知识有更深的理解，还要将知识教学与素养培养相结合，要创设情境，开展多样的探究活动，注重教学内容之间的联系，不断优化教学设计，从而激发学生的学习兴趣，培养学生的科学探究能力和创新意识，使每个学生的化学学科核心素养都能得到发展。

本案例聚焦素养导向课堂教学，希望能对中学教师开展素养导向教学提供一定的借鉴与参考，也期待有更多教育工作者开展素养导向教学，在教授知识的同时也能关注到学生的素养培养，实现化学课程的育人功能，促进学生全面发展。

参考文献

[1] 普通高中化学课程标准（2017年版）[S]. 北京：人民教育出版社，2018.

[2] 人民教育出版社课程教材研究所，化学课程教材研究开发中心. 普通高中教科书　化学　必修　第二册 [M]. 北京：人民教育出版社，2020：1-118.

[3] 戴光宏. 指向评价促学的项目教学在选修衔接课程的设计与实施：以“乙醇在生活中的应用”为例 [J]. 化学教与学，2021（9）：29-33，13.

[4] 王蕾，柯芳，杨水金. 化学核心素养为本的 PCK 教学设计研究：以“乙醇”教学为例 [J]. 湖北师范大学学报（自然科学版），2021，41（3）：105-112.

[5] 马燕，吴晓红. 基于诗酒文化的“乙醇”教学设计 [J]. 化学教与学，2020（5）：70-73.

[6] 刘洋，王乙品，张雪. 素养为本的“乙醇”教学设计 [J]. 中学化学教学参考，2020（8）：28-30.

[7] 郑爱芳. 指向“教、学、评一致性”的教学设计与实践：以“乙醇”教学为例 [J]. 中小学教学研究，2020（4）：56-61.

[8] 张继民. 疫情防控时期高中化学学科核心素养的培养：以“乙醇”为例 [J]. 高中数理化，2020（14）：73-74.

[9] 傅涛兰. 基于化学核心素养的乙醇结构及性质的教学设计 [J]. 科学咨询，

2020（2）：164.

[10] 杨雪丽 . 基于学生化学核心素养发展的问题化学习教学设计：以“生活中常见的有机物——乙醇”为例 [J]. 化学教与学，2020（2）：38-40，58.

案例思考题

（1）本案例是如何设计推测乙醇的分子结构的？

（2）如何在具体教学中体现“结构决定性质”这一认识视角？

（3）本案例设置了诸多教学环节，是否有充足时间实现？

（4）如何立足教材，聚焦化学学科核心素养？